図説 モノから学ぶ
ナチ・ドイツ事典

ロジャー・ムーアハウス――著
千葉喜久枝――訳

THE THIRD REICH IN 100 OBJECTS
A MATERIAL HISTORY OF NAZI GERMANY

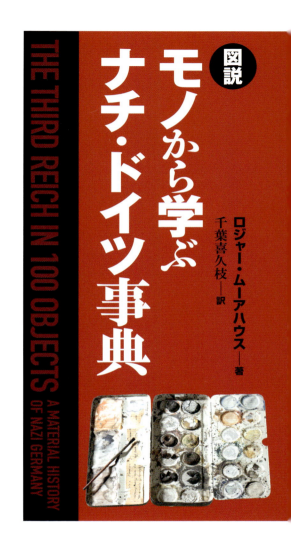

創元社

The Third Reich in 100 Object
by Roger Moorehouse

Copyright © Roger Moorehouse
Japanese translation rights arranged with
GREENHILL BOOKS / Lionel Leventhal Limited
through Japan UNI Agency, Inc., Tokyo

図説 **モノから学ぶナチ・ドイツ事典** 目次

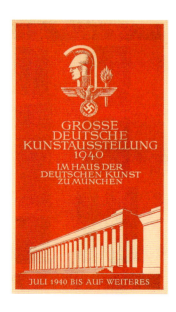

序 —— リチャード・オウヴァリー ………………………………………… 11

1 ヒトラーの絵の具箱 ……………………………………………… 17

2 ヒトラーのドイツ労働者党党員証 …………………………… 21

3 血染めの党旗 ……………………………………………………… 24

4 ハイパーインフレ紙幣 ………………………………………… 26

5 ヒトラーの口ひげブラシ ……………………………………… 30

6 『突 撃 者 デア・シュトゥルマー 』第1面 ……………………………………… 33

7 『わが闘争』……………………………………………………… 36

8 ヒトラー式敬礼 …………………………………………………… 40

9 「ホルスト・ヴェッセルの歌」原譜 ………………………… 44

10 ルーン文字………………………………………………………… 48

11 ゲリ・ラウバルの像 …………………………………………… 51

12 ユンカースJu 52 ………………………………………………… 55

13 1932年のナチ党選挙ポスター ………………………………… 58

14 最後の『前 進 フォアヴェルツ 』紙、1933年 ……………………………… 62

15 冬期救済事業の慈善募金箱 …………………………………… 66

16 黄金ナチ党員バッジ …………………………………………… 69

17 国民ラジオ受信機 ……………………………………………… 72

18 ヒトラー・ユーゲントの制服 ………………………………… 75

19 ナチ党掲示板 …………………………………………………… 80

20 親衛連隊のカフバンド ………………………………………… 83

21	アウトバーン	87
22	SAの短剣	90
23	ハインリヒ・ホフマンのライカ	93
24	鉄兜	96
25	名誉神殿	99
26	ナチ・ドイツの鉤十字の旗	101
27	「働けば自由になる」の銘入りの門扉	104
28	メッサーシュミットBf 109	107
29	ジャックブーツ	110
30	強制収容所の識別票	113
31	ベルクホーフの絵皿	117
32	エラストリン製のフィギュア	121
33	「保護拘禁令状」	123
34	オリンピック競技場	127
35	88mm高射砲	131
36	エーファ・ブラウンの口紅ケース	134
37	大ドイツ芸術展カタログ	138
38	ニュルンベルク党大会のビール・ジョッキ	141
39	ゲシュタポ身分証明記章	145
40	ヒトラーのゲルマニア建築計画スケッチ	149
41	ガスマスクと装備一式	152

42	フォルクスワーゲン・ビートル	155
43	母十字勲章	159
44	「一つの民族、一つの帝国、一人の総統」絵葉書	162
45	ヴィルヘルム・グストロフ号のブレスレット	166
46	ジェリー缶	170
47	武装SSの迷彩服	173
48	バーデンヴァイラー行進曲	177
49	ゲオルク・エルザーの「つまずきの石」	179
50	配給カード	183
51	エニグマ暗号機	187
52	ヴォルフガング・ヴィルリヒの絵葉書	192
53	ナチの鷲	195
54	柄つき手榴弾	197
55	Ⅶ型Uボート	199
56	ユンカースJu87シュトゥーカ	203
57	メルセデス・ベンツ 770リムジン	206
58	ルガー拳銃	210
59	グライヴィッツ・ラジオ塔	212
60	独ソ条約国境線地図	215
61	灯火管制ポスター	219
62	認識票	222

63	映画『永遠のユダヤ人』ポスター	225
64	ペルビチン	229
65	MP40短機関銃	232
66	武装SSの新兵募集ポスター	234
67	精神病院の鉄製ベッド	238
68	アフリカ軍団野戦帽	241
69	高射砲塔	244
70	重巡洋艦プリンツ・オイゲンのプロペラ	247
71	ハンペル夫妻の葉書	251
72	ルドルフ・ヘスのズボン下	254
73	剣・柏葉つき騎士十字章	257
74	ユダヤの星	261
75	リューベックの聖マリア教会の鐘	263
76	「ゴリアテ」ミニ戦車	266
77	ゾフィー・ショルの大学入学許可証	269
78	ティーガーI戦車	273
79	ヴァンゼー邸	278
80	ツィクロンBの缶	282
81	追悼カード	285
82	ビルケナウの監視塔	288
83	トレブリンカのブローチ	292

84	デミャンスク盾形章	296
85	対戦車砲パンツァーファウスト	298
86	ラインハルト・ハイドリヒの切手	301
87	国防軍のミトン	304
88	ヒンデンブルク灯	307
89	シュトローブ報告書	310
90	7月20日暗殺未遂事件戦傷章	315
91	影男	319
92	強制労働者の「労働許可証」	321
93	野戦憲兵三日月章	324
94	V1飛行爆弾	326
95	メッサーシュミットMe262戦闘機	330
96	国民突撃隊の腕章	334
97	V2ミサイル	338
98	ゲーリングの電報	342
99	元帥デーニッツのバトン	346
100	ゲーリングの青酸カリ入りカプセル	350
	謝辞	355
	訳者あとがき	357
	図版提供	359
	参考文献	361

図説　モノから学ぶナチ・ドイツ事典

● 凡例

＊ブラケット〔　〕内は、翻訳者の注記である。

＊引用文中のキッコー〔　〕内は、原著者の注記である。

序

　ヒトラーの第三帝国は12年しか存続しなかったが、その劇的な崩壊の後も第三帝国は長らく不気味な魅力を発し続けている。だれもがすぐに認識できるという点で、ヒトラーと彼の政権にまつわるイメージ、シンボル、プロパガンダは、近代の他のどの政治運動や独裁者も比べ物にならないほど強烈である。幸運を表すヒンドゥー教の伝統的なシンボルからヒトラー自身が転用した鉤十字（じゅうじ）を、今なおネオナチと反ナチの双方が壁に描くのも、このシンボルが今

戦争前の幸福な時期、ベルクホーフの別荘で、うきうきした様子の小さな崇拝者を連れて歩くヒトラー。

メッサーシュミット Bf109 戦闘機。戦争初期にドイツが軍事的勝利をおさめた決定的な要因の一つ。

なおナチの記憶を喚起する力を強く持つからである。1970年代、イギリスの喜劇俳優ジョン・クリーズ［＊訳注］が、コメディ番組『フォルティ・タワーズ』の中でドイツ人を揶揄しようとした時も、片腕を上げる動作だけで、敬愛する総統に対してできる限り遠くまで腕を伸ばしている無数のドイツ人の姿を観客に思い起こさせるのに十分だった。きれいに整えられた口ひげと前髪の垂れたヒトラー自身の肖像は、非常に多くの選挙ポスターや広告板に添えられ、また政治風刺漫画で利用されている。彼は死後もなお、生前同様に、一風変わったセレブの地位を享受している。

　イメージは、ヒトラーと彼の率いた国民社会主義ドイツ労働者党（ナチ党）にとってきわめて重要であった。視覚イメージの活用は、1930年代初頭にヒトラーたちが選挙で勝利をおさめた要因の一つであり、当時のドイツの他の政党が軽視していた、ナチ党の強みであった。ヒトラーの姿はいつでも、厳格で頑固なドイツ国民の救済者、あるいは喜んで小さな子どもたちの頭をなで、飼

い犬と遊ぶ、優しく威張らない指導者としての姿を示すために、巧妙に操作された。ヒトラーが政治的ペルソナとして演じたイメージは完全に彼の一部となった。そのため、メガネをかけた総統の写真は1枚たりとも公表させなかった。ヒトラーのみならず、ナチ党もまたイメージを重視した。その表の顔は、派手な行進、たいまつ行列、旗とシンボル——身振りを際立たせるために注意深く計画と演出がなされた政治的な芝居——を頼みとした。ニュルンベルクの党大会は、今日の基準に照らしても印象的な、入念に計画され、統制のとれた「民族主義革命」の表現となった。こうした政治的な芸術性の追求が頂点に達したのが、レニ・リーフェンシュタールの映画『意志の勝利』で、映像だけで民族主義の復興と単一「民族共同体」のメッセージを効果的に伝えている。映像表現そのものが参加と帰属を促す。「ハイル・ヒトラー！」の挨拶と寝室の窓から下げた鉤十字の旗はしばしば自発的な支持表明であった。象徴が意味することについて慎重に考える必要はなくなり、象徴が残った。

悪の中枢、アウシュヴィッツ・ビルケナウ絶滅収容所の門へ向かう線路。

本書に掲載された品々の選択に明らかなように、ナチ政権はより一層邪悪な象徴を生み出した。ゴムの警棒は本書におさめられていないが、強制収容所の遺物や、アウシュヴィッツをはじめとする収容所で囚人が目にした「働けば自由になる（Arbeit macht frei）」というスローガンはある。実際のところ強制収容所では、労働はたいていが肉体的拷問であり、しかも多くの場合、近い将来の死の前兆であった。ナチスの秘密国家警察ゲシュタポは、黒い制服、銀バッジ、飾り立てた短剣を身につけたSS（親衛隊）組織と異なり、見た目ではすぐには認識できないにもかかわらず、今でもその恐ろしい名は残忍な抑圧の代名詞である。この秘密警察官は、政治的な犯罪捜査をおこなう警察官か、後には身を潜めているユダヤ人を探し出す警察官で、今日でもヒトラー独裁の歴史においてことさら目立たないように意図された集団である。一方、SSは見られ、敬服されるか、恐れられる存在となるよう意図された。黒い制服と髑髏のバッジは見事な着想で、SA（突撃隊）の肥溜め色の制服ではとうていかなうことのない威圧的な自己主張ファッションであった。結果として、本書におさめられた100の事物の中ではSS関連の品が多くを占めている。

　ナチスによって都合よく利用されたシンボルの中には最終的に死を運命づけられたものもあった。1941年の秋、ヒトラーは遂にドイツ国内のユダヤ人全員に黄色い星印を服につけるよう命じた。最初に中世のヨーロッパでユダヤ教徒を区別するために用いられた黄色い星が、人種排斥の政策のためにナチスによって採用された。ドイツが占領したヨーロッパ地域にいたユダヤ人はこの星の着用が義務づけられたが、このことはやがて、絶滅収容所で殺害するためにユダヤ人を集団で移送することを容易にした。ユダヤ教のシンボル、ダヴィデの星は、ナチスが政権を掌握した当初から、ドイツ人がユダヤ人の経営する店で物を購入したり、ユダヤ人の弁護士や医者にかかったりすることがないよう、ユダヤ人の店や家にペンキで塗りたくられ、人目についた。金の入った袋を握り、ドイツ人女性をおびやかす、細い目と鉤鼻のユダヤ人というお馴染みの風刺画が、ナチ党のすべての機関紙で大々的に用いられた。

　もちろん、第三帝国を特徴づけるために100個の品を選び出すことは決して簡単ではなく、すでにおなじみのものが多くあるように、ここに含められるべきであったと読者が考えるものもあるだろう。以下の頁で選ばれたものは、ヒ

ヒトラーによって第三帝国を表象する紋章に選ばれた
ドイツ帝国の鷲（Reichsadler）。

トラーの来歴、権力掌握とその後のナチス政権について、さまざまな側面を語っている。全体として考えると、それらは第三帝国期の複雑な歴史を理解するための手がかりであり、歴史をしっかりと具体的にとらえるイメージをもたらしてくれる。しかしそれぞれの品に添えられた解説は、どれ一つとして、見た目ほど単純ではないと教えてくれる。ヒトラーが口ひげの手入れに用いていたブラシのようにごくありふれたものであろうと、ヒトラーが自分の短い生涯とそれを形成した哲学も主観的に記述した『わが闘争』のように重大なものであろうと、それぞれの品は解説と歴史的背景を必要とする。第三帝国は平凡であったし、特別でもあった。日常であったし、不吉な事件でもあった。100の品

序　15

はそうした対照と、指導者たちと服従者たちが体験した事柄を感じさせてく
れる。

リチャード・オウヴァリー
2017年4月

* **ジョン・クリーズ**──モンティ・パイソンを結成し、テレビ番組『空飛ぶモンティ・パイ
ソン』で人気を博した後、彼が単独で手掛けた『フォルティ・タワーズ』はコメディ番組
の最高傑作の一つとして高く評価された。

1
ヒトラーの絵の具箱

　このホウロウ引きの使い古した水彩絵の具箱──1910年、ニュルンベルクのレデカー＆ヘニス社製──は、かつてアドルフ・ヒトラーの所有物であった。1945年5月、ヒトラーのミュンヘンのアパートから、ベルギー人従軍記者ロバート・フランコットによって書斎の机から持ち去られた、ヒトラーの生涯と経歴の中でも滅多に調べられることのない側面──彼の芸術的野心──を物語る証拠である。

　もし『わが闘争』の記述が信用できるなら、ヒトラーは12歳の時に芸術家になることを決意した。父の死後、未亡人となった敬愛する母に甘やかされた彼は、いつの日か有名な画家になると宣言し、1905年、夢をかなえるために学校を退学した。2年後、国立芸術アカデミー美術学校の入学試験を受けるた

かつてアドルフ・ヒトラーが所有していた水彩絵の具セット。

め1冊のスケッチ帳を手にウィーンへ旅立った。後年の述懐によれば、「試験はやすやすと通る」と確信していたという。[1]

ヒトラーの絵はあざけりの対象となることが多いが、彼がまずまずの腕の芸術家であったのは確かだ。ウィーンへ行く前からスケッチブックをほとんど肌身離さず持ち歩き、いつでも気に入った建物の外観や、構想中のオペラの舞台セットのデザインを書き散らしていた。若い頃の友人の一人、アウグスト・クビツェクが回想している。

> 天気のよい日には〔リンツの〕トゥルムライテンヴェークに出かけ、ベンチを野外の書斎のようにしていた。そこで本を読んだり、スケッチや水彩画を描いたりしていた。[2]

したがってヒトラーは、リンツを離れてウィーンへ移り住んだ時には、学校の絵画クラスで「格別優秀な生徒」であったことや、その後「格段の進歩」を遂げたことを思い出しながら、アカデミーに合格できると確信していた。[3] しかし彼は挫折を味わうことになった。ウィーン国立芸術アカデミーの試験を受ける資格は得られたものの、「人の姿がほとんどない」と簡潔に言い表した試験官たちによって、彼のデッサンは「不適性」と判断された。[4] 失望したヒトラーだが、なおも自分の夢を頑強に追い、翌年再びアカデミーに志願した。しかし今度は試験を受けることさえ適わなかった。この門前払いは終生ヒトラーをさいなむこととなった。

ヒトラーは、12歳で芸術家になることを決心した。

その後数年間、最初はウィーン、その後はミュンヘンで絵や絵葉書を売りながら、ヒトラーはなんとか芸術家として生計を立てた。この時期、1枚5マルクで700枚か800枚もの絵を描いたと主張している。彼の絵は率直かつわかりやすい自然主義的なスタイルで、主に建物や花、広々とした風景を主題としていた。「私は人々が望むものを描く」と述べたことがある。細部、特に建築ディテールへのこだわりが見られるが、人の姿を描くのはごくまれ——昔の弱点のなごり——であった。

1914年に戦争が勃発すると、ヒトラーは水彩絵の具を携えて西部戦線へ赴き、そこで周囲の光景をスケッチしたり、水彩で描いたりした。下の絵は戦争中の1914年12月の作品で、イープル［ベルギー西部の町で第一次世界大戦時の激戦地］の南に位置するメシーヌの町で砲撃により破壊された修道院が描かれている。この時もまだヒトラーが芸術家としての道を夢見ていたのか、それともただ趣味として描いていたのかはっきりしないが、休暇の最初の時期をベルリンで過ごし、そこで美術館を何度か訪れていたことは注目に値する。
　戦争の後も芸術アカデミーへ再び志願することをぼんやりと夢見ていたヒトラーだが、じきに政治運動が生活の中心となった。その後はちょっとしたいたずら書きや余白にスケッチするくらいであったが、そうしたスケッチの中に、

陸軍に従軍中の1914年12月、アドルフ・ヒトラーによって描かれた、砲撃により破壊された修道院の水彩画。

後にベルリンを改造するゲルマニア計画でよみがえった建築スケッチがある（「ヒトラーのゲルマニア・スケッチ」、101-102頁参照）。さらにはヒトラーの趣味が、第三帝国の芸術的傾向と文化様式を左右することになった。彼は現代美術を好むゲッベルスの趣味を退け、理想的なアーリア人家族をうんざりするほど感傷的に表現する退屈な古典様式を、第三帝国「公認」の芸術と定めた。新古典主義彫刻家のアルノー・ベッカーなどの伝統的な芸術家を保護する一方で、バウハウスのデザイナーなど、ワイマール共和国時代に活躍していた前衛的な芸術家たちは亡命を余儀なくされた。

　一方で、ヒトラー自身の絵は隠蔽され、探し当てられた絵を手に入れるために専属のバイヤーが派遣されたほどであった。これまでに世間に公表された絵は数点しかなく、1937年には展示が禁止された。[5] 20世紀の後半には、蒐集家たちが彼の作品を求めるようになり、何点かはオークションで10万ユーロ以上の値で競り落とされた。一方、ヒトラーの水彩絵の具セットが2010年に売却された時は、かなり低い8000ユーロという価格であった。

　ヒトラーは、ウィーン芸術アカデミーに不合格になったことが自分を「タフ」にしたと書いているが、同時にこの時の挫折は長く彼の心をさいなみ続けた。さらに重大なことには、このことが彼の人生の分岐点となった。芸術家になるという夢が遠のき、世間への不満が増大した瞬間であった。もちろん確実なことは言えないが、芸術家への道を断たれたことが、後にドイツが悲劇的な結末を迎える一因となった可能性はある。

■原注

1　A. Hitler, *Mein Kampf* (London, 1939)［アドルフ・ヒトラー『わが闘争』上下、平野一郎・将積茂訳、角川文庫、1995年］, p.30.

2　A. Kubizek, *The Young Hitler I Know* (London, 2006)［アウグスト・クビツェク『アドルフ・ヒトラーの青春：親友クビツェクの回想と証言』橘正樹訳、三交社、2005年］, p. 40.

3　Hitler前掲書［ヒトラー『わが闘争』］、p.30.

4　F. Spotts, *Hitler and the Power of Aesthetics* (London, 2003), p.124.

5　同、p.140.

2
ヒトラーのドイツ労働者党党員証

　1919年9月12日、アドルフ・ヒトラーはミュンヘンのビアホールで開かれた、民族主義を掲げる小さな政党の集まりに出席した。そのドイツ労働者党（Deutsche Arbeiterpartei、略称DAP）は、ドイツ革命の混乱の中、ミュンヘンの鉄道労働者アントン・ドレクスラーが、ナショナリズムを労働者階級の要求と組み合わせようと、その年の初めに結成したばかりの政治団体であった。当時陸軍に所属していたヒトラーは、軍の命令で集会を監視するためにそこにいた。

　監視の対象であったはずの組織にヒトラーが参加することになった経緯の詳

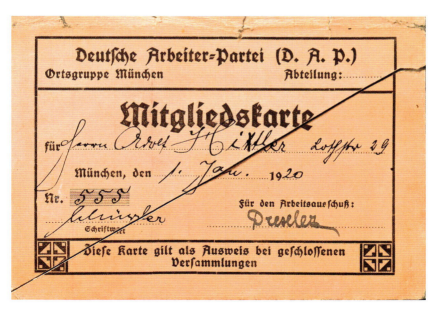

ヒトラーのDAP党員証、党員番号555。

21

細については、ヒトラー自身の誇張した記述と、後にナチが作り上げた神話によって覆い隠され、あまりはっきりとしない。とはいえドレクスラーは、みすぼらしい様子のヒトラーが立ち上がって言葉をさしはさんだ時にひどく感銘を受け、集会の後でヒトラーの手に小冊子を握らせたほどだった。伝えられるところでは、ドレクスラーはその新参者についてこう語ったと言う。「あの男の言い分は的を得ていた。使えるかもしれない。」[1]

> 党員証はヒトラーの党員番号として「555」を割り当て、実際よりも党を大きく見せようとする魂胆が見え透いている。

その後、ヒトラーは小冊子に目を通した。そして彼が驚いたことに、間もなくドレクスラーから葉書が届いた。そこには彼をDAPの党員として受け入れたことと、次の集会へ正式に招待する旨が書かれていた。ヒトラーが加入した政党は――彼自身の話によれば――今にも崩壊しそうな組織であった。党の構成員はわずか50名だけで、確固たる政治綱領もなく、組織として必要最低限のものもそろっていなかった。ヒトラーが出席した会合では、党の総資金は7マルク50プフェニヒと報告された。[2]

ドイツ労働者党が正式な党員証を発行したのは1920年1月になってからだった。ここに挙げたヒトラーの党員証には1月1日の日付が記されている。住所は軍の兵舎がある「ロート通り29」とされ、ドレクスラーと党の記録係ルドルフ・シュスラーの両方のサインがある。またヒトラーの名字（Hitler）の「t」が重ねて綴られているが、最初の「t」はぞんざいに消されている。実に奇妙なことに、党員証にはヒトラーの党員番号として「555」が割り当てられているが、明らかに実際よりも党を大きく見せようとする魂胆である。実のところドイツ労働者党の党員リストは501番から始まり、ヒトラーは55番目の党員であった。[3]

この党員証を受け取った頃までに、すでにヒトラーはドイツ労働者党の有望株となっていた。彼は1919年10月に初めて演説をおこなうと、かなりの数――それ以前に党主催のイベントが集めたよりも多く――の聴衆を引きつけたため、党の財源は増え、世間に広く知られるようになった。ドイツ労働者党は活動を広げていったようだ。

党の大躍進は、同党がそれまでで最大の集会を計画した1920年2月24日に起こった。ミュンヘン中心部の洞窟のようなホーフブロイハウス・ビアホールがその舞台となった。この時ヒトラーは約2000人の聴衆を前に政策綱領——反ユダヤ主義と反マルクス主義、反資本主義的見解が奇妙に入り混じった25項目の綱領——を発表することで、彼の考えではそれまでのドイツ労働者党に欠けていた方向性を与えた。その晩ヒトラーは政治的な信念をより明確にするため、党の名称を変更したことを発表した。こうしてドイツ労働者党は国民社会主義ドイツ労働者党（Nationalsozialistische Deutsche Arbeiterpartei、略称NSDAP）となった。ナチ党の誕生である。最初に集会に出席してからわずか6ヶ月で、すでにヒトラーは党の主要な原動力となっていた。

■原注

1　この時の発言についてはさまざまな説がある——例えば以下の書を参照のこと。Ian Kershaw, *Hitler: Hubris 1889-1936* (London, 1998)［イアン・カーショー『ヒトラー上1889-1936：傲慢』川喜田敦子訳、石田勇治監修、白水社、2016年], p. 126、および Volker Ullrich, *Hitler: Ascent 1889-1939* (London, 2016), p. 87。

2　Allan Bullock, *Hitler: A Study in Tyranny* (London, 1962), p. 65.

3　Ullrich前掲書、p. 87.

3
血染めの党旗

　ナチズムを政治宗教として理解するのが一番であるとすれば、血染めの党旗^{ブルートファーネ}
はもっとも神聖な遺物の一つであった。元来それはミュンヘンの第5突撃隊、
別名ヒトラーの「褐色シャツ隊」に所属する普通の鉤十字の旗であった。しかし、
1923年11月、ミュンヘンで失敗に終わったナチの権力奪取の企て［ミュンヘ
ン一揆］の間、バイエルン州警察がナチのデモ隊へ向かって発砲した時に亡く
なった3人の党員、アントン・ヘッヒェンベルガー、ロレンツ・リッター・フォ
ン・シュトランスキー＝グリッペンフェルト、アンドレアス・バウリードルの
血がその旗に染み込んでいた。

> 血染めの党旗は、実
> 質的に聖遺物のよう
> な地位を授けられた。

　1924年12月に刑務所を出所したヒトラーに返
還されたこの血染めの党旗は、すぐにナチの儀式
の中心を飾る目玉的存在となった。棒の先端に新
たな鉤十字の装飾がつけられ、その下には1923
年のミュンヘン一揆で「殉教」した16人のナチ
党員のうち3人──ヘッヒェンベルガー、シュトランスキー＝グリッペンフェ
ルト、バウリードル──の名前の入った銀飾りが嵌め込まれた。以後この旗は、
ナチの主要な行事で常に公式に掲げられたばかりでなく、旗に触れることで他
のナチの党旗や長旗をも「神聖に」して、新たに参加したSS（親衛）隊員の
誓約を証明するためにヒトラーに利用された。

　血染めの党旗は、実質的に聖遺物のような地位を授けられていた。使われて
いない時はミュンヘンのナチ党本部──通称「褐色館」──のロビーで最高
の場所を与えられていた。ナチの活動にとっていかに重要とみなされたかは、
旗自体に付随する人員──そうでなければ人の注意をひかない、ヤーコプ・グ
リミンガーという名のチョビひげのSS隊員──が配置されたことからもうか
がえる。彼の唯一の任務は、全国を巡回する公式の旅行で血染めの党旗に随行

することであった。

　グリミンガーは1937年製のこのプロパガンダ用絵葉書で、ミュンヘン一揆の記念式典の中心となる、ミュンヘンの将軍廟(フェルトヘルンハレ)正面で燃えるかがり火の一つの前で、血染めの党旗を下げた姿で描かれている。絵の下にはこう書かれている。「1923年11月9日の記念に」。

　血染めの党旗が最後に目撃されたのは1944年10月のベルリンであった。この時はナチ・ドイツの防衛の最後尾を担った部隊、主に少年と老人で構成された国民突撃隊(フォルクスシュトゥルム)の最高幹部の宣誓のために使われた。その後旗は消えた。もちろん、今なおどこかに存在している可能性はある。ひょっとしたら、1945年にはからずも米軍兵士に略奪された後で忘れ去られ、アメリカの片田舎で屋根裏部屋にしまい込まれたままなのかもしれない。とはいえ、945年1月の連合軍による空爆で褐色館がひどく破壊された時に焼失したか、戦後ドイツの混乱の中で行方不明になった可能性の方が高い。グリミンガーは戦争を生き延び、1969年にひっそりとこの世を去った。

ナチ・ドイツのもっとも神聖なる遺物、血染めの党旗。

血染めの党旗　25

4
ハイパーインフレ紙幣

　この紙幣——100兆マルクという想像を絶するような高額紙幣——は、両大戦間のドイツ政治の暗黒期という、ほぼ間違いなく、その後のさらにひどい暗黒時代の種子をはらむことになった時期の記憶をよみがえらせるものである。

　第一次世界大戦で敗北した後、ドイツは革命と崩壊という政治危機だけでなく、経済危機にも瀕した。敗戦による経済的な混乱と連合国へ支払う賠償金に加え、迫りくるハイパーインフレーションの大変動に直面したのだ。1918年以前のドイツの総動員体制は——ドイツが勝利したあかつきには——敵国に賠償金を支払わせることができると見込んでいたため、もっぱら紙幣を発行することで資金が調達されていた。しかし敗戦とともにこの望みが打ち砕かれたうえ、ドイツ経済の内部にはインフレを誘発する巨大な圧力が蓄積されていた。すでに1920年春の時点で、1ドルの価値は83マルク以上になっていた。1914年8月は1ドル4マルクであった。[1]

　そうした問題をいっそう悪化させるかのごとく、ドイツの経済専門家の多く——ドイツ帝国銀行総裁のルドルフ・ハーフェンシュタインを含む——は、危機にどう対応すべきかわかっていないばかりか、危機をもたらした原因についてもほとんど気づいていないかのようだった。しかもマルクの価値の下落に対するハーフェンシュタインの対応は、さらに多くの紙幣を発行することであったため、貨幣の価値はさらに下がり続けることになった。[2] その結果、1922年2月までに1ドルは200マルク以上になっていた。

この100兆マルク紙幣はこれまでにドイツで発行された貨幣の中で最高の額面金額である。

　危機の年となった1923年の夏までには、インフレのひそかなうなりはとどろきに変わっていた。その年の1月、賠償金不払いの罰として、フランスとベルギーの部隊がドイツの工業の中心地

100兆マルク紙幣、紙切れ同然の価値しかない。

であるルール地方を占領した。それに対しドイツ政府は「受動的な抵抗」策を採用し、ルールの労働者に仕事を放棄するよう呼びかけ、その間はベルリンが彼らの賃金を支払い続けた。このことが継続している政治危機とあわさって、ついに急激な経済破綻を引き起こした。7月までにはマルクのドルに対する為替レートが初めて10万マルクを超え、翌月には3倍、そのひと月後には10倍に上昇した。ドイツの通貨はまたたく間に急激に下落し、12月1日に1ドル6兆7000億マルクになったのが最高であった。[3]

　当然のことながら、この大暴落はドイツ社会に大きな影響をおよぼした。その秋はパン1枚、あるいは少額の郵便切手にも1兆マルク以上かかったので、中流階級は貯金がすべて空っぽになる経験を味わった。当時労働者には──インフレの影響を相殺するため──1日に2回賃金が支払われることが多く、しかも賃金を手押し車で家まで運んでいたのは有名な話である。物資や仕事の対価に物々交換するのが、再び当たり前のことになった。子どもたちは価値のない札束で遊び、親たちは暖炉の焚きつけに紙幣を使った。物乞いは100万マルク以下の額面の紙幣を受け取ろうとしなかった。[4]

　急速に高まった混乱は必然的に政治にも影響をおよぼし、一時はドイツという国家そのものが崩壊の瀬戸際にあるかと思われた。1923年の夏と11月には共産主義者の蜂起がハンブルクとチューリンゲンで起こり、ヒトラーはバイエ

ハイパーインフレ紙幣　　27

ルン州で権力を奪取しようとする彼自身の企て——失敗に終わったミュンヘン一揆——に着手した。

この危機は結局、1923〜24年の冬、あわれなハーフェンシュタインが亡くなり、ドイツ帝国銀行総裁の後任にヒャルマル・シャハトが就任した時に終息した。シャハトのもとで、事実上以前の「紙屑マルク(パピーア)」を12桁切り下げた「レンテンマルク」の導入によって通貨改革がおこなわれ、徐々に経済は安定していった。1923年11月に発行された、アルブレヒト・デューラーの線描画の入ったこの100兆マルクの紙幣[5]は、ドイツでこれまで発行された中で最高の額面金額であろう。それは両大戦間のドイツのもろさを象徴していた。

その後の数年間でドイツ経済が正常な状態に戻ると、ヒトラーは再び政治的

大恐慌の時に価値のなくなった紙幣で遊ぶドイツの子どもたち。

28

異端分子となり、表舞台から退いた。しかしこの時の混乱の記憶は長く残り、1929年に再び――この時はデフレ危機とはいえ――経済危機が襲った時には、まだ多くの人々にとって、6年前の出来事は生々しいものであった。「社会秩序」があっけなく崩壊した苦々しい経験から、ドイツの問題にもっとも過激な解決策を提唱する者たちが突如政治の舞台の中央に躍り出た。1928年の帝国議会の国政選挙で2.6%の票を獲得したヒトラーのナチ党は、1930年になると18%の票を得た。[6] そこから彼らは順調に勢力を広げていった。

　ヒトラーがドイツで――必ずしも権力の座に担ぎあげられたのではないにしても――頭角を現したのが、1929年のウォール街大暴落の破壊的な影響によるのは言うまでもない。しかし、その歴史に経済的な側面が重要であったにしても、1929年の大暴落だけではヒトラーの躍進の説明にならない。この紙幣は、1923年の経済危機も、経済と政治の現状への人々の信頼をさらに失わせることになった主な要因だと教えてくれる。この紙幣が発行されてから10年も経たずに、ヒトラーがドイツの首相に就任したことを忘れてはならない。

■原注

1　F. Taylor, *The Downfall of Money* (London, 2013), pp. 361-2.

2　A. Fergusson, *When Money Dies* (London, 2010)［アダム・ファーガソン『ハイパーインフレの悪夢：ドイツ「国家破綻の歴史」は警告する』黒輪篤嗣・桐谷知未訳、新潮社、2011年］, p. 75.

3　数字はTaylor, pp. 366-7, 370に引用されている。

4　Fergusson前掲書、p. 188.

5　紙幣には「Hundert Billionen Mark」と記されているが、ドイツ語の「Billion」は、現代英語で通常「10億」を意味する「billion」と異なり、「兆」を意味する。

6　Volker Berghahn, *Modern Germany* (Cambridge, 1982), p. 284.

5
ヒトラーの口ひげブラシ

　1923年、ヒトラーの親友エルンスト・「プッツィ」・ハンフシュテングルはヒトラーに口ひげを剃り落とすよう説得を試みた。長いことヒトラーの上唇の上の貧相なチョビひげをうっとうしく思っていたハンフシュテングルは、それを「貧弱」で「諷刺画家の格好の餌食」になると批判し、「男らしさ」を示すため、あごにひげを伸ばすよう提案した。驚いたヒトラーは、ハンフシュテングルは思い違いをしていると言い返し、「いずれこのひげは大流行するさ。信じたまえ！」[1]と言った。このことについては、ヒトラーは必ずしも間違っていたわけではない。

　男らしさという真偽のつけようのない事柄についてはさておき、ハンフシュテングルが挙げたもう一つの理由は、常に口ひげを刈り込んで整えるのに必要な時間がヒトラーにはないことであった。それでもこのブラシが示すように、ヒトラーはその作業をおこなう意欲が十分あった。背の部分に角が貼られた

象徴の手入れ——ヒトラーの口ひげブラシ。

「口ひげブラシ」はヒトラー自身の持ち物で、彼の死後ミュンヘンのアパート
の寝室から、家政婦のアニ・ヴィンターによって持ち去られた。ヒトラーの側
近の回想によれば、これはヒトラーが旅する時に必ず携行していた洗面用具入
れに常に入っていたという。[2]

　ヒトラーがいつからトレードマークとなったチョビひげスタイルを採用した
のかは、はっきりとしない。第一次世界大戦中はむしろ「皇帝風^{カイザースタイル}」の口ひ
げを見せびらかしていた。また、ひげを初めて剃
り落したのはガスマスクをしっかり装着させるた
めであったとも言われているが、1918年10月に
撮影されたパーゼヴァルクの陸軍病院で療養中の
ヒトラーの写真では、まだ「皇帝風」のひげをし
ているので、スタイルの変更は戦争後だったに違
いない。

> 「いずれこのひげは大
> 流行するさ。信じた
> まえ！」とヒトラーは
> 言った

　ヒトラーが言ったように、チョビひげスタイルは確かに1920年代に流行し、
チャーリー・チャップリンによって特に有名になった。現代の読者には意外に
思えるかもしれないが、ヒトラーはことのほかイメージに意識的で、お抱えの
写真家ハインリヒ・ホフマンとともに1920年代、聴衆が気に入る「見た目」
を作り出すよう、対外的イメージを磨き上げることに熱心であった。当時この
口ひげを選んだのはこのプロセスの一環だったのかもしれない。しかしヒトラ
ーがこのスタイルを採用したのは、流行の最先端というだけでなく、もっと現
実的な理由からだった可能性もある。というのも、ミュンヘンのある友人にこ
う話していたからだ。「口ひげがない私の顔を想像してみたまえ！　鼻が大き
すぎる」。[3]

　動機がなんにせよ、少なくとも支持者の間で人気を博しているスタイルにつ
いて、ヒトラーのセンスは正しかった。ハンフシュテングルがヒトラーに「チ
ョビひげ」をやめるよう説得していた1923年までに、ハインリヒ・ヒムラー
とエルンスト・レームがすでに真似をしていた。その後、追随者の数はさらに

ヒトラーの口ひげブラシ　　31

増していく。多くの一般ドイツ人に加え、ユリウス・シュトライヒャー、エーリヒ・コッホ、ヨーゼフ・ワグナーらナチ党大管区指導者、ロター・レンドゥリック、ゴットハルト・ハインリッツィ、ハインリヒ・フォン・フィーティングホフなどの軍司令官、さらにはイルムフリート・エベール、クリスティアン・ヴィルトやヒトラーの長年の友人ゼップ・ディートリヒなどのSS高官たちも含め、多数のナチの大物たちがそろって「ヒトラーひげ」として有名になったチョビひげにした。もちろん、彼らの多くにとって、ヒトラーひげにすることはファッションによる自己主張以上のもの、つまり政治的忠誠を示す行為、彼らの「総統」に対する個人的な忠誠の誓いであった。

■原注

1 Ernst Hanfstaengl, *15 Jahre mit Hitler* (Munich, 1980), pp. 82-3.

2 Henry Picker, *Tischgespräche im Führerhauptquartier : 1941-1942* (Bonn, 1951), p.239.

3 Erich Kempka, *I was Hitler's Chauffeur* (London, 2010)［エリヒ・ケムカ『ヒットラーを焼いたのは俺だ』長岡修一訳、同光社磯部書房、1953年］, p. 174.

6
『突撃者(デア・シュトゥルマー)』第１面

　『突撃者(デア・シュトゥルマー)』は、第三帝国内でナチの反ユダヤ主義的プロパガンダを執拗に喧伝した悪名高いタブロイド版週刊新聞であった。ナチ党の初期の主要なメンバー、ユリウス・シュトライヒャーによってニュルンベルクで発行され、1923年から第二次世界大戦の終わり近くまで、最盛期には毎週約50万部を販

第三帝国内で反ユダヤ主義的プロパガンダに専心したタブロイド版週刊新聞『突撃者(デア・シュトゥルマー)』第１面。

売していた。紙面は下品で胸の悪くなるほど不愉快な反ユダヤ主義的記事と風刺画に満ちており、ドイツのユダヤ系住民が一掃されるのを見たいという欲求を隠そうともしなかった。前頁の、1940年に発行された号の下部に見られるように、定期的に第一面の見出しで「ユダヤ人はわれわれの禍だ！（Die Juden sind unser Unglück!)」――1880年に当時ドイツの帝国議会議員であった歴史家のハインリヒ・フォン・トライチュケが作り出したフレーズ――を宣言していた。

> 『突撃者（デア・シュトゥルマー）』はことさらに下品で、故意に名誉を誹謗（ひぼう）し、その悪評の高さを大いに誇っていた。

反ユダヤ主義はヒトラーの「哲学」の核心に位置した。政治的な策略ではなく、1920年のナチの25項目の綱領から1945年の流血をともなうナチス政権の崩壊まで、反ユダヤ主義は常に赤い一筋の糸のように貫いていた信念の中核をなす事柄であった。とはいえ、ナチスの生物学的・人種的反ユダヤ主義は、必ずしも一般のドイツ人に広く共有されていたわけではなかった。そのためナチスはプロパガンダを利用して盛んに宣伝し、一般の人々をあおる必要があった。そしてその過程において、社会のさまざまな領域に訴えかけるための多様な声とメッセージが必要とされた。露骨な偏見と極端に単純化したメッセージを用いて、『突撃者（デア・シュトゥルマー）』はあからさまにドイツの労働者階級を読者層のターゲットとした。

ナチ統治下のドイツで発行されていた他の新聞と異なり、『突撃者（デア・シュトゥルマー）』はきちんとした定期刊行物としての体裁をとりつくろう努力もほとんどせず、むしろことさら下品に、故意に名誉を誹謗（ひぼう）することで、新聞自体の悪名が高まることを大いに誇っていた。醜聞記事と扇情的題材がその常套手段で、高名なユダヤ人への個人的な中傷を、ユダヤ人の性的倒錯というばかげた話と組み合わせたりもした。実のところ、そういった記事は、読者の興をそそるためだけでなかった。同紙の性的な内容――特に異人種間の混血に対する強い関心――は、いわゆる「血の汚染」、すなわちドイツは「外国人」（ユダヤ人）の血の意図的な混入によって遺伝的に蝕（むしば）まれ、生物学的に脅かされているとする観念を低俗に表現したものであった。『突撃者（デア・シュトゥルマー）』は大衆による消費のための下品なタブロイド紙であるばかりでなく、ナチ哲学の中心となる主張を伝えてい

たのである。

『突撃者』については、あまりの悪評ゆえにナチスの高官たちの間でさえ意見が分かれた。ゲーリングは特に、何回か自身が「暴露記事」の標的にされたためこの新聞を嫌い、彼の担当省のどの部門にも置くことを禁じた。また、ゲッベルスはドイツに関する外国の世論によくない影響をおよぼすのではないかと気にかけ、定期的に発行を止めた。そのうえ『突撃者』の発行者であるシュトライヒャーは、ナチの首脳部の間では一般に（おそらくは適切にも）必ずしも良識ある人物ではないと見なされていた。たとえば、ゲッベルスは彼のことを「少し異常なのではないか」と述べていた。[1] しかし、主として、シュトライヒャーの「節度」をたたえるヒトラーの引き立てによって、彼は擁護されていた。ヒトラーはこう述べていた。

> シュトライヒャーは彼の『突撃者』のために非難されている。真実は人々が言うことの反対である。彼はユダヤ人を美化して描いた。ユダヤ人はシュトライヒャーの描写よりも下劣で、獰猛で、極悪非道なのだ。[2]

とはいえ、ヒトラーでさえ、そういつまでもシュトライヒャーを擁護できなかった。1940年、シュトライヒャーは金銭的なスキャンダルにかかわったことでナチ党大管区指導者の地位を解任された。戦争が終結すると、彼は出身地のニュルンベルクで他のナチ首脳部とともに人道に対する罪で有罪判決を受け、死刑を宣告された。絞首台へ向かう時、彼はなおもユダヤ人のことをののしっていた。

■原注

1　T. Thacker, *Joseph Goebbels: Life and Death* (London, 2009), p. 40に引用されている。
2　Hugh Trevor-Roper (ed.), *Hitler's Table Talk: 1941-1944* (New York, 2000)［ヒュー・トレヴァー＝ローパー解説『ヒトラーのテーブル・トーク』吉田八岑監訳、三交社、1994年］, p. 154に引用されている。

7
『わが闘争』

　1924年4月1日、アドルフ・ヒトラーが『わが闘争』の1行目を書き始めた時、やがてその本が持つことになる重要性——と悪評——については、ほとんど考えもしなかっただろう。

　前年秋のミュンヘン一揆に関与した罪で5年の「城塞禁固」の刑に服したヒトラーは、移送されたばかりのランツベルク刑務所で、もの悲しいふりをしながら、実のところ時間を持て余していた。ナチ党の取り巻き連中に囲まれた快適な環境を享受しながら、彼はレミントンの旧式タイプライターを2本の指で操作して、夜更けまでその大作の執筆を始めた。[1]

　本の執筆に至る経緯については諸説ある。中でもよく知られているのが、ミュンヘン一揆に関する扇情的で世間を沸かせるような記述を期待していたのが明らかな、ヒトラーの本の発行者——かつての上官——マックス・アマンに執筆を依頼されたという逸話である。他には、自分の行動を正当化して政敵をこき下ろしたいという圧倒的な欲求が動機となって、ヒトラーが筆を執ったとする説がある。[2]また、すでにナチ党の政治綱領を出版することを誓っていた仲間——アルフレート・ローゼンベルクやディートリヒ・エッカルトなど——の動きに加わることで、ヒトラーが自身の知的劣等感に対処しようと努めていた可能性もある。

　理由が何であれ、幾度か出だしにつまずいた後、彼にしては異例の決断力で仕事にとりかかり、1924年6月に正式に執筆を始めた。同年12月にランツベルク刑務所から出所後も本の執筆を続け、1925年6月、翌月の出版のために第1巻の原稿を出版社に引き渡した。その後、1926年の夏にオーバーザルツベルクへ引きこもり、そこで執筆した第2巻は同年12月に予定通り出版された。

　出来上がった本がただちに成功をおさめたわけではなかった。一部がナチ党の政策綱領で、一部が都合よく書かれた自伝である『わが闘争』は、人種や反

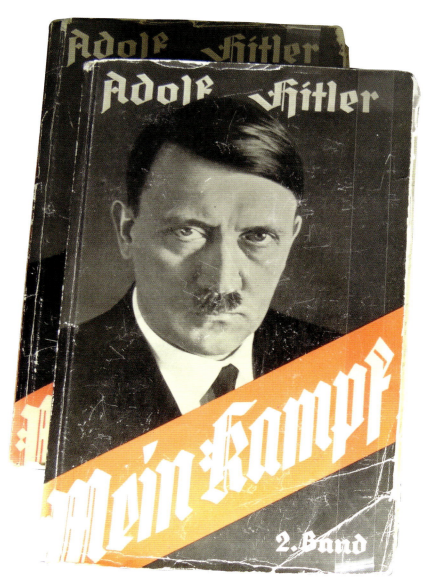

『わが闘争』全2巻。

ユダヤ主義、反資本主義、反ボルシェビズム、時事問題に関して、プロパガンダの利用から「生存圏（レーベンスラウム）」の観念まで、ドイツ革命の失敗から民主主義の危険まで、ヒトラーの考えを詳細に説いていた。文章は冗長（じょうちょう）で仰々しくもったいぶっていて、著者の偏見だけでなく知性の危うさも反映していた。それは、自分の主張を深刻に受け取ってもらいたいがために、ただ言葉の重みだけで読者を納得させようと、可能な限りすべての論拠や裏付けとなる証拠の断片、精いっぱいの稚拙なメタファーをテキストに詰め込んだのではないかと思える作品であった。

　どの批評もこの本を批判し、本の内容と粘着質な文体を攻撃しただけでなく、著者が精神的に安定しているか疑いさえした。カトリック系日刊紙『バイエリッシェ・ファーターラント』は『わが闘争（マイン・カンプフ）』を「彼の痙攣（けいれん）（ザイン・クランプフ）」と揶揄し、あざけりの対象にさえした。[3] 後にナチ党を離れたオットー・シュトラッサーによれば、党内の反響が一般よりも熱狂的であったことはなく、多くの党員は一度も読んだことがないとひそかに告白していたという。しかも彼は、『わが闘争』を読んだことを最初に認めた者が残り全員の飲み代を払わなければならないとする賭けを党員たちがしていたことを明かしている。シュトラッサーによれば、その場にやって来た最初の人間は彼の兄のグレゴールで、彼は「堂々と『読んでない』と答えた。ゲッベルスは頭を振った。ゲーリングは大声で笑い始めた」。[4] イタリアの独裁者ベニート・ムッソリーニでさえこの本に感銘を受けず「一度も読み通すことができないほど退屈な本だった」と述べた。[5]

> 冗長（じょうちょう）で仰々しくもったいぶっていて、著者の偏見だけでなく知性の危うさも反映していた。

　当然、売上はそれほど振るわなかったが、1925年末までには初版の発行部数の1万部がほぼ売り切れた。[6] その後6年間で、ヒトラーが政治家として出世したことが刺激となり、本は30万部近く売れ、首相に任命された1933年には、100万部以上売れた。[7] 驚いたことに、ヒトラーの存命中に『わが闘争』は全部で1245万部も売れた。[8] そのうえ、ナチ国家によって新婚夫婦への贈り物、幸せなカップルにヒトラーの思想を吹き込むためのよこしまな贈り物にさえなった。

ヒトラーの死とナチズムの崩壊後でさえ、『わが闘争』は依然として影を落としている。同書の権利が移されたバイエルン州がドイツでの出版を禁じているにもかかわらず、2016年に本の版権が切れる（つまり誰でも復刻可能となる）ことが、注釈つきの新版が出版されるきっかけとなった。ヒトラーの言葉によって軽率な読者が惑わされることのないよう、新版には詳細な学術的注釈がおさめられ、頁数は原書の700頁から大幅に増え2000頁となっている。[9]もちろん新版の編集者たちは、同書が──またしても──ドイツでベストセラーになった時は衝撃を受けた。その結果、ヒトラーとその忌まわしいイデオロギーが現代でも反響を呼び起こしたことについて、今一度自己分析と不断の努力を重ねることをドイツのメディアにうながすきっかけとなった。[10]

　それでも、ヒトラーの本の所有者の多く──現在であれ、第三帝国の間であれ──は、『わが闘争』の大半を実際に読んだのかどうか疑わしい。ナチスの全盛期において、同書はナチス政権への忠誠を示す強大なシンボルであり、忠実なナチ党員の本棚に加えられるべき必須アイテムで、それほど熱心でない党員の誠意を示す便利な証明書であった。現代の読者にとっては歴史上の珍品、有害な遺物だが、それ以上のものでないのは確かだ。おそらく『わが闘争』とは、歴史上もっとも語られているが、もっとも読まれていない本であろう。

■原注

1　Volker Ullrich, *Adolf Hitler* (Frankfurt am Main, 2013), p. 199.

2　Christian Hartmann et al. (eds), *Hitler, Mein Kampf: Eine kritische Edition*, Vol. 1 (Munich, 2016), p. 13.

3　Timothy Ryback, *Hitler's Private Library* (London, 2009)　［ティモシー・ライバック『ヒトラーの秘密図書館』赤根洋子訳、文藝春秋、2010年], p. 77に引用されている。

4　シュトラッサーの発言についてはRyback前掲書に引用されている。p. 77.

5　Denis Mack Smith, *Mussolini* (London, 1981), p. 200.

6　Ullrich, *Adolf Hitler*, p. 200.

7　Othmar Plockinger, *Geschichte eines Buches Adolf Hitlers 'Mein Kampf': 1922-1945* (Munich, 2006), p. 185 fn.

8　Ullrich, *Adolf Hitler*, p. 200.

9　Hartmann et al., *Hitler, Main Kampf*　を参照。

10　たとえば下記のウェブサイトを参照のこと。www.theguardian.com/world/2016/jan/01/mein-kampf-book-adolf-hitler-copyright-expires.

8
ヒトラー式敬礼

　右腕を伸ばし「ヒトラー万歳(ハイル・ヒトラー)」と叫ぶ「ドイツ式敬礼」、あるいは「ヒトラー式敬礼」の慣習は、第三帝国時代の日常生活をもっとも象徴づける、当時ドイツの至るところで見られた特徴だった。

　敬礼は古代ローマに起源をもつと広く信じられているが、古代からそうした慣習があったことを示す同時代の証拠は存在しない。1920年代初期のムッソリーニのファシスト党が敬礼を採用したことで注目されるようになり、ナチスはファシスト党からその慣習を借用した。腕を使った挨拶はあまりにイタリア的で、当初は「非ドイツ的」ではないかと懸念されたが、それにもかかわらずナチの間に広まり、1926年には党員の間で用いられる強制的な敬礼の方式となった。

　ナチが権力を掌握した1933年以降、「ドイツ式敬礼」は徐々にドイツ社会のより広範な領域まで広がった。同年7月、国家公務員全員に義務づけられ、ドイツ国歌とホルスト・ヴェッセルの歌の演奏の間は出席者全員がこの敬礼をすることが定められた。

> 「ドイツ式敬礼」の習慣は、政権への忠誠を公に示す試金石となった。

　まもなく、敬礼が用いられるべき時と免除される状況を説明した詳細なガイドラインが発表された。たとえば右腕を失った者や右腕に女性をエスコートしている男性は左腕を用いてもよいとされた。そうした例外を除き、国民全員に与えられた指示は「手のひらが見えるような角度で右腕を揚げること」であった。その動作にともなう適切な文句は「ハイル・ヒトラー」、あるいは少なくとも「ハイル」と定められた。同様に、公用の手紙は——解雇通知という顕著な例外はあるものの——「ハイル・ヒトラー」という結びの言葉で終えなければならなかった。[1]

常に意識させるための注意。

　1930年代半ばまでには、上に挙げたような、敬礼の慣習を広めるホウロウ引きの看板が現れ始めた。鉤十字とともに「私たちの挨拶は『ハイル・ヒトラー』」──あるいは詩のように、「国民同胞、出会いし時は、汝の挨拶『ハイル・ヒトラー』なり」──という文を掲げた看板が、工場や職場、公的な場所に多く設置され、忠実な支持者を激励し、反抗者に警告した。
　さらに強い働きかけとして、子どもたちは幼稚園(キンダーガルテン)で初歩的な書き方の練習に含められた「ハイル・ヒトラー」という言葉で敬礼を教えられることになった。従順な親たちは適切な時に「ヒトラーの小さな僕(しもべ)の役を務める」よう彼らの子どもたちをうながした。[2] ちなみにユダヤ人は1937年にこの敬礼を用いることを禁じられた。
　「ドイツ式敬礼」が通行人全員に要求される、特に注意すべき場所の一つが、1923年のナチ党の一揆の舞台であり、次々と浴びせられる銃撃の中で反乱が制圧されたミュンヘンの将軍廟であった。そこでは常駐のSSの見張りが通行人に必ず敬礼をさせ、自転車に乗っている者でさえ敬礼し、片手だけハンドルをつかんで敬礼し、ゆらゆらと通行せざるを得なかった。こうした面倒を避け

ヒトラー式敬礼　41

るには迂回して近くのヴィスカルディ小路を通る方法があったが、この小路は
じきに「怠け者の小路」の名で呼ばれるようになった。[3]

　驚くべきことに、そうした服従に反抗した砦の一つがドイツ陸軍で、長い間
敬礼に関するナチ党の命令をうまくまぬがれていた。しかし変化は1944年の
夏に訪れた。クラウス・フォン・シュタウフェンベルク大佐によって遂行され
たヒトラー暗殺を謀った7月20日事件の結果として、「ドイツ式敬礼」が陸軍
の服従を示す公の歴然たる証拠として採用された。

　皮肉なことに、ヒトラー自身はこの敬礼をたまに使うのみだった。ほとんど
の場合は右の肘を曲げ、手のひらを正面に軽く揚げるだけで敬礼に応じた。ド
イツ式敬礼は通常、50歳の誕生日を祝う1939年の軍事パレードなどの公式の
場でのみ用いていたが、側近たちが驚いたことに、ヒトラーはそのパレードが
終わるまで、何時間も腕を伸ばしたまま気をつけの姿勢を保っていた。その様
子に秘書のクリスタ・シュレーダーはうっとりとし、こう述べた。「彼がどこ
から力を得ているのか信じられない」[4]。

　その後次第に「ドイツ式敬礼」の習慣は、ナチ政権への忠誠心を公の場で示
す――『わが闘争』やヒトラーの写真を部屋に飾っておくのと同じ――いわ
ば踏み絵となったので、政治的信念が何であろうと、ドイツ人の多くは敬礼を
しないでおく勇気がなかった。

　服従への圧力、さらには常に存在する密告の危険が、抑圧的な雰囲気を助長
した可能性はある。このことは次に紹介する、寄席の芸人についての、おそ
らくは作りものの話からうかがえる。芸人は舞台に歩み出て、「ドイツ式敬礼」
に見える身振りをした。まじめな顔で右腕を伸ばし、沈黙したまま立ち尽く
したので、観客は次第にどう反応すべきかわからなくなり、多くの観客が立っ
て、同じように敬礼した。観客の中には気が進まない者たちもいたが、裏切り
者と見なされるのを恐れ、最後には加わった。聴衆全員が立って敬礼をすると、
ようやく芸人は沈黙を破っておちを言った。「去年、村の雪が『このくらいの』
高さだった」。ゲシュタポがこの小話を面白いと思ったか大いに疑問である。

公の場でのヒトラーの「ドイツ式敬礼」。

■原注
1 Richard Grunberger, *A Social History of the Third Reich* (London, 1970) ［リヒアルト・グルンベルガー『第三帝国の社会史』池内光久訳、彩流社、2000年］, pp. 114-15.
2 同、p. 114.
3 Maik Kopleck, *München, 1933-1945* (Berlin, 2005), p. 5.
4 Christa Schroeder, *He Was My Chief* (London, 2009), p. 70.

9
「ホルスト・ヴェッセルの歌」原譜

　1929年、ベルリン出身の若者が行進曲を書いた。ルター派牧師の息子、21歳のホルスト・ヴェッセルはベルリン大学の法学部学生で、いわゆるナチの「褐色シャツ」隊、SAの地元組織のリーダーを務めていた。多くの逸話によれば、彼は人並外れて ——ナチ党の政治活動というすばらしい新世界の中での出世を夢見て[1] ——野心的で先取の気性に富み、おまけに共産主義者の本拠地ベルリンで、彼らを挑発するのに巧みな若者であった。

　その目的のため、ヴェッセルは古い民謡の旋律をつぎはぎして、活気のある行進曲のようなメロディの ——「旗を揚げよ！」と題した ——歌を作った。歌詞は、旗や一斉に行進する隊列を含む、典型的なファシスト的内容であった。しかも ——いささか陰気に ——共産主義者と反動主義者に殺されたSA隊員たちの魂が生者とともに密集行進している様子を表していた。

　　旗を高く揚げよ！　隊列は固く閉じた！
　　SAは冷静に確固たる歩みで行進する。
　　赤色戦線と反動主義者に撃ち殺されし戦友たち、
　　魂となってわれらの隊列とともに行進する。
　　赤色戦線と反動主義者に撃ち殺されし戦友たち、
　　魂となってわれらの隊列とともに行進する。

　この歌は、1929年5月26日にベルリンで初めて公の場で歌われ、その後ヴェッセルがニュルンベルク党大会の軍事行進で自分の部隊を率いた直後の同年9月には、歌詞が匿名でゲッベルスの新聞『攻撃』に掲載された。[2]

　その冬、ヴェッセルは直接ヒトラーに宛てて手紙を書くことで、さらに出世を早めようとしたようだ。新年の贈り物として、SAの制服を着た自身の写真

44

ホルスト・ヴェッセルがヒトラーに送った署名入りの「旗を高く掲げよ！」の楽譜。

や「わが総統（マイン・フューラー）」に宛てた添え状、自作の歌の第一番の歌詞をつけ、下に署名をしたためた手書きの楽譜などを含めた品々を一つにまとめた。それはヒトラーに贈られた数多くのプレゼントの一つにすぎなかったであろうし、受取人の反応は記録にない。それにもかかわらず、ヴェッセルはその行為によって、ベルリンのSA内での比較的無名の存在から昇進することを期待していたに違いない。

それから数週間も経たないうちに、ヴェッセルの名をドイツの誰もが知ることになったが、それは総統への贈り物によってではなかった。1930年1月14日の晩、彼は襲撃者によって至近距離から顔を撃たれ、その後5週間生死の境をさまよったために、ナチの殉教者の地位に祀りあげられることになった。

ヴェッセルが撃たれた時の状況は長いこと議論の的となっていた。前年の秋、彼は18歳の娼婦エルナ・イェーニヒェンと関係を持ち始め、彼女と一緒にベルリン郊外のフリードリヒスハインに引っ越した。1月までに二人は家主の女性エリザベス・サルムと未払いの家賃のことでもめるようになった。そこで家主のサルムは二人を退去させることを決意して、地元の共産主義者の裏社会に助けを求めた。もちろん共産主義者たちはホルスト・ヴェッセルの名前を聞くと、素早く応じた。そのため、強制的な立ち退きで済むはずだったもめごとが、命を奪う暴力となった。(3)

　その後ヴェッセルは、2月23日に敗血症で亡くなるまで、口蓋と上顎の大半を失ったまま病院のベッドで苦しんでいたが、その間にゲッベルスがこの若きSA隊員を、ナチ運動の殉教者へと巧みに仕立て上げた。共産主義者たちは必死になって事態を混乱させようと、銃撃事件を政治的な動機によるものではなく、イェーニヒェンをめぐるヒモ同士の安っぽい痴話喧嘩に見せかけようとしたが、ゲッベルスの思惑を阻止することはできなかった。ゲッベルスは殉教の持つ政治的な求心力に気がついていたため、ヴェッセルを戦死した英雄、卑劣な共産主義者という敵によって倒された輝く星、その死によって人々を感化させ得る若者として賛美し始めた。「静かに流れた英雄の血がわれわれの軍隊に入り込んだ」とゲッベルスは書いている。「それでもわれわれの目がそのような喜びや興奮で輝くことはなかった」。(4)賛美に花を添えたのが、ヴェッセルの詩の「赤色戦線と反動主義者に撃ち殺されし戦友たち、魂となってわれらの隊列とともに行進する」という部分で、なんとも不思議な先見の明であった。1930年2月7日、ヴェッセルの存命中に、ベルリンのスポーツ宮殿でおこなわれたナチの集会では、約1万5000人が彼をたたえる歌を歌った。「ホルスト・ヴェッセルの歌」は有名になっていた。

歌詞は、旗や一斉に行進する隊列を含む、典型的なファシスト的内容であった。

　結局ヴェッセルはナチスによって不朽の名声を与えられることになった。1933年以降、彼が住んでいた地区——フリードリヒスハイン——は、亡くなった病院と同じように彼の名がつけられた。その後も武装SSの師団、ドイツ空軍の飛行中隊、海軍訓練艦、無数の通りと広場が彼の名

前をとって命名されることになった。彼の生涯は無数の小説と伝記ばかりでなく、主人公を理想化した伝記映画『ハンス・ヴェストマル』でも描かれた。よく知られているように、彼の歌は国歌に次ぐ地位──ドイツ国歌の次に演奏された──にまで高められ、歌っている時はすべてのドイツ人がヒトラー式敬礼をしなければならなかった。

　ナチスはヴェッセルを殺した者たちに復讐した。アルブレヒト・ヘーラー──拳銃の引き金を引いた人物で、殺人罪ですでに6年の判決が言い渡されていた──は1933年9月に行方不明になり、SAの特別部隊によって殺された。奇妙なことに、その部隊にはかつてのプロシア皇太子アウグスト・ヴィルヘルムも含まれていた。[5] ヘーラーの共犯者の二人は後に死刑が宣告され、処刑された。

　1945年以降、ヴェッセル──かつては罪のないナチの殉教者としてたたえられていた──はこきおろされることになった。ベルリンのニコライ墓地にある彼の墓は破壊され、彼の名前を冠した歌はドイツで禁止された──今日に至るまでこの禁止令は有効である。

■原注

1　Daniel Siemens, *The Making of a Nazi Hero: The Murder and Myth of Horst Wessel* (London, 2013), p. 57を参照のこと。

2　同、p. 62.

3　Michael Burleigh, *The Third Reich: A New History* (London, 2000), p. 118.

4　Siemens前掲書、p. 60に引用されている。

5　Nigel Jones, 'A Song for Hitler', *History Today,* October 2007を参照のこと。

10
ルーン文字

　第三帝国を代表する一般的な特徴は、ルーン文字をシンボルとして広範に用いたことであった。ルーン文字は昔の北欧ゲルマン系諸民族の文字で、もっとも古いものはだいたい西暦150年までさかのぼり、スカンディナヴィアの原初のゲルマン諸言語に用いられていた。

　ラテン文字の採用とともに使われなくなったルーン文字は、オーストリアの神秘主義者で汎(はん)ゲルマン国家主義者のグイド・フォン・リストによって（部分的に）復活されるまで、主に学問的な研究で用いられているだけであった。この人物は、1906年の、白内障手術後の目が見えなかった時期に、ルーン文字の聖なる力が開示されたと主張した。20世紀初頭にドイツの民族主義者の間

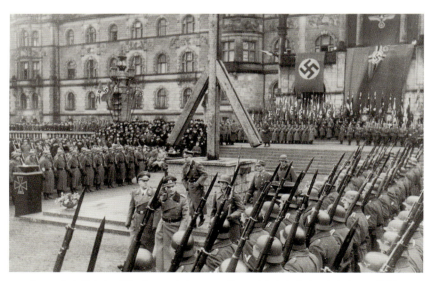

ニュルンベルク党大会の間、ルーン文字のシンボルのまわりに集められたドイツ陸軍の示威行進。

48

「生命のルーン文字」が組み込まれたナチの婦人組織、「ドイツ女性事業団(Deutsches Frauenwerk)」のバッジ。

で人気を博したことから、その後ルーン文字はナチの運動組織内で、ハインリヒ・ヒムラーと先頭に立つSSとともに広く使われるようになった。1939年までにはルーン文字の象徴的意味の理解がSSの訓練の重要な一部となった。[1]

　ナチスに使われた中でもっとも普及した——広く認識された——ルーン文字が、「勝利」を意味するいわゆる「ズィック」ルーンである。この文字を二つ並べたものが1930年からSSのシンボルとして使われ、旗やSS隊員の襟章(えりしょう)に表示された他、ドイツ製タイプライターで母音をウムラウトに変化させるキーにまで採用された。とはいえ、SSのルーン文字は多くのそうした借用の一つにすぎなかった。たとえばヒトラー・ユーゲントは組織のシンボルとして「ズィック」ルーンを一つ採用し、国民社会主義婦人団体（ドイツ女性事業団）は団体の目印として——バッジに見られるように——上部に「太陽の車輪」の鉤十字を冠した「アルギズ」ルーン（「生命」の意味）を用いた。一方、国民社会主義公共福祉団体（Nationalsozialistische Volkwohlfahrt）は団体の頭文

字——NSV——にうまく似た図案で「アイフ」ルーン（「情熱」を意味）と「アルギズ」ルーンの両方を組み合わせた。

数多く存在した武装ＳＳの軍団もルーン文字を師団のシンボル——たとえば第6SS山岳師団「ノルト」は「信念」を意味する「ハガル」の字、第7SS義勇山岳師団「プリンツ・オイゲン」は「一体感」を意味する「オーダル」の字——として採用した。（「指導力」を表す）「トュール」の字は第32SS擲弾兵師団「1月30日」によって用いられた。さらに、「生命」と「死」を表す字はSSによって

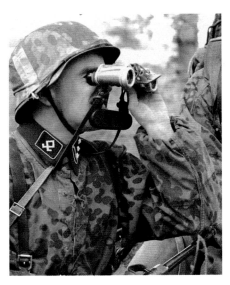

襟元に「オーダル」ルーンを示す第7SS義勇山岳師団「プリンツ・オイゲン」の将校。

死亡通知に用いられ、しばしば墓石にも、生誕日と死亡日を示す伝統的なキリスト教のシンボルの代わりに刻まれた。

> ルーン文字はキリスト教が広まる前の古くからのゲルマン民族の歴史との結びつきを意味した。

ルーン文字はナチ・ドイツでは非常にありふれていたため、おそらく多くのドイツ人はそれらが持つ深い意味を特に気にかけることなく、また気づくこともなかった。しかし、少なくともヒムラーにとってそれらは単なる記号ではなかった。ルーン文字はキリスト教が広まる前の古くからのゲルマン民族の歴史との結びつき、それゆえ、民主主義や自由主義といった、堕落した「ユダヤ的」概念の排除を意味した。ルーン文字はそれ自体がナチ革命のシンボルであった。

■原注
1　Robin Lumsden, *SS: Himmler's Black Order, 1923-45* (Stroud, 1997), p. 145.

11
ゲリ・ラウバルの像

　この、ヒトラーの姪ゲリ・ラウバルのブロンズ像は、ヒトラーの依頼で有名なミュンヘンの彫刻家フェルディナント・リーバーマンによって制作された。1932年に完成すると、その前年にラウバルが自殺した場所である、ミュンヘンのヒトラーのアパートの寝室に置かれた。

　1908年にリンツで生まれたアンゲラ・「ゲリ」・ラウバルはレオ・ラウバルとヒトラーの義姉アンゲラの二番目の子どもであった。活発な子どもだった彼女が初めて叔父のヒトラーに会ったのは1920年代初頭で、彼女がミュンヘン大学の医学部に入学した1927年から、二人は定期的に会っていた。1929年、

ゲリ・ラウバル──ヒトラーが愛情を注いだ女性。

ラウバルは医学の道を断念することを決意し、歌手になるための専門教育を受けたいと宣言した。その後、すぐに彼女はミュンヘンのプリンツレゲンテンプラッツにある、ヒトラーのアパートの来客用寝室に引っ越した。オーバーザルツベルクでヒトラーの家政婦として雇われた母親とともに、21歳のゲリはヒトラーと親交を深めていった。

　二人の関係は隠されることなく、しかも――反対の噂は数えきれないほどあるが――純粋にプラトニックな家族の関係であったようだ。ゲリはヒトラーを「アルフおじさん」と呼び、彼の取り巻きに欠かせない人間となった。彼女は文化的な催しや政治的なイベントにたびたびつき添い、1927年のニュルンベルク党大会に出席さえした。ゲリは明るく頭の回転の速い娘で、彼女の天真爛漫で気取らない性質には多くの賛辞が寄せられた。たとえばヒトラーの専属写真家のハインリヒ・ホフマンは、彼女のことを「その場にいるだけでまわりの雰囲気を変えることができる魅惑的な女性。誰もが彼女のことを好きだった」と語っている。[1]

　しかしゲリとヒトラーの関係は、彼女がヒトラーのお抱え運転手のエミール・モーリスとつき合い始めた時から、緊迫したものとなった。ヒトラーは姪を保

ゲリと彼女の「アルフおじさん」。

護しようと彼女に横暴な態度をとったようだ。さらには——彼女が勉強に専念できるようにと説得して——モーリスを解雇することで恋を終わらせた。その後まもなく、屈託のない娘は次第に内向的になり、ふさぎこむようになった。彼女は歌の勉強を続けるためにウィーンへ行く許可を求めたが、ヒトラーははねつけた。

1931年9月18日の午後、ヒトラーのミュンヘンのアパートで、ゲリ・ラウバルは銃で自殺した。検死解剖の結果によると、彼女は心臓を狙ったが外れ、弾が肺を貫通した結果失神し、その後窒息死した。[2] 彼女は遺書を残さなかったため、動機は明らかではない。まだ23歳であった。

この時ニュルンベルクにいたヒトラーは彼女の死の知らせを聞いて、ひどく取り乱した。そしてミュンヘンへ——途中でスピード違反の呼び出し状をもらいながら——急いで戻ったにもかかわらず、5日後にウィーンで執りおこなわれた葬儀には出席しなかった。すぐに、二人の関係を憶測し、ゲリの死の詳細な状況を疑問視する扇情的な噂がヒトラーの政敵にあおられて広まり始めた。当時のさまざまなタブロイド紙が、ヒトラーは自分の姪と近親相姦するマゾヒストである、ゲリは妊娠していた、ヒトラーの命令で彼女は殺された、等々書きたてた。それらのでたらめな憶測を裏づける証拠は、これまで一つも出てきていない。

1930年代ドイツの過熱した政治状況の中、ナチ党は大あわてで、ゲリの自殺によってヒトラーがこうむったダメージを最小限に食い止めるための対策を講じざるをえなかった。ヒトラーはその噂に関する反証を正式に発表し、マスコミに報道の撤回を要求した。さらに、姪の死をめぐって広まった批判をきっかけに、ナチスはヒトラーのイメージ戦略を大きく変更した。異常者、道徳的にいかがわしい過激派としてマスコミに笑いものにされた人間が、慎み深く教養のある美術愛好家、そして政治家の卵として、より魅力的な人物にイメージチェンジされることになった。[3]

一方、ヒトラー個人としては、悲しみに沈み、1週間オーバーザルツベルクのハウス・ヴァッヘンフェルトのゲリの部屋に閉じこもり、この間自殺を考えていたとされる。[4] 平静を取り戻すと、彼はその部屋を——ミュンヘンの彼女の自室と

ヒトラーは姪に対して、後に妻となるエーファ・ブラウンへもめったに示したことのない愛情を示した。

同じように——彼女の思い出を偲ぶ神聖な場所として、そのままにしておくよう命じた。さらに側近の者たちには、二度と彼女の名前を口にしないよう指示をした。

　そして、ヒトラーはこのゲリの像の製作を依頼した。彫刻家による最初の案は、彼女の笑っている姿だったが、ヒトラーはもっとまじめな表情にした。完成した40cmの高さのブロンズ像は、大理石の台座に据えられ、モデルの死の1年後にヒトラーに渡され、ミュンヘンの彼の寝室で最高の座を占めた。

　ヒトラーとゲリの関係が実際にはどのようなものであったにせよ——確かなことはこの先もわからないだろう——、特別な関係であったのは確かだ。オーバーザルツベルクで彼女を祀る場所を作り、像の製作を依頼することで、ヒトラーは姪に対して、その後妻となるエーファ・ブラウンへもめったに示したことのない愛情を、彼女の死後に示した。当時の新聞が、ゲリ・ラウバルをヒトラーが愛した唯一の女性としたのは正しかったのかもしれない。[5]

　ゲリの死は、個人的な影響だけでなく、政治的にも影響をもおよぼしたと示唆する人々もいる。ヘルマン・ゲーリングは後に、ゲリの死後、「ヒトラーの他人に対する関係」[6]が変化したと述べている。要するに、ヒトラーは感情に動かされなくなった。ヒトラーは感情を封印したのかもしれない。その後彼は自分のことを「完全に自由の身」と称した。「今や」と彼はこう述べた。「私はただドイツ国民と私の使命だけのものである」。[7]

■原注

1　Anna Maria Sigmund, *Die Frauen der Nazis* (Vienna, 1998)［アンナ・マリア・ジークムント『ナチスの女たち』西上潔訳、東洋書林、2009年］, p. 142に引用されている。

2　同、p. 149.

3　Despina Stratigakos, *Hitler at Home* (New Haven & London, 2015)［デスピナ・ストラティガコス『ヒトラーの家：独裁者の私生活はいかに演出されたか』北村京子訳、作品社、2018年］, p. 23.

4　Herbert Döhring, *Hitlers Hausverwalter* (Bochum, 2013), p. 53.

5　William Shirer, *The Rise and Fall of the Third Reich* (London, 1959)［ウィリアム・シャイラー『第三帝国の興亡』全4巻、井上勇訳、東京創元社、1961年］, p. 132.

6　Ron Rosenbaum, *Explaining Hitler* (New York, 1998), p. 192.

7　Ullrich, *Hitler: Ascent 1889-1939*, p. 284に引用されている。

12
ユンカース Ju 52

　ユンカース社のJu 52は第三帝国で長く使われた航空機であった。もっとも普及していた型は、3発の9シリンダーBMW星形エンジンを動力とし、1932年から1945年まで民間用と軍用の両方で役目を果たした。

　もともと1920年にデッサウにあるユンカース社の工場でエルンスト・ツィンデルによって設計されたJu 52は、固定式の着陸装置と位置の低い片持ち翼、アルミニウム合金でできた波型のフルメタル装甲という、頑丈な造りであった。すぐにその真価を発揮して、1930年代にはドイツのルフトハンザ社で17人乗りの定期旅客機として就航し、ドイツ国内他、ヨーロッパ各地やそれ以外の航路を飛んだ。

　政権を握る前から、ヒトラーはすでにJu 52を利用した飛行機旅行の可能性に目を向けていた。彼は1932年の大統領選挙のキャンペーンにうまく航空機を利用して、「ドイツを制するヒトラー」と題したキャンペーンで、ドイツ国

「ユーおばさん（タンテ・ユー）」──航空機の象徴。

55

アフリカの部隊へ物資を運ぶため、北アフリカの町上空を飛行するJu 52。

内46ヶ所を飛行機で遊説した。その後個人的な利用のためにJu 52を一機購入することを願ったが、『わが闘争』の印税があったにもかかわらず、27万マルクも支払うのは不可能だった。それでもなお、彼は専属パイロットのハンス・バウアに、「第三帝国の支配者」になったら政府の飛行隊を設立し、バウアをその指揮官にすると約束した。[1]

ヒトラーはその約束を守り、1933年2月、最初のJu 52――登録番号

D-2600——を購入すると、ハンス・バウアを自分の専属パイロットとした。最新式のフォッケ゠ヴルフ Fw 200 コンドルを専用機とすることにした1939年まで、Ju 52は、ヒトラーが個人的に使用するための2機とゲーリングの3機——そのうち1機は特大サイズの椅子を備えていた——そして他の高官たちのものも含め、17機ほどのVIP飛行隊の主力を支えた。[2]

> ヒトラーはJu 52を使った飛行機旅行の可能性に目を向けていた。

　さらに Ju 52 は軍用機としても重要な役割を果たしており、スペイン市民戦争の間に初めて使われた。この時は戦争の勃発を受けて、アフリカにいたフランコの軍隊をスペイン本土へ移送するために使われたが、その後は1937年4月の悪名高いゲルニカ爆撃にも参加した。そして第二次世界大戦が勃発すると、3000機以上がドイツ空軍に供給された。そこでは信頼できる輸送機として役に立ち、兵士の輸送や、救急飛行機に用いられた。落下傘兵が同機から飛び降りたり、グライダーを2機同時に綱で引いたりすることもあった。「ユーおばさん」と親しみを込めて呼ばれたように、戦争中はドイツのすべての空輸作戦に欠かせない存在であった——1940年のスカンジナヴィア作戦と1941年春のクレタ島占領から、失敗に終わった1942年から43年にかけてのスターリングラード戦における、包囲された第6軍に物資を供給する試みまで、常に用いられた。

　Ju 52 は戦争中だけでなく終戦後も任務を果たした。1945年以前から、技術的には時代遅れになっていたが、その特徴的な波型胴体と三発機の形態はすでに航空機を象徴する存在にまでなっていた。

■原注

1 H. Baur, *Hitler at my Side* (Houston, 1986), p. 59.

2 C. G. Sweeting, *Hitler's Squadron* (Dulles, 2001), pp. 25 & 29.

13
1932年のナチ党選挙ポスター

　ドイツ人にナチ党への投票を呼び掛けるこのポスターは「仕事、自由、食糧！」を公約として掲げている。これはグラフィックアーティストのフェリクス・アルブレヒトによって1932年に描かれた一連の選挙ポスターのうちの1枚で、ナチスがターゲットとする、失業と経済的変動によってひどい打撃を受けた労働者階級の有権者たちへ訴えかけていた。ヒトラーをもう少しで権力を獲得できる段階にまで導くことになった、ナチ党の運命における一つの転換点を示している。

　その4年前の1928年、政治状況はヒトラーと彼のナチ党にとってあまり芳しいものではなかった。保守的な政治家グスタフ・シュトレーゼマンのもと、ドイツ経済は破滅的なハイパーインフレから回復し、景気が持ち直してきたことで、過激な主張を掲げる政党の魅力は弱まっていた。1928年

ヒンデンブルクによってヒトラーが首相に任命された直後の撮影。ヒンデンブルク大統領と首相ヒトラー。

の国政選挙ではナチ党は政治的傍流にすぎず、獲得した議席は12議席のみ、ドイツ全土の得票数に占める割合はわずかに2.6％であった。

　しかし1年後、ウォール街の株価大暴落が合衆国を大恐慌に陥れ、その後ヨーロッパにも波及すると、ドイツの政治状況は大きく変化した。今回の景気の沈滞は1930年にワイマール時代のドイツに大打撃を与えた。ドイツ経済が再建に用いていた融資をアメリカの銀行が撤回したことで、商取引が成り立たな

口先ばかりの公約——1932年のナチ党の選挙ポスター。

くなり、失業者の数は1932年までに約600万人——労働人口の30％強——にまで急上昇することになった。[1]

このように、政治と経済の現状に対する人々の信頼が失墜していたので、ヒトラーが支持層を増やすのに理想的な状況にあった。1930年の選挙でナチ党は600万以上の得票（全体の18％）を獲得し、国会に107人の議員を送りこみ、社会主義のドイツ社会民主党（SPD）に次ぐドイツ第二の政党となった。

1932年春までには、ドイツの政治はこう着状態に陥り、政府は次第に大統

1932年のナチ党選挙ポスター　59

領緊急令で支配せざるを得なくなったので、ヒトラーは国政の場で民意を問う機会を再び得た。1932年3月、彼は年老いた君主制主義者で第一次世界大戦時の元帥であったパウル・フォン・ヒンデンブルクに対抗して大統領選に出馬した。この時は得票の30％以上を獲得したとはいえ敗れ、ヒンデンブルクが大統領に再選された。

　敗北にもかかわらず、ヒトラーは自身と彼の党が大勢の人の注目を浴びたことに大いに満足した。特に飛行機でドイツを縦横に遊説するという、当時としては画期的な戦略によって、1日にいくつもの集会で演説したが、この時飛行機という手段を活用したことで最新の進歩がもつ影響力と自分自身を同一視した。翌月、ドイツの全人口の三分の二近くを占めるドイツ最大の州プロイセンを含め、多くの州でおこなわれた地方議会選挙で、ヒトラーが民意を問う機会が再びやって来た。

　アルブレヒトのポスターが利用されたのはこの選挙のためであった。肩にかけた布袋から種を蒔く無骨なアーリア人農夫を描くことで、大部分が農業地域である北部と東部の絶望的な時代精神（ツァイトガイスト）と一致することが期待された。男性のそばには、「仕事、自由、パン（Arbeit, Freiheit und Brot）」という簡潔なスローガンが組まれているが、この文句は同じ選挙で共産主義のKPDが採用した「赤のプロイセン——仕事、自由、パンのために」という表現をまねていた。

　戦略はみごとに成功した。プロイセン州でナチ党は初めて第一党として台頭し、投票数の36％と162議席を獲得した。同様の結果をハンブルク州（31％）とヴュルテンベルク州（26％）でも記録した。バイエルン州でも、バイエルン民族党に次ぐ第二党とはいえ、ナチ党は投票数の32％を獲得した。この選挙が分水嶺となった。ナチ党は国の大部分にわたって最大政党として確立しただけでなく、今や共産主義者と提携して「消極的多数派」の支持を集めたため、事実上議会政治を無効にすることができた。ドイツの民主主義の終焉を告げる鐘が鳴り始めていた。

　続く国政議会選挙——1932年の7月と11月——では、4月の地方議会選挙の趨勢がさらに加速し、ナチ党が国会でまず230議席、その後196議席を得たため、国政で単独第一党として台頭した。それとともに、なんとか難局を打開しようとして首相が政治的な椅子取りゲームで次から次へ代わったため、弱体

化したワイマール共和国はよろよろと悲痛な結末へと向かっていった。カトリック中央党のハインリヒ・ブリューニングは、多数派が存在しないため機能不全に陥っていた国会を軽視し、非常大権である大統領令を連発することで統治せざるをえなかった。緊縮政策のために不人気だった彼の後を継いだのは、復古主義的でヒンデンブルクのお気に入りのフランツ・フォン・パーペンだった。しかしパーペンもまた議会の多数派が不足しており、すぐに、彼を権力へ引き上げたかつての友人、国防相のクルト・フォン・シュライヒャーによって倒された。根っからの策略家だったシュライヒャーはナチ党を分裂させ、グレゴール・シュトラッサーが率いたナチ党の左派を味方に引き入れようと画策して失敗した。

> ドイツ民主主義の終焉を告げる鐘が鳴り始めていた。

　シュライヒャーの統治も長く続かなかった。復讐に燃えたパーペンは、ナチの党首が連立内閣で首相になれば、ナチ党の大半がパーペンの保守陣営につくという内容の協定をヒトラーと結んだ。高齢でもうろくしたヒンデンブルクは、その取引に同意して、1933年1月30日、ヒトラーをドイツの首相に任命した。
　パーペンはナチ党を牽制して――威勢よく「ヒトラーを端に追いやって泣き言を言わせてやる」[2]と言ったように――主流から外そうとしたが、すぐに裏をかかれることになった。ヒトラーは追いやられることなく、首相の地位に就くやいなや、すばやく支配力を強化し、政敵をつぶした。こうして彼は、ひとたび権力についたら決して自分からは手放さないという、友人たちへのひそかな約束を証明することになった。

■原注
1　Berghahn, *Modern Germany*, p. 266.
2　Frank McDonough, *Hitler and the Rise of the Nazi Party* (London, 2003), p. 100に引用されている。

1932年のナチ党選挙ポスター　**61**

14
最後の『前進』紙、1933年

　1876年に創刊された『前進』はドイツ社会主義労働者党（SPD）の中央機関紙となっていた。同紙は党の創設者ヴィルヘルム・リープクネヒトが10年近く編集し、フリードリヒ・エンゲルスとレオン・トロツキーの論文を載せるなど、豊かな伝統を誇りとしていた。しかし1933年までにその左翼ジャーナリズムの伝統は終焉を迎えようとしていた。

　次頁に掲載した、1933年2月28日火曜日の日付が入った紙面は、ドイツで戦前に発行された最後の『前進』紙の第1面である。[1] その日、同紙はナチ党によって、他の多くの新聞や雑誌と同様に発行が禁止された。出版の自由——以前はドイツ共和国憲法に記されていた——は表現の自由や集会の自由、また人身保護礼状請求権など、他の多くの市民権とともに一時停止された。こうしてドイツは独裁制へ向かって大きく一歩踏み出した。

　この大きな変化の理由が新聞の1面の見出しに示されている。「国会議事堂炎上（Riesenbrand im Reichstag）」。前日の夜の9時過ぎ、ベルリンの国会議事堂（Reichstag）で火事が起きたことを報じている。消防隊が到着した時にはすでに建物は火に包まれ、燃え上がる炎が大きなガラス製ドームの内部までもなめ尽くしていた。国会議事堂に入った警察官は、狂ったように走り回っていた、シャツで火をつけたために半裸になっていた23歳のオランダ人共産主義者——マリヌス・ファン・デア・ルッベ——を発見した。何をしているのか問い詰められたファン・デア・ルッベはこう答えた。「抵抗！　抵抗！」。[2]

> ドイツは独裁制へ向かって大きく一歩踏み出した。

　その少し後で建物の損傷を調べるためにヒトラーが国会議事堂に到着した時、彼はすでに誰を非難すべきかについてある考えを抱いていた。「神よ、願わくば共産主義者のしわざでありますように」。「この火事は始まりにすぎない……もし共産

国会議事堂の炎上について報じる、戦前最後の号となった1933年2月28日付『前進(フォアヴェルツ)』

主義を支持する精神がヨーロッパを制したら、すべてが火によって破壊されるだろう」。さらに続けて、「容赦は無用である。われわれの邪魔をする者はだれであれ粉砕されよう……共産主義を信奉する役人は見つかり次第一人残らず撃ち殺されよう……共産主義者と関わりを持つものは一人残らず逮捕されなければならない……社会民主党員ももはや容赦しない」。(3) ヒトラーはドイツの左派

勢力に対して宣戦布告した。

　翌日、ヒトラーは前夜の性急なおどしを実行に移した。「共産主義者の暴力行為」から国民の安全を守るため、ドイツ大統領の権力に訴えて、「国民と国家の保護のための大統領令」が公布された。その結果、市民の自由が一時停止され、帝国政府が連邦各州に内政干渉できるようになり、放火罪には死刑を制定した。大統領令が効力を持つようになると同時に、ドイツ全土の何十人もの共産主義者と社会主義者が逮捕され、団体や出版物が厳しく取り締まられた。歴史的に「国会炎上命令」として知られるこの法令は、一党独裁国家の樹立に向けての重要な一歩、第三帝国の法的な拠りどころとなった。

1933年2月27日の晩、国会議事堂をなめ尽くす炎。

　法令が効力を得ると、ナチの政敵迫害に法律上の障害はなくなった。数日のうちにおよそ1万人が逮捕され、そこには共産党（KPD）議長のエルンスト・テールマンやエルンスト・トルクラーなどの共産党の国会議員100人だけでなく、組合員や社会民主党員も含まれた。約2万5000人のナチの政敵はついには刑務所に入れられるか、あるいは新たにできた不吉な施設──「強制収容所」に閉じ込められた。

　火事から1週間後の3月5日、ヒトラーが自分の立場を強固にするため、5週間前に公示した選挙で投票がおこなわれた。予想どおり、左派勢力にドイツの裏切者という汚名を着せたナチ党のプロパガンダのために、左派勢力の票は伸びず、ナチ党が約11％も得票数を増やした一方で、社会民主党と共産党はそれぞれ2.1％と4.6％減らした。ヒトラーは圧倒的多数に拒否されたとはいえ、それでも連立を組む相手から自由になってナチ政権を作りあげた。これが

64

1990年以前に統一ドイツで施行された最後の選挙となった。

　1933年の選挙週間の間に、ヒトラーの権力はすでに確立していた。共産党と社会民主党は公式に弾圧され、その資産は没収され、リーダーや党員は逮捕されるか亡命した。当然の結果として、ナチ党が唯一認められた政党であると定められることになった。3月末、いわゆる「授権法」が、おじけづいた国会——今や近くのクロル・オペラハウスが議場となった——に承認され、4年間、国会の関与なしにドイツを支配する権力をヒトラーに与えた。これにより事実上独裁的な権力がヒトラーに授けられた。

　その後に起きたことの重大さを考慮するならば、国会議事堂の火事は今なお議論の余地がある。ファン・デア・ルッベが放火事件の真犯人か——彼は罪を自白し、単独でおこなったと主張し続けた[4]——ということではなく、誰も気づくことのなかった集団の道具、すなわちナチスの手先であったのかという疑問である。ヒトラーが国会議事堂の放火事件をすばやく巧みに政治的に利用したことから、放火事件の背後にナチの陰謀を指摘せざるを得ないという見解を抱く者もいる。一方で、ドイツの左派勢力に対するナチの弾圧計画は、放火事件よりも前からすでに準備されており、事件は実行に移す絶好の機会を提供したにすぎないと指摘して、そうした論争に反駁する者もいる。事件の真相が明らかになることはないだろう。

　その後、ヒトラーの権力は固められ、反対勢力は抑えられた。ファン・デア・ルッベは放火の罪と国家に対する反逆罪で起訴された。彼は有罪となり、1934年1月、25歳の誕生日の3日前、斬首刑に処された。『前進（フォアヴェルツ）』は第二次世界大戦の終結後に復活するが、これが戦前のドイツで発行された最後の号となった。ドイツの民主主義が解体されたプロセス——2ヶ月以内に完成された——における重要な節目を記録している。

■原注

1　『前進（フォアヴェルツ）』は1933年以降亡命先で発行し続け、1948年ドイツで発行を再開した。

2　Sven Felix Kellerhoff, *The Reichstag Fire* (Stroud, 2016), p.28に引用されている。

3　同、pp. 39-40.

4　同、p. 46.

最後の『前進（フォアヴェルツ）』紙、1933年　　65

15
冬期救済事業の慈善募金箱

　第三帝国期の市民生活を特徴づけたものの中に、街路に置かれ、果てしなく続くかに思えた「冬期救済」の募金箱がある。古くから各地にあった市民の自発的な活動を利用して1933年に設置された「冬期救済事業（Winterhilfswerk）」は、困窮者のために金を集める、全国規模で組織化された募金活動であった。
　毎年10月になると、ヒトラーの演説とともに、冬期救済募金運動が始まった。演説では、ドイツ「民族共同体〔フォルクスゲマインシャフト〕」の美徳と、ヒトラーいわく、共同体内の恵まれない人々をおしむことなく進んで助けようとする、ドイツ民族の立派な態度をほめたたえるのが常であった。それから翌年3月までの6ヶ月間、ドイツ全土で、

「街道筋の組織的な追いはぎ行為」──ウィーンなどの地名の入った冬期救済募金箱。

ヒトラー・ユーゲントやドイツ女子青年団^{ブント・ドイッチャー・メーデル}の若者たちを先頭に、地元の党組織が寄付金を集めるために動員された。

それとともに、こうしたブリキ製の募金箱——使用されていた地方かナチ党大管区の名が入っていることが多い——が募金を促進するために国の至る所でガラガラと振られた。ベルリンだけでも1年で7万5000人が冬期救済募金運動にかかわっていた。当時ナチの対抗勢力が、募金は「街道筋の組織的な追いはぎ行為」のような性格を帯びている、と不満をもらしたのも無理はない。[1]

嫌がられていたであろうこの行為をいくらかでもましに見せるため、募金運動の呼びかけ人に有名人やナチ高官を登場させたり、募金と引き換えにちょっとした品——たいていはさまざまな動物や町の紋章のピンバッジ——を提供して、セットとしてそろえるために毎週寄付するよう仕向けた。

実のところ、街頭募金は冬期救済事業の中で一番目立った面であったにもかかわらず、総収入の10%以下しか占めなかった。収入の大半は食料や衣服などの物資の寄付や、会社や団体からの大規模な贈り物、課税など大企業に課された義務的な控除からであった。その他の収入源は毎月第一日曜日におこなわれていた「一鍋料理の日曜日^{アイントプフゾンターク}」キャンペーンで、レストランはすべての客に固定した価格でシチュー1杯を提供し、結果として浮いたお金が冬期救済事業に寄付された。[2]

> 冬期救済事業はナチ政権によって、国民の連帯と、国民社会主義の核心にあるとされた「純粋な」社会主義の表れであると吹聴された。

冬期救済事業はナチ政権によって、国民の連帯と、国民社会主義の核心にあるとされた「純粋な」社会主義の表れであると吹聴されたが、実際にはもっと不吉であった。寄付は必ずしも自発的でないことが多く、多くの人——特に国家公務員——は本人が望む額よりももっと多く寄付するよう圧力をかけられた。協力しない場合、深刻な結果を招くことさえあった。密告は日常茶飯事で、ある役人は寄付を拒否したために起訴された——寄付は自発的なものと思

冬期救済事業のための慈善募金箱　**67**

っていたという彼の抗弁は一笑に付された。[3]

　さらに、冬期救援事業は政府にとってかなりの収入源——1933/4年度の3億ライヒスマルクから1942/3年度には160億ライヒスマルクに増加——となっており、既存の福祉手当や社会的支出に取って代わる、あるいは少なくとも補完する財源として使われたため、軍事費など他の国家経費により多くの金を使えるようにした。たとえば戦争中、冬期救済キャンペーンは何回か東部戦線で戦う部隊のための衣類の寄付という形を取った。その時ドイツ人の間で、冬期救援事業の頭文字（WHW）は実際には、兵器救援事業（Waffenhilfswerk）の頭文字だというジョークがささやかれていたのも意外なことではない。[4]

■原注

1　*Deutschland-Berichte der Sozialdemokratischen Partei Deutschland (SOPADE), 1934-1940* (Salzhausen 1980), p.1422 (December 1935)に引用されている。

2　Grunberger, *Social History* ［グルンベルガー『第三帝国の社会史』］, p. 45.

3　Mark Mazower, *Dark Continent* (London, 1998) ［マーク・マゾワー『暗黒の大陸：ヨーロッパの20世紀』中田瑞穂・網谷龍介訳、未来社、2015年］, p.35で言及されている。

4　Herwart Vorländer, 'NS-Volkswohlfahrt und Winterhilfswerk des Deutschen Volkes', *Vierteljahrshefte für Zeitgeschichte*, No.34 (1986), p. 53.

16
黄金ナチ党員バッジ

　全体主義政権はいずれも国民に忠誠のそぶりを要求したが、ナチ・ドイツも例外ではなかった。多くのドイツ人にとって、細心の注意を払って置かれたヒトラーの写真や『わが闘争』は、ナチに忠誠を誓っていることを示すのに十分であった。

　ナチ党の党員証も同様の効果があっただろう。ミュンヘンでの初期の時代に登録された若い番号から、1930年の選挙の大躍進後、1933年1月の政権掌

フーベルト・クラウスナーの「ボンボン」

握の頃までには、NSDAPの党員は90万人を超え、さらに数を増していた。1939年にはドイツに5300万人のナチ党員がいた。[1] その多くは、NSDAPのバッジ——その形から「ボンボン」[砂糖菓子の一種]と呼ばれた——を襟の折り返しにつけることで忠誠を示した。

> ヒトラーはナチ党への貢献が特別な注目に値した人々に黄金党員バッジを自由に支給した。

党員になることは義務ではなかった——1943年に党員数は最多の770万人に達するが、それでもなお全人口に占める割合は10%以下であった——が、党員になれば、人間関係においても仕事の上でもかなりの恩恵を得ることができた。そのため1933年1月以降に入党した新たな党員の多くは、古くからの党員からは信念のある国民社会主義者ではなく、日和見主義者とみなされた。そうした日和見主義的な党員は「三月のスミレ」と嘲笑的に呼ばれるようになった。[2]

それゆえ、古参のナチ党員の中には地位の高い「黄金党員バッジ」を授けられた者もいた。1933年に制定され、通常のデザインを囲む金めっきの花輪模様が特色のこのバッジは、入党10万人までの、1925年から途切れことなく仕えていた——通常「古参闘士（アルテ・ケンプファー）」と呼ばれた——党員だけが入手できた。そうした場合、そのバッジの裏面には受け取り人の党員番号が彫られることになっていた。

さらに、ヒトラーはこの黄金党員バッジを、本来の授与基準から外れていても、ナチ党への貢献度において、特に注目に値する人々には自由に支給した。毎年1月30日のナチの権力掌握の記念日に授与されたこうしたバッジには、「A・H」のイニシャルと授与の年を示す数字が彫られた。両方のカテゴリーで黄金党員バッジを受け取った者の中には、ラインハルト・ハイドリヒ、ヒトラーの主治医テオドール・モレル、国家元帥ヘルマン・ゲーリング、アルベルト・シュペーアが含まれる。黄金党員バッジは全部で2万5000個ほど支給されたと考えられる。

前頁に挙げたのはヒトラーの自由裁量で与えられた黄金党員バッジの一つで、1939年1月30日に、オーストリアのケルンテン州の党地方長官フーベルト・クラウスナーに授与されたものである。彼は古参のナチ党員で、1938年

のオーストリア併合工作に力を貸し、「一つの民族、一つの帝国、一人の総統（Ein Volk, Ein Reich, Ein Führer）」というプロパガンダのフレーズを作り出した人物であった。クラウスナーは、おそらくは脳卒中で、受賞の2週間後に亡くなった。

黄金党員バッジの中でもっとも有名なのは、もちろんヒトラー自身のバッジで、「1」という偽りの党員番号が彫られていた。ヒトラーはこのバッジを第一次世界大戦で得た（一級）鉄十字章と戦傷章とともに常に身につけ、1945年に自殺する直前、餞別の品としてマグダ・ゲッベルスに与えたのは有名な話である。[3] 新しい所有者となったゲッベルスの妻もすぐに亡くなったが、バッジは戦争の後も残り、ロシアの連邦保安局FSBが所有していることが1996年にモスクワで明らかにされた。2005年、戦争終結60周年の記念物の一部として展示されたバッジは何者かに強奪され、今なおその行方はわかっていない。[4]

■原注

1　数字の出典はMichael Grüttner, *Das Dritte Reich. 1933-1939* (Stüttgart, 2014), p.101.

2　Grunberger, *A Social History of the Third Reich*［グルンベルガー『第三帝国の社会史』], p. 82.

3　Joachim Fest, *Inside Hitler's Bunker* (London, 2004)［ヨアヒム・フェスト『ヒトラー：最期の12日間』鈴木直訳、岩波書店、2005年], p. 144.

4　ww.spiegel.de/panorama/justiz/moskau-hitlers-goldenes-parteiabzeichen-gestohlen-a-385807.html

17
国民ラジオ受信機

　1930年代の政権の中でおそらく唯一、ナチスはラジオ放送を使ったプロパガンダの可能性を十分に理解していた。第一次世界大戦後の陰鬱な時代に生まれたドイツ製ラジオは、1933年にナチスが権力を握るよりも前からすでに長

国民ラジオ受信機。

足の進歩を遂げていたが、ラジオを真のマスメディアの地位にまで推し進めたのは第三帝国であった。ヨゼフ・ゲッベルスは、ナチの革命はラジオなしには「不可能」であっただろう、と語っていた。[1] この場合に限り、彼は真実を述べていた。

　1933年夏、ナチスはすでに、ラジオの大幅な普及と、あらゆる家庭と職場に政府の代弁者を置くという彼らの目標への到達に向けて、大きく前進しつつあった。同年8月の第10回ドイツラジオ博覧会でこの国民ラジオ受信機が発売された。他の製品よりも安い価格がつけられ、わずか76ライヒスマルク——平均的な賃金の2週間分よりもわずかに高い額——という、従来のラジオ受信機の価格の約半分で販売された。前面に大きなスピーカーとチューニングダイアルのついた、洗練された茶色の合成樹脂製のケースの中には、シンプルな3本の真空管と、ドイツ国内の放送以外受信できないくらい弱い2つのバンド受信機が入っていた。新しいナチ政権との関連は明白であった。ラジオの正式名称——VE 301——がヒトラーの権力掌握の日である1月30日を表していたからだ。

　つまり、歴史上もっとも影響力をおよぼしたラジオ——かつ、ナチ体制のもっとも重要なプロパガンダ手段——の誕生であった。すでに博覧会の開催中に最初の10万台の国民ラジオが売れ、製品は買い手がつかないのではないかという製造業者の危惧を吹き飛ばした。次のモデル——36ライヒスマルクの値段をつけられたドイツ小型ラジオ受信機と携帯用のスーツケースサイズのモデル——は数百万台まで売り上げを伸ばした。戦争が勃発するまでに帝国ラジオ長オイゲン・ハダノフスキーは得意そうに語ったと言う。「ラジオを持たないドイツ人はほとんどいない」。[2]

　もちろん、ラジオの所有をそれだけ根気強く推進しただけに、政権側はリスナーがラジオをできるだけつけたままでいることを何よりも望んだ。そのため

> ヨゼフ・ゲッベルスは、ナチの革命はラジオなしには「不可能」であっただろう、と語っていた。

国民ラジオ受信機　73

ゲッベルスは、何とかしてラジオがドイツ国民の日常生活に欠かせない必需品となるよう、軽い娯楽番組や、朗読からスポーツ、広報まで、さまざまな番組を組むよう命じた。真に効果的であるには、プロパガンダがあからさまであってはならないことを彼は承知していた。すなわち、リスナーに強制するのではなく、誘惑しなければならなかった。

　ラジオという新しい技術を巧みに取り込むことで、ナチスは1930年代と40年代のプロパガンダ戦で決定的に優位に立った。しかもそれは、戦争が勃発した時に、外国の放送を聞くことを禁止してまでも死守しようとした利点であった。プロパガンダ戦においては、粗末な国民ラジオのような安くて頼りになるラジオが必要不可欠であった。こうしてラジオ——ナチ・ラジオ——が労働者階級にもたらされた。

■原注

1　Joseph Goebbels, 'Der Rundfunk als achte Großmacht', in *Signale der neuen Zeit: 25 ausgewählte Reden von Dr. Joseph Goebbels* (Munich, 1938)で引用されている。

2　'Wie Adolf Hitler in jedes Wohnzimmer drang', *Die Zeit*, 18 August, 2008, 以下のウェブサイトから閲覧可能。http://www.welt.de/kultur/article2320561/Wie-Adolf-Hitler-in-jedes-Wohnzimmer-drang.html

18
ヒトラー・ユーゲントの制服

　ヒトラー・ユーゲントは1933年から1945年までの第三帝国の時代、唯一公式の青少年組織であった。最初に1922年に創立された、ナチの「青年同盟」は、もともとSA（突撃隊）の青少年支部とみなされ、褐色シャツ隊で将来活躍してもらうために少年を訓練した。1930年までに14歳から18歳までの2万5000人以上の少年を入隊させ、10歳から14歳までの少年たちのための「ドイツ少年団」や、14歳から18歳までの少女のための「ドイツ女子青年団（BDM）」、10歳から14歳までの少女のための「少女団」など、数多くの従属組織を持っていた。少年向けの組織はさまざまなスポーツの他に——キャンピングやハイキング、基本的な兵器使用訓練などの——準軍事的な技術を教えていたが、少女の部隊では家政学や健康、人種的な純潔の教育に重点を置いていた。すべての団員が完全にナチのイデオロギーとプロパガンダにさらされた。

　1933年、ナチが権力の座につくと、ヒトラー・ユーゲントはついに国の承認を与えられ、若々しい26歳のバルドゥール・フォン・シーラッハが初代帝国青少年団指導者となった。じきにドイツにある他のすべての青少年組織——ボートクラブから朗読サークル、ボーイスカウトからサッカーチームまで——が強制的にヒトラー・ユーゲントに吸収され、団員の数を200万人に増大させた。対抗する組織は活動を禁止され、子どもたちは友だちや学校の先生からヒトラー・ユーゲントに参加するよう強い圧力をかけられ、拒否した場合はいじめにあったり余分な宿題を課せられたりした。1936年になると、遺伝的疾患のないすべてのドイツ国籍をもつ者や民族ドイツ人に入団が義務づ

> この制服はヒトラー・ユーゲントへの加入をアピールするのに不可欠で、これを身につけることで同士愛と帰属意識というかけがえのない感覚をもたらしていた。

ヒトラー・ユーゲントの制服——ナチ式のボーイスカウト活動。

けられた。1939年の戦争勃発時までには700万人以上の若者が加わっていた。逆らうと村八分か、もっと酷（ひど）い結果をまねいた。

　ヒトラー・ユーゲントの制服は、ここに挙げたように、組織の起源とその政治的・社会的根拠の両方をはっきりと示している。たとえば褐色のシャツはSAにあやかっているが、これによって最初の数年間はヒトラー・ユーゲントの少年がSAの政敵に襲撃されるという危険にさらされることもあった。そのため、デザインを改めた腕章が導入され、赤と白の3本の縞の上に鉤十字をあしらっている。さらに制服の他の部分、特にネッカチーフとそれを通す皮の環などはボーイスカウトの制服をまねている。軍隊の要素はサムブラウンベルト［剣やピストルを右肩に掛けるためのつり革つきベルト］と、銃剣に似せてデザインされた短剣（写真では見えない）によって示されている。ベルトのバックルはナチのスローガン「血と栄誉（Blut und Ehre）」を掲げていた。

　どれだけこの制服が──ナチのいかなるイデオロギーよりも──ヒトラー・ユーゲントへの加入をアピールするのに不可欠で、これを身につけることによって同士愛と帰属意識というかけがえのない感覚を少年たちにもたらしていたか、過小評価するべきではない。しかも、ヒトラー・ユーゲントが携わっていた活動──キャンピングやハイキング、スポーツ、軍事訓練──は若者に非常に人気があった。多くの労働者階級の若者にとってはドイツの田舎への遠足が初めての休暇で、ほとんどの場合、彼らは新しく得た自由や責任感を大いに楽しんだ。典型的なヒトラー・ユーゲントの活動は戦争ゲームであった。これは通常、片方の部隊が有利な立場にたち、もう片方の部隊が攻略を試みることになっていた。ある少年が家族に宛てた手紙に書いたように、それは、激しい口論と殴り合いに発展すること

サマーキャンプ中のヒトラー・ユーゲントの団員たち。表面上、他の国々の青少年組織のキャンプとさほど変わらない光景。

ヒトラー・ユーゲントの制服　　77

があった。

> 僕たちは二つの班に分かれて攻撃しました。最初の班が牽制することになっていました。それから二番目の班が攻撃しました。最初の攻撃は失敗しました。その後二番目の攻撃が始まりました。もちろん大混乱でした。何人かは血を流し、一人は半分気を失っていました。戦いは引き分けでした。復活祭はどうやって過ごしましたか？[1]

　明らかに、荒っぽさとたくましさが正式な軍事訓練の先行段階として積極的に奨励されていた。かつてのヒトラー・ユーゲントの団員が当時についてこう述べたように。

> 最初のうち私はこういった戦闘が嫌だったが、次第に慣れていった。人間というのは、十分な時間が与えられれば、何にでも慣れ、それを自然なこととして受け入れるようだ。ともかく、そういった訓練が私たちの中に隠れていた攻撃性を引き出し、開戦初期の国防軍の勝利にいくらか関係があったのは確かだ。[2]

　このような戦争ゲームに加え、訓練には軍人たちも大いに寄与し、国防軍の将校たちが戦車や戦闘機、Ｕボートなどドイツの新しい軍事技術のすばらしさについて少年たちに講義をしたり、第一次世界大戦の退役軍人たちが西部戦線での経験について語ったりした。すべては、ナチの価値観を植えつけ、次世代のドイツ兵士を育成するために、軍事に関するあらゆるものを彼らが渇望するようになることを狙いとしていた。

　戦争が勃発すると、ヒトラー・ユーゲントは国内戦線における補助部隊として正式に動員され、郵便局や消防署の手伝いだけでなく対空部隊をも補助した。必然的に団員は兵役に駆り出され、1943年にドイツ陸軍が兵力不足の危機に直面した時には、ヒトラー・ユーゲントの基幹人員が直接採用され、17、8歳の若者からなる、第12 SS装甲師団「ヒトラー・ユーゲント」を構成した。第12師団はノルマンディ上陸作戦後の戦いに参加すると、その狂信的行為で悪

名を馳せるようになり、捕虜となった連合国部隊に対する数多くの残虐行為に関与した。

　年少のヒトラー・ユーゲントの少年たちもまた、危機的状況から逃げようとしなかった。1945年、ドイツ本土が東と西から侵攻された時、わずか12歳ほどの少年たちが国民突撃隊(フォルクスシュトゥルム)に徴募され、敵の戦車に対してどうやって対戦車砲パンツァーファウスト［288-290頁参照］を用いるか教え込まれた。第三帝国が滅びた時でさえ、彼らはもっとも狂信的にナチを信じていた。そして団員の多くは、すでに長らく負け戦であった戦争で戦死することとなった。

ベルリン最終攻防戦で戦ったヒトラー・ユーゲントの団員たちとヒトラー。

■原注
1　Roger Moorhouse, *Berlin at War: Life and Death in Hitler's Capital, 1939-1945* (London, 2010)［ロジャー・ムーアハウス『戦時下のベルリン：空襲と窮乏の生活1939-45』高儀進訳、白水社、2012年］, p. 194に引用されている。
2　H. Metelmann, *A Hitler Youth* (Staplehurst, 2004), p. 91.

19
ナチ党掲示板

　ナチ党はドイツ社会のすみずみにまで影響を及ぼしていった。ちょうどヒトラーと彼の取り巻き連中が国家レベルで政治権力を動かす手段を統制したよ

党が語る──そして監視する……。

うに、彼らの手下たちは地方レベルで国民を統制する手段を行使した。この地方レベルの取り組みにおけるナチ党の主な手先が「街区指導員」で、通常「街区監視員」と呼ばれた。

「街区監視員」はナチ党のヒエラルキーの中で一番低い階層に属し、通常は40から60世帯、およそ150〜200人の住民を政治的に監視する責任があった。その多くは野心も知性も限られた、ひどく低俗な人物であったにもかかわらず、彼ら——ほとんど常に男性——はかなりの権力を行使し、ナチのプロパガンダと治安維持という重大な二つの役割を果たしていた。

第一に、「街区監視員」は、彼の担当街区内で国からの援助を必要とする者全員、たとえば配給カードを必要としている者や、党や党の組織と連絡を取る必要がある者などにとって、最初の接点として役立った。そうした接触はたいてい、ここに挙げたような「掲示板」を介しておこなわれた。これは通常、各アパートの下層階の廊下など、閲覧しやすい場所に据えつけられた。

> あるナチ党職員は「掲示板」を「ナチ党組織の名刺」と評した。

「NSDAPがここに通知する」という文で始まる掲示板にはこう書かれていた。「同志よ！　もし汝らが助言ないし援助を必要とするのであれば、NSDAPを頼りとしたまえ」。続けて担当者の詳しい連絡先と勤務時間が記載されていた。下にはチョークで伝言を書き加えられるスペースがあり、面会の詳細、締切日、他の公的な情報の詳細を掲示することができるようになっている。あるナチ党職員は「掲示板」を「ナチ党組織の名刺」と評した。[1]

実のところ、掲示板はそれ以上の役割を担っていた。「街区監視員」も、党と個人が連絡を取るパイプ役であると同時に、ナチ政権の目と耳でもあった。そしてもし街区内の誰かが政治的に怪しい——左翼がかっている、反抗する傾向がある、あるいはユダヤ人に同情的——と疑われる場合、略号による警告を出すために掲示板のメモ欄を利用した。あるナチ将校の回想によれば、堕落者を「救済する」際は「掲示板が驚くほど効果を発揮した」。[2]　狡猾な手段が

失敗した場合、「街区管理員」が疑念を上司に報告することになっていたので、やがてその要注意人物のもとにゲシュタポが訪問することになった。

　下級の「街区管理員」がたいていは住民から忌み嫌われていたのも不思議ではないだろう。彼らは、いかなる時も用心深く目を光らせている政府からの、たくさんのつまらない指図や命令に縛りつけられていた。時に無関心であったり、反抗的なこともあったりする住民に、そうした命令をうまく守らせることができるほど機転がきく者など滅多にいなかった。その結果、地元住民との間に軋轢が生じ、「担当」住民に敬遠されることが多かった。彼らの任務には「階段のテリア」や「詮索屋」など数多くの蔑称がつけられた。「掲示板」は国民にとって情報源であると同時にいらだたせる原因でもあったが、それはナチ政権の表向きの顔であった。

■原注

1　Detlef Schmiechen-Ackermann: '"Der Blockwart", Die unteren Parteifunktionäre im nationalsozialistischen Terror- und Überwachungsapparat', *Vierteljahrshefte für Zeitgeschichte*, No.48 (2000), p.590 n.79.

2　Sven Felix Kellerhoff, *Berlin im Krieg: Eine Generation erinnert sich* (Berlin, 2011), p.65.

20
親衛連隊のカフバンド

　1933年にヒトラーの身辺護衛隊として設立されたSS親衛連隊は、武装SSの中でもっとも名高い部隊の一つになっていった。

　ヒトラーが政治家として歩み始めた時、身の回りの安全は、SA（突撃隊）の兵士から引き抜かれた、信頼の厚い8人からなるグループ「儀仗兵部隊」が担っていた。しかしヒトラーが政治家として有名になり、彼の手下たちの勢力圏が拡大するにつれ、追加の護衛部隊が数多く設立されていった。ヒトラーが権力を掌握すると同時に、護衛部隊の規模は拡大する一方だったので、新たに親衛連隊が、ヒトラーの居宅と本人を警護するSS護衛隊のエリート部隊として創設された。そのメンバーはドイツの「支配者民族」に属し、外見は北欧ゲルマン系の金髪碧眼、身長は1.8m以上、犯罪歴がなくアーリア人の家系でなければならなかった。

　その特別な役割のゆえに、SS親衛連隊は制服に少しばかり特徴的な仕上げがほどこされ、他の部隊と区別された。たとえば、最終的にSS全体の象徴となったSSルーン文字を用いた最初の部隊であった。[1] さらに親衛連隊だけが、目立つ白の皮手袋とベルトを正装用軍服とともに身につけた。また——次頁に示したように——複雑なズュターリーン文字でヒトラーの名前が丹念に刺繍されたカフバンドを誇らしげにつけていた。カフバンドはナチ・ドイツでは非常に一般的な軍装品で、アフリカ軍団からパラシュート隊まで、所属組織の識別方法として使われたが、このカフバンドは垂涎の的であった。それは第三帝国のまさにエリートにふさわしいものとして親衛連隊を際立たせた。

　部隊の最初の司令官は、バイエルン出身の陽気な悪党ヨーゼフ・「ゼップ」・ディートリヒで、ヒトラーの初期の部下の一人だった。ディートリヒ

> 親衛連隊の全員が総統個人に対する忠誠の誓いを述べることが義務づけられた

は第一次世界大戦でドイツ最初の戦車部隊の一員として戦った後、最初は警官、その後車庫の管理人として働いていた。1928年にSSに加入すると、政治集会でヒトラーの身辺を警護する任務に就いた。SSの階級を昇進していた——親衛隊上級大将（四つ星階級章）として戦争を終えることになった——ディートリヒがヒトラーに忠誠を尽くしたのは間違いなく、ヒトラーの側近の中でも中心的な人物であった。

　ディートリヒの指導の下では、忠誠心は絶対であった。SSの残りの部隊と同様、親衛連隊の全員が、憲法、あるいはドイツ国民にさえ言及することなく、総統個人に対する忠誠の誓いを述べることが義務づけられた。「私はあなた、ドイツ帝国の総統にして首相であるアドルフ・ヒトラーに忠義と勇気を誓います。私はあなたと、あなたに任命された私の上官たちに、死ぬまで忠誠を誓います。神よ、われを助けたまえ」。(2) とはいえ、それだけでなく、ヒトラーの護衛としての親衛連隊独特の役割が、残りのSSからの自由を同部隊に与えた。親衛連隊はヒトラーの私兵団にきわめて近かった。(3)

　もちろん親衛連隊はたんなる護衛部隊ではなかった。ドイツ国民にとっては、第三帝国のための主な儀式上の役割を果たし、特別なイベント——ヒトラーの誕生日など——のために華々しく行進をしたり、ドイツを訪問中の海外の元首や高官の儀仗兵となったりした。さらに、1933年のザール地方、1936年のラ

親衛連隊SSアドルフ・ヒトラーのカフバンド。

イン地方、1938年のプラハとワルシャワ、1940年のパリなど、第三帝国が周辺国を併合し拡大した際のすべての軍事パレードに参加していた。とはいえ、国民の目のおよばないところでは、その役目はもっと不吉で、たとえば1934年6月のSAに対するレーム粛清で中心的な役割を演じた。親衛連隊は儀式と保安を担うと同時に、組織が拡大するにつれ、戦時形態として発展し、1939年には戦闘連隊に、その後戦争が始まると完全に武装SS師団となった。

　予想される通り、その政治的教化は徹底していた。SSの組織全体が党の公式のイデオロギーに従っていたが、このことは親衛連隊にもっとも厳格に適用され、隊員は毎週のように、ナチの人種理論と、ユダヤ人やフリーメイソン、マルクス主義者によってドイツ国家にもたらされると想定されていた脅威を彼らに教え込む教化セッションを受けなければならなかった。あるSS隊員のメモが示すように、その意図は護衛連隊を「政権の突撃専用部隊……総統の思いのままの勇敢な手先に」[4]鍛えることであった。

　その後、戦争の勃発とともに、連隊が数々の残虐行為を犯し、無数の村を焼き払い、市民を虐殺するなどの行為によって即座にその名を知らしめたのも驚くに足らない。たとえば1939年9月、ワルシャワの西にあるブウォニエで親衛連隊は50人のユダヤ人を処刑した。もっとも悪名高いのは、翌年夏のイギリス軍のダンケルク退却の間、フランドル地方のヴォルモーで、親衛連隊兵士たちが約80人のイギリス人とフランス人戦争捕虜を虐殺した事件である。

　部隊はギリシャやイタリアなどヨーロッパ各地の戦場で戦い続けた。東部戦線では、1943年のハリコフの奪還とクルスクの戦いできわめて重要な役割をになった。翌年のノルマンディではヴィレール＝ボカージュの戦いで、ミヒャエル・ヴィットマン指揮下の親衛連隊のティーガー戦車がイギリス陸軍の第7機甲師団に壊滅的な打撃を与えた。

　親衛連隊は最後まで狂信的であったため、1944年12月の、最後の望みをかけたアルデンヌ攻撃における激戦で、主要な役割を果たすことになった。パンターとティーガー戦車で武装した部隊は、燃料不足で前進できなくなるまでアメリカ軍の戦列に突進した。とはいえ、例によって、マルメディで降伏し捕虜となった84人のアメリカ軍兵士を撃ち殺した時に、彼らの不名誉な記録に最後の残虐行為を加えた。結果として戦争の終結時には、かつては尊敬の念を抱

親衛連隊のカフバンド　　**85**

かせたこのカフバンドも、嫌悪感を掻きたてるものでしかなくなった。

1937年1月30日、ナチの権力掌握記念日にヒトラーの前で分列行進するSS親衛連隊。

■原注
1　S. Cook & J. Bender, *Leibstandarte SS Adolf Hitler: Uniforms, Organization, & History* (San Jose, 1994), p. 288.
2　P. Hoffmann, *Hitler's Personal Security* (Boston, 2000), p.38.
3　J. Weingartner, *Hitler's Guard* (Nashville, 1974), p. ix.
4　同、p. 26に引用されている。

21
アウトバーン

　ドイツの高速道路システム、すなわちアウトバーンは、かつて第三帝国が約束したかに思われたテクノクラシーの輝かしい未来の象徴であった。だがそれはドイツの発明ではなかった。ムッソリーニ支配下のイタリアが1925年から高速道路(アウトストラーダ)を建設しており、ドイツ国内でもケルンとデュッセルドルフの間などで通行料を課す地方道路建設計画が、すでにヒトラーの権力掌握以前から着手されていた。とはいえ、ヒトラーが1933年に首相に任命されることで、初めて高速道路の建設がドイツの中央政府によって承認された。

　ヒトラーにとって高速道路の魅力は主に経済的な面にあった。アウトバーン

アウトバーンの区間開通式で建設労働者と敬礼を交わすヒトラー。

の計画は、国家が労働集約的な大規模公共事業計画に介入することで雇用をもたらし、停滞した経済を刺激するという、古典的なケインズ主義による政策の一環であった。さらに、アウトバーン建設はしばしば軍事上の理由があったと考えられている。たとえば、ヒトラーの都市計画立案者は、計画が終了するまでには、30万のドイツの軍隊が、帝国の端から端まで移動するのにわずか2日間のドライブだけで済むと提案した。つまり戦略上の利点は明白であった。

> アウトバーンのおかげでドイツ国内の境界が消滅したように、いずれヨーロッパの国境はなくなるだろう。

こうしてアウトバーンが誕生した。権力を掌握すると、すぐにヒトラーは忠実なナチ党員（で民間の技術者）のフリッツ・トートを建設プロジェクトの監督に任命した。トートには、6000kmの最新の高速道路を建設するため、5年にわたり5兆ライヒスマルクの予算を与えられた。その年の後半、1933年の9月23日、ヒトラーはフランクフルトとダルムシュタットを結ぶことになる道路の建設現場で最初の着工式に参加した。それから1年も経たずにすでに1500kmの長さまで工事が進められていた。2年以内に最初の100km、それから3年以内にさらに1000kmが開通した。1939年の戦争勃発までには3000km以上が完成していた。

ヒトラーのアウトバーンは、高速道路によって複数の経済的中心地をつなぎ、技術の発達した進歩的な国家としての第三帝国のイメージを伝え広めるためにナチ政権によって活用され、プロパガンダとして大成功をおさめた。それ以外の、建設計画により広範囲に期待された利益はいささか限定的であった。たとえば失業率の軽減への貢献

全ドイツ高速自動車道路（ライヒスアウトバーン）のために建設されたドラッケンシュタイナー山腹陸橋の1942年の写真。

88

はわずかで、高速道路建設に雇われたのはせいぜい13万人強であった。期待された戦略上の利点も実現しなかった。ほとんどの装備や軍隊は鉄道を使った方がもっと楽に国中を移動できたことに加え、戦争中はほとんどの戦闘がドイツの国境から遠く離れた場所でおこなわれたからだ。

　それにもかかわらず、アウトバーンはヒトラーにとって技術的なレベルだけでなく、社会的なレベルでも魅力的であった。1941年7月、夜遅くに交わされた会話で、ヒトラーはドイツの道路について、いつの日か征服したロシアまで延伸するだろうと語った。

　　クリミア半島の風光明媚な地、そこまでわれわれはアウトバーンで行くことができるようになるだろうし、そうなればそこは私たちドイツ人にとってクリミアのリヴィエラとなるだろう……どことなく非人間的なところのある鉄道よりもすぐれ、人々を結びつけるのが道路だ。新たなヨーロッパへと向かう、なんとすばらしい進歩だ！　アウトバーンのおかげでドイツ国内の境界が消滅したように、いずれヨーロッパの国境はなくなるだろう。[1]

　これがアウトバーン建設の背後にあったヒトラーの構想——ナチ帝国のまさに動脈としての高速道路であった。

■原注

1　Trevor-Roper, Hitler's Table-Talk (Oxford, 1988)　［トレヴァー＝ローパー『ヒトラーのテーブル・トーク』］, pp.4-5.

アウトバーン　89

22
SAの短剣

ヒトラーの突撃隊、一般には褐色シャツ隊と呼ばれたSA隊員に贈られた短剣。

　ナチ・ドイツの時代、至るところに存在していたものの一つであったこの短剣は、1934年から、ナチスに権力をもたらすのに力を貸した好戦的な悪党たち、一般には「褐色シャツ隊」の名で知られた、ヒトラーのSA隊員へ贈られた品であった。

　SAは、1920年代の政治的混乱の中、ヒトラーが自分の演説の間に秩序を保ち、かつライバルたちの演説を邪魔するために採用した「突撃部隊（Sturmabteilung）」——SAはその略——に起源がある。隊長のエルンスト・レームの巧みな指導のもとで組織は拡大し、1932年末までに隊員の数は50万人以上に達した。SAは時代精神をうまくとらえた。失業者の増加とともに、多くのドイツの若者は新たな自尊心の源と、共同体と生きがいについての新たな自覚を探し求めていた——それを彼らに与えたのがSAであった。暴力への嗜好と、鉄拳やこん棒、メリケンサックを好んだことで有名なSAの中核グループは、ナチ党が目立つようになるにつれ、路上で何度も共産党員と一戦を交えた。

　ヒトラーが1933年にドイツの首相に就

任した時、SAは引き続き彼の政権の防御者として仕え、特に補助警察官として勤務することで権力の統制を強化するのを助けた。さらに彼らは、1933年4月のナチ党によるユダヤ人商店のボイコット、新政権が犯した最初の反ユダヤ主義的不法行為を実行した。

しかしながら、権力はヒトラーと昔の共犯者たちの間に新たな緊張をもたらした。ヒトラーが望んでいたものを手にした一方で、この時までに総勢200万

総統に挨拶する時、誇らしげに短剣を握るSA隊員。

> この儀礼的な武器が
> 支給された時には、
> SAの街頭闘争の時代
> は遠い過去のことと
> なっていた。

人あまりを率いて、SAを武装化し、急進的な革命運動をおし進めることを夢みていたレームは不満を募らせていた。ヒトラーにとってさらに重要なことに、ドイツ軍の司令官たちは、SAが軍同様の役割を演じる可能性について懸念を表明し始めていた。近い将来に最終的な曲面を迎えるかに思われた。

　1934年春にSAの短剣が制定されたのはこうした政治的状況を背景としていた。短剣は飾りのない上品なデザインで、柄にはルーン文字のSAの円形紋章とナチ党の鷲と鉤十字、エッチングで「すべてドイツのために（Alles für Deutschland）」という銘文の入った刃を特徴とした。当初の注文——さまざまな製造業者に発注されることになっていた——は100万本で、最初の10万本は古参のSA隊員に支給され、レームの署名の複写と「心からの友情をこめて（In herzlichen Kameradschaft）」というメッセージがエッチングで入れられることになっていた。皮肉なことに、この儀礼的な武器が支給された時には、SAの街頭闘争の時代は遠い過去のこととなっていた。

　最初の短剣が分配されてから数ヶ月後、1934年6月の「長いナイフの夜」にヒトラーがレームを副官たちとともに銃殺した時、SAという「障害」が残虐な方法で粛清された。レームの粛清によってSAは鎮圧され、それ以後SAの活動は主に儀礼上の役割に限定された。そしてレームの署名入り短剣を所有する隊員たちは、直ちに短剣に入っていた厄介な銘を削り取らせる注文をした。

23
ハインリヒ・ホフマンのライカ

　この、かなりつつましい見た目のカメラ——1935年製造のライカⅢa——がちょっとした革命を引き起こした。

　1930年代は、今日われわれが当然のごとく享受している技術の大半が導入されてカメラが発達した、写真史におけるすばらしく革新的な時代であった。1930年頃はまだ、ほとんどの職業写真家が、木と真鍮(しんちゅう)の三脚に乗った扱いにくい珍奇な機械の乾板カメラを使っていた。ライカがそのすべてを変えることになった。

　ガラス板のかわりに35mmのフィルムを用い、より正確に焦点を合わせるために距離計をつけ、カラーフィルムの発達から恩恵をこうむったライカ——「ライツ・カメラ（Leitz Camera）」に由来——は、携帯しやすく頑丈で、その性能に対する信頼性は高かった。事実上、世界初の「全自動」カメラであった

ハインリヒ・ホフマンの1935年製ライカⅢa——製造番号178859。

93

ライカは、写真に大変革を起こしたうえ、新たな職業をも生み出した。すなわちフォトジャーナリストという職業である。

これこそが、ミュンヘンの写真家ハインリヒ・ホフマンが見逃すことのなかった出世の機会であった。すでに自分のスタジオで写真家として身を立てていたホフマンは、1920年代を通じてアドルフ・ヒトラーと個人的に親しい関係を築き、1933年までにヒトラーの側近の一人として定着した。

> ホフマンの写真が、ナチの宣伝キャンペーンに不可欠な要素であることを証明したのだろう。

しかしホフマンは総統のお気に入りの写真家以上の存在であった。ホフマンは1920年代を通じて、ヒトラーが政治家としてのスタイルを確立させる手助けをした。ヒトラーとともに研究を重ね、どんなポーズが一番効果的か、またどんな服装がヒトラーをもっとも引き立てるか——革の半ズボンと突撃隊の制服はうけないが、地味なスーツはうける——を確かめた。そうした、一見取るに足らない事柄について深く考える政治家がほとんどいなかった時代に、ヒトラーとホフマンは協力して、意識的に対外的イメージを作り上げた。

そして、スタジオでの仕事に加え、ライカの新製品がホフマンにナチのプロパガンダの武器として、彼の写真をさらに直接活用する機会を与えた。前頁のライカⅢa——ホフマンが何台か所有していたうちの1台——は1935年11月に購入され、ファインダーのすぐ下には「ホフマン印刷（Presse Hoffmann）、ベルリン」と彫られている。その後10年、このカメラはヒトラーの忌まわしい経歴の中でも特に重大な瞬間を捉え、その多くは立派な写真集となってドイツ国民に披露された。

「本物のヒトラー」を垣間見るような

対外的イメージを完璧にする。撮影した写真を検討するヒトラーとホフマン。

気にさせたり、勝ち続けて前進をするドイツ軍を喧伝したりする、ホフマンの写真集は大きな成功をおさめた。『自宅でのヒトラー』(1938)、『総統の顔』(1939)、『ヒトラーとともに西部戦線へ』(1940) などの写真集は、ヒトラー個人の人気を高めただけでなく、——戦争が勃発するやいなや——ドイツ軍が成功につぐ成功でとどまることを知らずに前進し続けているとの見方を助長した。戦時中の娯楽本の多くを華やかにいろどったそれらの写真は、読者に臨場感を味あわせ、国民とナチス政権の間の一体感を強固にした。

　ハインリヒ・ホフマンはナチ政権に仕えた唯一の写真家ではなかったが、もっとも影響力をおよぼした写真家であったのは確かで、ヒトラーのために固く団結した取り巻き連中に近づくことが許された、ただ一人の写真家であった。このライカⅢaカメラで撮影された彼の写真が、ナチの宣伝キャンペーンに不可欠な要素であることを証明したのだろう。無数の新聞、本、雑誌、プラカード、ポストカードに複製された彼の写真は、ヒトラー政権が世界に示したイメージであった。

　ホフマンは戦争を生き延び、1957年にミュンヘンで亡くなった。連合国軍兵士によって1945年に持ち去られた彼のカメラは、1980年代にフランスで再び姿を現した。

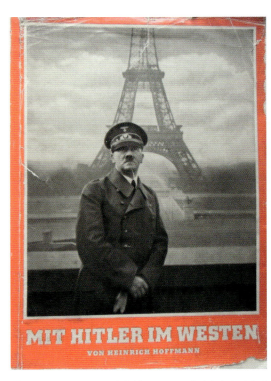

『ヒトラーとともに西部戦線へ』——成功をおさめたホフマンの写真集の一つ。

ハインリヒ・ホフマンのライカ　　95

24
鉄兜

「鉄兜」、すなわち鉄ヘルメットは、ドイツ陸軍を象徴する実戦用の対榴散弾用ヘルメットであった。初めて導入されたのは第一次世界大戦の最中で、それまで用いられていたスパイク付きの革製ヘルメット（槍付き兜）に取って替わると、第三帝国の時代にはドイツ陸軍の代名詞となった。「石炭バケツヘルメット」と評されることが多いが、むしろ15世紀のサレット［のぞき用のスリットか可動式の面頬がついた、首の後方まで覆う軽兜］から直接ヒントを得たデザインで、前と側面にはひさし、後方には首をガードするフレア状の覆いがついている。

フランス軍が最初に塹壕戦のために鋼鉄製のヘルメットを導入すると、

M1935鉄兜。

1916年にはただちにイギリスとドイツがその「アドリアン」型ヘルメットのデザインをまねた。ハノーファー技術専門学校のフリードリヒ・シュヴェルトによって開発された鉄製ヘルメットは、ヴェルダンの戦いにおいて突撃部隊が着用することで、初めて実戦で使われた。公式にはM1916の名で呼ばれたこのヘルメットには、あご紐と、頭部を保護するための革が内側につけられていたばかりでなく、通気孔の役目と、額を保護するための補強用装甲の固定にも使われた、特徴的な突起が側面についていた。

> ヒトラーは鉄兜が持つ象徴的意味をそこなうのを好まなかった。

　第一次世界大戦の終結までに鉄兜はドイツの軍

鉄兜のイメージの力を象徴する、1932年の「鉄兜団、前線兵士団」の勧誘ポスター。ナチスは1935年にこの組織を突撃隊に吸収し、残りを解散させた。

鉄兜　　97

国主義と密接に結びついていたので、一時は、ワイマール共和国における最大の愛国主義的民兵組織の名称として採用された。主に第一次世界大戦の古参兵で構成されたこの組織「鉄兜団、前線兵士団」は、ドイツ国家人民党（DNVP）の準軍事的組織となった。そしてヒトラーが政権を握った後は、DNVPによく似たナチ党に吸収された。

　1933年、第三帝国の軍国主義化が本格的に始まると、再びシュヴェルトの助言のもとで新たな型の鉄兜が作られ、その性能が試され、ドイツ軍に採用された。この新型のM1935は以前の型よりもひさしとネックガードが短くなって全体に小型で軽量になり、側面の突出部は浅い通気孔に取って替わった。第三帝国の軍隊の規模が拡大するとともに、100万個以上のこのヘルメットが製造された。1940年、国が戦争状態に入ると、鋲を嵌め込んだ通気孔ではなく、ヘルメットに直接穴をあけることで、もっと簡単に安く製造できるよう改良された。戦争が長引くにつれ、さらに倹約して作られるようになり、ドイツ空軍のパラシュート部隊はあまりフレアのついていない型のヘルメットをかぶっていた。

　興味深いことに、新しい、より円錐形に近いヘルメットのデザインが1942年にドイツ人技術者たちによって提案されていた。しかし、このより簡単に製造できる上、着用者の安全を高める目的で開発されたヘルメットのデザインは、鉄兜の持つ象徴的意味をそこなうことを望まなかったヒトラーに却下された。その新しいデザインは、1956年、東ドイツの国家人民軍によって採用されることになった。[1]

■原注
1　F. Tubbs & R. Clawson, *Stahlhelm: Evolution of the German Steel Helmet* (Kent, Ohio, 2000), pp.80-1.

25
名誉神殿

　国民社会主義という政治宗教において、ヒトラーはその運動組織の預言者であり、血染めの党旗はもっとも神聖な聖遺物、そしてもっとも重要な殉教者が、1923年11月のミュンヘン一揆の企ての際に亡くなった者たちであった。

　その日、15人のナチ党支持者が亡くなった。うち13人はオデオン広場でのバイエルン警察との短い銃撃戦の中で撃たれ、残りの2人はその近くの戦争省での応酬で亡くなった。16人目の犠牲者カール・クーンはその場に居合わせた人物で、多方向からの銃撃の巻き添えを食った。一人を除き全員が一般のドイツ人で、大学生や元兵士、商店主であった。例外はマックス・エルヴィン・フォン・ショイプナー＝リヒター、39歳の元副領事で、胸に銃弾を受けた時はヒトラーのすぐ隣を行進していた。死によって、彼ら全員がナチスの最初の「血の殉教者」としてたたえられることになった。

1937年頃のミュンヘンの名誉神殿の一つ——ナチの聖所の中でもっとも神聖な場所。

1933年にナチスが政権を握ると、ミュンヘンのケーニヒスプラッツ地区の改造計画が、ヒトラーの最初のお気に入りの建築家パウル・ルードヴィヒ・トローストの監督下で進められた。いくつかの新しいオフィスビル——総統館も含め——だけでなく、ナチの殉教者たちの遺体を収容するために、トローストは2棟の「名誉神殿」を建築計画に含めた。

> ナチの聖所の中でもっとも神聖な場所とされ、手の込んだ儀式が執りおこなわれる舞台となった。

1935年、トローストの死後に完成した名誉神殿は、鉄筋コンクリートを石灰岩の外装で仕上げた新古典主義の建築で、高さは約10mあった。中心部分には屋根がなく、部分的な屋根を支える簡潔な長方形の柱が立ち並んだ。その11月、殉教者たちの遺体が——8体ずつ——神殿に改葬されると、神殿は正式に聖別された。遺体の入った鋳鉄の棺にはそれぞれ故人の名前と、「最後の点呼（Der letzte Appell）」と「ここに（Hier）」の言葉とともにナチ党の鷲のレリーフがほどこされていた。そこは常駐の親衛隊が見張り、訪問者は中に入る際にヒトラー式敬礼をおこなうことが義務づけられていた。この場所では沈黙が守られ、かぶり物は脱がなければならなかった。

神殿はナチの聖所の中でもっとも神聖な場所とされ、第三帝国の統治下を通じて、手の込んだ儀式の舞台となった。特にミュンヘン一揆の記念日には、何千人ものヒトラーの「古参闘士」がミュンヘンの街路を行進し、ケーニヒスプラッツで厳かに献花することでクライマックスを迎え、この場所が行進の終点地であった。

とはいえ、ヒトラーが敗北した1945年になると、ナチズムの政治宗教はその魅力を失い、名誉神殿と殉教者の棺は、衰退した熱狂を思い出させる厄介な遺物でしかなかった。アメリカの占領当局の命令で、棺は鋳つぶされ、中身は遺族に返還されるか、墓標のない墓に埋葬された。1947年1月には神殿そのものが解体された。がれきはミュンヘン内外の建物の再建に用いられるか処分され、内部は土が盛られた。現在は荒れ果て、草が生い茂った跡地には2本の柱のコンクリートの基礎が残っているのみである。ミュンヘンの街路をせわしく行き交う人々の中には、それらがかつて担っていた重大な意味について知る人も、また気にかける人もほとんどいない。

26
ナチ・ドイツの鉤十字の旗

　鉤十字、あるいはまんじ——ドイツ語で「ハーケンクロイツ（Hakenkreuz）」——は古代世界の至るところで見られる文様で、特にインドと密接な関係があり、ヒンドゥー教やジャイナ教、仏教にとって神聖な意味を持つ。しかしドイツの民族主義運動に採用されたことで、鉤十字はより不吉な意味をおびることになった。

　20世紀の初め頃、神秘主義的な傾向のあるドイツの民族主義者たち——そ

ポーランドのクラクフで、オスカー・シンドラーのホウロウ工場跡に造られたクラクフ歴史博物館で展示されているナチスの鉤十字の旗。

の中でも悪名高いのがトゥーレ協会——が鉤十字を、先史時代にインドからヨーロッパへ移住して、北欧とゲルマン系民族の祖先となったと彼らが信じる、アーリア人種のシンボルであると主張し始めた。アドルフ・ヒトラーが最初に鉤十字を知るようになったのは、こうした状況と関連していたようだ。

> ヒトラーは鉤十字がナチの運動を統一し、党の原理を象徴することを望んだ。

ナチ党が結成されたばかりの頃、ヒトラーは、政敵の旗に引けを取らない影響力を持つ旗のデザインを切望していた。たとえば共産主義者のデモでは、大量の赤に強く印象づけられたので、「いかに庶民がそうした大がかりな見せ物を連想させるお飾りに屈しやすいかを痛切に感じ、そして理解」することができたという。彼はナチ党にも見た目で明確に区別できる独自性が必要なことに気づいていた。『わが闘争』で書いたように「党員たちには同じ組織に属していることが一目でわかるシンボルが欠けていた」。[1]

後に語ったところによれば、ヒトラーは自ら旗のデザインに取り掛かったという。この任務にかかわっていたのは彼一人だけではなく、その時期、ナチの指導部はその問題に「熱心に」取り組んでいたと告白している。旗のデザインで重要な貢献をしたのはシュタルンベルクの歯科医フリードリヒ・クローンで、

1933年9月にニュルンベルクで開催された第5回ナチ党大会で、鉤十字で装飾された旗を掲げて行進するSA褐色シャツ隊。「勝利の大会」と名づけられたこの大会はナチの権力掌握を祝った。

赤、白、黒の色と鉤十字を組み合わせたデザインを提案した。それはヒトラー自身の案と「非常によく似て」いた。[2]

ヒトラーのアイディアは共産党員の赤をまねていたが、かつてのドイツ帝国の赤、白、黒の旗からも着想を得ており、さらに――重要なことに――鉤十字を組みあわせていた。結果として生まれた旗は、ヒトラーによれば、ナチの運動を完璧に表現していた。「われわれは赤に運動のもつ社会主義的思想、白に民族主義的思想、鉤十字にアーリア人の勝利、そのうえ創造的な営みの勝利を見る。創造的な営み自体が、これまで常に、そしてこの先も反ユダヤ主義的である」。[3]

『わが闘争』の中で党旗について長々と論じたてていることからも明らかなように、ヒトラーにとって旗のデザインは決してささいな事柄ではなかった。ヒトラーは、鉤十字がナチの運動を統一し、党の原理を象徴することを望んだが、それだけでなく、印象的な紋章というのはそれ自体、非常に効果的に人材を集める手段となることを理解していた。1920年にテーゲルンゼーで新しい旗が初めて公にされた時、その効果は「燃え盛るたいまつの効果にそっくり」であったと彼は書いている。[4]

1935年に国旗として採用された時には、鉤十字はすでに第三帝国の重要な特徴となっていた。以後、鉤十字はすっかりナチ・ドイツの顔となった。

■原注

1　S. Heller, *The Swastika: Symbol Beyond Redemption?* (New York, 2000), pp. 62-3.

2　Hitler, *Main Kampf* [ヒトラー『わが闘争』上下、平野一郎・将積茂訳、角川文庫、2004年]，p.410.

3　Spotts, *Hitler and the Power of Aesthetics*, p.51.

4　Hitler, *Mein Kampf* [ヒトラー『わが闘争』], p.411.

27
「働けば自由になる」の銘入りの門扉

　ナチが用いたあらゆるスローガンの中で、おそらく、「Arbeit macht frei」、すなわち「働けば自由になる［あるいは、労働は自由をもたらす］」が一番悪名高いだろう。強制収容所の門扉に共通の銘文として掲げられたこのスローガンは、元をたどれば、1873年に発表された、罪を犯した主人公がまじめにこつこつと働くことによって救いを見つけるという内容の小説の題名として用いられた文句のようだ。

　それがどのようにしてナチスの目に留まったのか明らかではない。ナチ政権

最初に「働けば自由になる」の銘文を掲げた門——ここではオリジナルの形で残る——が設置されたダッハウ強制収容所。

104

最初の強制収容所であるダッハウ収容所の初期の所長で、初代SS強制収容所総監であったテオドール・アイケを通じてであったかもしれない。ダッハウで前任者ヒルマール・ヴェッケルレの専制的で容赦ない残虐行為を引き継いだアイケは、強制収容所のシステムを大規模に改革し、厳しい規律や制服を導入し、さらに囚人は社会に負うている「罪」を重労働であがなうべきだという考えをもたらした。

　それは独断的なプロパガンダで、強制収容所の実態を覆い隠し、強制収容所を——労働によって罪から救われた——囚人たちが最終的に「民族共同体」に戻るのにふさわしくなるための、（少なくとも、矯正可能な人々のための）大規模な再教育機関として描いていた。[1] その結果、重労働は強制収容所の生活に不可欠の要素となった。多くの収容所、たとえばマウトハウゼン、フロッセンビュルク、グロース・ローゼンなどは採石場の近くにあり、その他の収容所——ノイエンガンメやザクセンハウゼンなど——は広大なレンガ工場の隣に創設された。それらすべての強制収容所が、SSと、工業関連の巨大な企業から地元の肉屋やパン屋までの、ドイツのあらゆる企業に労働力を提供するために設置された、多様な収容所付属施設を生みだした。

　したがって、「働けば自由になる」のスローガンが多くの収容所に採用されることになったのも驚くに足らないだろう。1936年に最初にダッハウに用いられると、それは囚人の歌——「ダッハウの歌」——にまで取り入れられ、囚人たちに「人間らしくあり続ける」よう、しかし「働けば自由になる」のだから働くよう促した。[2] 後にこのスローガンはアウシュヴィッツやザクセンハウゼンの収容所、またテレージエンシュタットのゲットーの入り口の門にまで、不運な収容者への注意として用いられた。それに対し、ブーヘンヴァルトの強制収容所では別の標語が使われた。そこでは正門に「Jedem das Seine」という文言を掲げていた。この文は「各人にそれにふさわしいものを（与えよ）」とも、あるいはもっと不吉に「汝は当然の報いを受ける」とも解釈できる。

　そうした銘文付きの収容所の門扉はひそかな象徴となった。たとえばアウシュヴィッツ第1収容所の銘文は、それを鍛造した収容者で鍛冶屋のヤン・リヴァチにより、抵抗の証として、上下を逆にしたBの字が組み込まれたと言われる。その門は2009年にスウェーデンのネオナチにより盗まれた。すぐに取り

戻されたものの、その過程でひどく損傷した。[3] 2014年にはダッハウの門も盗まれた。これは2016年12月にノルウェーのベルゲンで押収された。[4]

　もちろん強制収容所の収容者が労働によって「解放」されるというのはまったく非現実的な考えであった。囚人たちが収容所から解放されることは——少なくとも戦争が始まる前までは——しばしばあったが、その決定は完全にSSかゲシュタポの気まぐれによっていたので、収容者がどれだけ長期間にわたり、あるいはまじめに働こうが、労働の量や質とは無関係であった。したがって「働けば自由になる」など、シニカルな空約束以外の何物でもなかった。

> 重労働は強制収容所
> 生活に不可欠な要素
> となった。

■原注

1　Nikolaus Wachsmann, *KL: A History of the Nazi Concentration Camps* (London, 2015), pp.100-1.

2　以下のウェブサイトを参照のこと。https://de.wikipedia.org/wiki/Dachaulied.

3　Jan Puhl, 'Eine bizarre Tat', in *Der Spiegel*, No.48, 29 November 2010, pp.121-2.

4　以下のウェブサイトを参照のこと。http://www.bbc.co.uk/news/world-europe-38187597.

28
メッサーシュミット Bf 109

　一般にMe 109と呼ばれたBf 109が、第三帝国期のドイツ製戦闘機の中でもっとも強い印象を与えたのは間違いないだろう。著名な航空技術者ヴィリー・メッサーシュミットの設計により、アウグスブルクのバイエルン飛行機製作所（BFW）で開発された戦闘機メッサーシュミットは、スペイン市民戦争から第二次世界大戦の間ずっとドイツ空軍に用いられ、戦争の末期に、フォッケ＝ヴルフFw 190だけがその地位に取って替わることができた。1940年のイギリス本土航空決戦（ブリテンの戦い）の間、イングランド上空で、質と性能の点で伝説的なイギリス空軍戦闘機スーパーマリーン・スピットファイアに引けを取らなかった唯一のドイツ製戦闘機であった。
　1933年、第三帝国はヴェルサイユ条約の制約をはねつけ、将来の戦争に備え軍隊を準備し始めていたので、ドイツ航空省は新しい空軍のために航空機の

スミソニアン航空博物館で展示されているメッサーシュミットBf 109。

107

設計を要請した。一人乗りの［単座式］戦闘機を開発するよう要請された会社の一つがBFWで、1935年にその試作品が準備できた。最初から強い印象を与えたBf 109はすぐに開発の最有力候補となり、軽量化された構造と卓越した操縦装置、滑らかで効率のよい格納式着陸装置によってパイロットに人気となった。イギリスで新型戦闘機、ホーカー社のハリケーンとスーパーマリーン社のスピットファイアの開発が進められているとの情報に刺激され、その試作品が製造されると、1936年のベルリン・オリンピックで正式にお披露目された。

> Bf 109が第二次世界大戦中に破壊した航空機の数は他のどの戦闘機よりも多かったと考えられている。

1000ブレーキ馬力を生み出す、非常にすぐれたダイムラー・ベンツDB 601エンジンを（数多くある派生型のほとんどで）動力源としたBf 109は、確かに速く、初期の戦争で使われた型では最大速度が時速640kmをやや下回るだけであった。最初からプロペラの軸から発射する7.92mm機関銃を備えており、じきに翼に取りつけられた20mmの大砲が加わって、空中戦で凶暴な相手となることも証明した。

しかし戦争の最初の年は空を制したとはいえ、1940年の晩夏に決行されたイギリス本土航空作戦でBf 109は手ごわい敵、イギリス空軍のスピットファイアとハリケーンと対戦することになった。Bf 109とスピットファイアの戦

北アフリカの砂漠の上空を飛行中のメッサーシュミットBf 109。

績指標はおおむね同じだが、Bf 109──ドイツ軍の爆撃機の護送機として採用された──の方は航続距離のまさにギリギリで軍事行動をとっていたため、敵軍の行動と燃料の枯渇という二重の脅威にさらされていた。それゆえ経費が比較的高くつき、イギリス本土における軍事作戦で破壊された600機あまりのBf 109だけで、ドイツ空軍の全損失額の3分の1を占めた。[1]

　そうした反省を促す経験を経た後、Bf 109は従来の戦闘機としての役割に戻ることができた。そして1940年末、航空効果の向上を含めた多くの改良点を誇る「F」型の導入とともに、その運命は再び上向き始めた。バルカン諸国や地中海諸国、北アフリカの戦域において、Bf 109は再びその価値を証明し、その後──訓練も装備も貧弱なソヴィエト軍を相手にすることの多かった──東部戦線での戦闘がBf 109をもう一度伝説的な地位に推し上げた。東部戦線では存分に力を発揮し、Bf 109のパイロットの多くが100機以上の敵機を打ち落としたとされる。結局、Bf 109が第二次世界大戦中に破壊した航空機の数は他のどの戦闘機よりも多かったと考えられている。[2]

■原注

1　R. T. Bickers, *The Battle of Britain* (London, 1990).
2　U. Feist, *The Fighting Me 109* (London, 1993), p.50.

29
ジャックブーツ

　ドイツ国防軍の特徴的な行軍ブーツ（マルシュシュティーフェル）——英語圏では通常ジャックブーツと呼ばれる——は第二次世界大戦期の専制政治を連想させるものとなった。ひざを曲げずに脚をまっすぐ延ばした「閲兵式歩調」（グース・ステップ）で反り返って行進する、ジャックブーツを履いたドイツ軍兵士の密集隊列は、1930年代と40年代のおなじみのイメージとなり、この時代を特徴づけると同時に、その機械じみた動きは全体主義権力を象徴している。

　ジャックブーツという名は、革の内側に縫い込まれた鎧（よろい）「ジャック」で補強された17世紀英国の騎兵用ブーツに由来すると言われる。19世紀以来第一次世界大戦を通じて、ふくらはぎの長さの、紐や留め具のない行軍ブーツがドイツ兵士によって着用された。通常戦地で黒く仕上げをほどこされる茶色の革製のブーツには、両方の靴底にそれぞれ35から45個の頭の大きな鋲釘が打たれていた。かかとには蹄鉄形の鉄、つま先には鉄板がはめ込まれていた。足に合わないのが普通だったので、ドイツの兵士には「壺振り」（クノーベルベッヒャー）で通っていた。

一般にジャックブーツという名で知られる国防軍の行軍ブーツ。

110

1930年代後半、ドイツ陸軍が急激に拡大するにつれ、革の節約のためブーツの長さは短くなり、その後戦争が進展するにつれ、次第に紐つきのアンクルブーツに取って替わった。1943年になると行軍ブーツはもはや製造されなくなり、その支給は厳重に管理され、歩兵や工兵、その他の特別な部門に限定された。一方、将校たちはもっと丈の長いひざ下までの長さのブーツ——乗馬用ブーツ（ライトシュティーフェル）——を履き、しかもその多くは個人的に購入した質の高い製品であった。

　戦争中、行軍ブーツはその目的に十分役立ったが、唯一最大の欠点がロシアの冬の寒さに弱いことであった。ブーツの底の鋲と金属加工は消耗を軽減するためであったが、極寒の地では寒さが足に伝わる速さを増す効果があった。そのため東部戦線では、ドイツの軍隊はしばしばソ連製の厚手のヴァレンキ・オーバーブーツ——通常はフェル

まっすぐ足を延ばした「閲兵式歩調（グース・ステップ）」で反り返って行進する、ジャックブーツを履いたドイツ軍の密集隊列は1930年代と40年代のおなじみのイメージとなった。

1938年3月、ジャックブーツを履いて閲兵式歩調でウィーンの街を行進する陸軍第8軍団第1師団。

ジャックブーツ　　111

トや藁で出来ていた――を赤軍兵士の遺体から略奪した。それにもかかわら
ず、戦時中は冬が来るたびにドイツ兵の間で凍傷が猛威を振るった。たとえば
1941年の冬、国防軍は10万人以上の凍傷患者を記録し、うち1万4000人以
上が1ヶ所かそれ以上患部を切断する必要があった。[1]

　戦場は別として、ドイツのジャックブーツが持つ主要な象徴的意味は、兵
士に「突き刺すような足取り」として知られた、その特徴的な閲兵式歩調に
よる行進と密接なかかわりがある。18世紀のプロイセン軍の教練で始まった
閲兵式歩調はその時代、戦場の兵士の動きにもっと強い規律と結束を課したい
というヨーロッパ全体の要求に欠かせない要素であったが、それが最大限発揮
されたのが、ヒトラー統治下のドイツであった。そこで、密集行進する兵士の
姿がどういうわけか、まさしくジョージ・オーウェルが書いたように、全体主
義というよこしまな抑圧的権力欲の象徴となったのである。

　　閲兵式歩調は世界でもっとも恐ろしい光景のひとつで、急降下爆撃機より
　　もはるかにぞっとさせる。それは露骨な権力の確認にすぎない。そこには、
　　きわめて意識的かつ意図的に、ブーツで顔面を蹴りつける幻影が含まれて
　　いる。[2]

■原注

1　A. Clark, *Barbarossa: The Russian-German Conflict, 1941-1945* (London, 1995), p. 181.

2　G. Orwell, *The Orwell Reader* (London, 1956), p. 254［邦訳：ジョージ・オーウェル「ラ
　　イオンと一角獣」小野寺脇一訳、『オーウェル評論集4 ライオンと一角獣』川端康雄編所収、
　　平凡社、2009年、20頁］.

30
強制収容所の識別票

　慣れていない者の目には、第三帝国期のナチ強制収容所に引き渡された不運な人々はみな、一様に苦しむ人間の集団に見えたに違いない。しかし彼らを見張っていたSSの看守が熟知していたように、収容者の違いを見分ける方法があった。どんな罪を犯したと見なされて収容所へ送られたのか——一見して——わかる手段さえあった。

　初期の「野放しの状態の」強制収容所——1933年1月のナチの権力掌握後に設置された強制収容所——が手に負えないほど混乱に陥った後、特に1934年以降の収容所の再編成後すぐに、収容所システムのための規則や条例の制定が必要になった。そのプロセスで鍵を握った人物がSS分隊長テオドール・アイケで、彼は——強制収容所総監として——すでにダッハウのような収容所のための新しい警備の準備と実験計画案を考案していた。とはいえ、アイケは非現実的な革新主義者ではなかった。規律に厳格な軍人であった彼は、残忍で性格に異常なところがあり、マルクス主義者とユダヤ人を心底から嫌悪していた。そして彼の考案した「システム」がナチの収容所ネットワーク全体に指針となる原理を提供することになった。

　広範囲におよぶ収容所組織の再編成の一環に囚人の差別化があり、その目的のため、1936年に色つきの識別票という分類法が導入された。これによって見張りのSSは囚人の身分や背景を一目ですぐ確認できた。ここに挙げたように、分類法は一覧表によって明示され、職員が熟知するよう、さまざまな収容所の管理事務所やSSの守衛室に掲示されるようになった。

> 標識票は囚人を分類して人間らしさを奪うというSSの目的に役立った。

　各囚人は登録されると番号が与えられ、その番号は囚人服の左胸と、ズボンの脇の縫い目に縫いつけられることになっていた。その下に色のついた逆三角

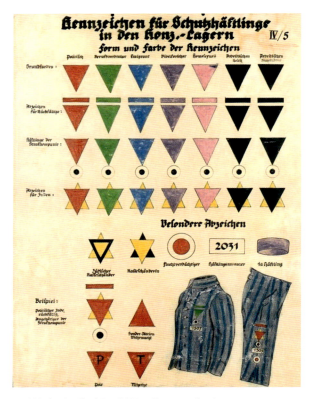

強制収容所の識別票の種類を説明するポスター。

形が加えられ、囚人が投獄された名目上の理由——政治犯は赤、犯罪常習者は緑、「移民」（ドイツから追放された後で戻ってきた者たち）は青、エホバの証人は紫、同性愛者はピンク、反社会的な人物は黒——を表した。囚人がユダヤ人である場合、それを示すために黄色の三角形が逆の向きに重ねてつけられ、それによりダヴィデの星をかたどった。

　これらの識別票に加え、常習犯や逃亡の恐れのある者、懲罰班に入っている者を示すために、横線や丸が加えられることがあった。1939年以降は国籍を示すために頭文字も用いられるようになった。たとえば、フランス人はF、ベルギー人はB、ポーランド人はP、チェコ人はTであった。

　このようにして、さまざまなカテゴリーの——ナチの見地による——悪党

がすべて視覚的に表された。たとえば、社会主義と共産主義の運動員は赤、密猟者や泥棒や強盗は緑、物乞いや娼婦や「労働忌避者」は黒の三角形が与えられることになった。強制収容所の全組織で、各カテゴリーがどれだけの割合を占めていたのかを確かめるのは非常に困難だが、政治犯のカテゴリーに入れられる囚人が一番多かったのは明らかだ。それは主として、政治犯の区分がほとんどの反対勢力の活動を含めるものとして機能していたからである。その他、一時期、特定の収容所では特定のカテゴリーに属す囚人が大部分を占めることがあった。たとえば1938年初頭、ブーヘンヴァルトの収容所では「犯罪者」に分類された囚人の割合が38％にまでのぼったが、ベルリン郊外のザクセンハウゼンでは他のどの収容所よりも同性愛者の囚人の割合が高かった。[1]

そうした区別は、単なる管理運営上の機能どころか、どのように囚人が取り扱われるかを左右したため、彼らの運命を決定づけた。当然のことながら、ユダヤ人の囚人は常に監視人から苛酷な扱いを受けるに決まっていたが、「政治犯」も手当たり次第に処刑される傾向があった。同性愛者や常習犯も同様で、懲罰班に引き渡され、予想通りの結果に終わることが多かった。たとえばダッハウでは、同性愛者の囚人の死亡率は異性愛者の囚人に比べ著しく高かった。[2] 一方、緑の三角形をつけた者──犯罪者──たちは収容所のお偉方に気に入られ、「カポ」として働いていることが多かった。カポとはナチに忠実な囚人で、優遇される代わりに各バラック棟を管理してい

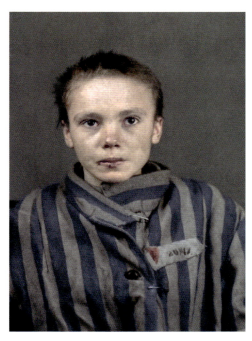

制服と認識票を示す、アウシュヴィッツの収容者チェスワーヴァ・クフォカ。

強制収容所の識別票　115

た。[3] 彼らはただの「犯罪者」で、「政治的」でも「反社会的」でもなかったので、収容所を支配していたSSの中には彼らを他の囚人よりも上と見なしていた者もいた。

　実際には、より複雑になった追加のシンボルのほとんどは立て前で、大多数の囚人にとって、現実は1942年にアウシュヴィッツに収容された14歳のチェスワーヴァ・クフォカの写真が示しているように、実にいい加減であった。少女の胸には「政治犯」を示す赤い三角形とポーランド人を示す「P」と「26947」の数字が見える。それでも、標識票は強制収容所というシステムに絶対不可欠な要素で、囚人を分類して人間らしさを奪うというSSの目的にかない、囚人たち一人一人を単なる番号に変え、ナチスの示威的な解釈による犯罪行為で一緒くたにした。

　さらに標識票は戦後、特に旧東ドイツで、収容所の犠牲者を追悼する際に重要な役割を演じた。旧東ドイツでは赤の三角形が強制収容所の記念碑に追加されることが多かった。それを端的に示す例がベルリン郊外のザクセンハウゼン強制収容所跡で、共産主義の時代の1961年に建てられた記念碑のオベリスクの上方には、54個の赤い三角形が並ぶ。ここに収容されていたのは全員「政治犯」であるという、共産主義者によって宣伝された作り話をこの記念碑は巧みに表している。

■原注

1　Wachsmann, *KL*, p. 145; Moorhouse, *Berlin at War*［ムーアハウス『戦時下のベルリン』］, p. 242を参照のこと。

2　Stanislav Zámečník, *That was Dachau: 1933–1945* (Brussels, 2003), p. 219.

3　Wachsmann前掲書、pp. 125-8, 521-5、およびZámečník前掲書を参照のこと。

31
ベルクホーフの絵皿

　ヒトラーが最初にオーバーザルツベルクを訪れたのは、隠れ場所を探すためであったというのは皮肉なことかもしれない。やがてその隠れ場所——とそこに彼が建設した建物——は、第三帝国でもっとも有名な住所の一つとなったからだ。

お土産用に1934年に製造された、「ハウス・ヴァッヘンフェルト」を描いた壁掛け用の磁器の皿。

1923年、イデオロギー上の師であった国粋主義的詩人ディートリヒ・エッカルトが警察に追われている間、彼を訪ねて来たヒトラーは、そこで初めてオーバーザルツベルクの地を知った。小さな民宿にいたエッカルトと合流したヒトラーは、「ヴォルフ」の偽名で滞在し、ただちにそこの見事な眺望の虜になった。1925年、ヒトラーはそこで小さな別荘、ハウス・ヴァッヘンフェルトを借りた。その後『わが闘争』の売れ行きが伸びて印税で資金ができたこともあって、彼はその別荘を購入し、ベルクホーフに改造した。後年の回想によれば、その場所はヒトラーにとってきわめて重要であった。

> 私がオーバーザルツベルクに行く時はいつも、そこでただ景色の美しさに魅了されるだけにとどまらない。些末な事柄から解放されるのを感じ、脳の処理能力が活性化する。どこかよそで問題を検討すると、それをさほど明瞭に捉えることができない。細かい点にとらわれてわからなくなるからだ。ベルクホーフでは夜、月に照らされた山々をベッドから何時間も見ている。頭が冴えわたるのはそんな時である。[1]

1933年にヒトラーが首相に任命されると、別荘は次第に巡礼地のような場所になり、多くのドイツ人が——最初は周辺の地域から、その後さらに遠く離れた場所から——自分たちの新たな英雄を一目見ようと群がった。当初、警備はかなり緩かった。1936年までヒトラーは、わずか数人の護衛か、形ばかりの警備隊を供にして、くつろいだ様子で樹木の茂った山道を歩き回っていた。ハイキングに来た旅行者たちが挨拶すると手を振って返すことも時々あった。やがて——その場所がヒトラー崇拝の中心になったため——警備が増やされて、SSの護衛たちが支持者の群れを整列させる一方で、別荘周辺地域はフェンスで囲われて、パトロールされるようになった。

1933年、ヒトラーが首相に任命されると、別荘は次第に巡礼地のような場所になっていった。

そうした訪問者の多くにとって、オーバーザルツベルクへの旅には前頁に載せた磁器製の壁掛けのような記念品が欠かせなかった。ミュンヘンのローゼンタール社製の、釉薬をかけた手描きの飾

り皿は、ヒトラーによる最初の拡張工事で駐車場と小さなテラスが加わった後の1934年当時の「ハウス・ヴァッヘンフェルト」の姿を映している。遠景にはライターアルプ、右手には、ドイツ皇帝フリードリヒⅠ世（赤髭王）が復活を待っているとの伝説が伝わるウンタースベルクのふもとの丘陵地帯が見える。

　こうしてハウス・ヴァッヘンフェルトが磁器に永遠に姿をとどめている一方で、建物そのものは現在ほとんど残っていない。1935年、ヒトラーは簡素な山小屋を巨大で複雑な「山岳宮殿（ベルクホーフ）」に改造する拡張計画を命じた。それはドイツ民族の指導者によりふさわしい邸宅になるはずであった。最初の工事が1936年に終わり、さらに1939年に拡張工事がおこなわれると、贅沢かつ荘厳な部屋や広いテラスから眺める山々の絶景に、ベルクホーフを訪れた客——イギリス首相ネヴィル・チェンバレンやウィンザー公夫妻、イギリスの前首相デイヴィッド・ロイド・ジョージなど——は感心した。中でも客を感嘆させたのは、自動で開閉される仕組みになっていた、谷を見下ろし、全景を一望できる窓であった。

　完成した時、ベルクホーフは、2000人を越える軍隊の兵舎と、マルティン・ボルマンやヘルマン・ゲーリング、アルベルト・シュペーアなどナチ高官の居宅を含めた、ナチの飛び領土の中心に位置した。初期のくつろいだ雰囲気は一変して、建物は2ｍの高さの有刺鉄線と金網のフェンスで囲まれ、近づくものは誰であろうと、建物の内外で見張っている警備のSS隊員の目を逃れられなかった。地元の住人はヒトラーの冷酷で野心に燃えた秘書ボルマンによって退去させられた。ボルマンは建物の周囲の土地を獲得するために、しばしばわいろや強制的な譲渡、

ベルクホーフの山荘のテラスで側近とペットとともに過ごすヒトラー。

有名な見晴らし窓とベルクホーフの眺め。

ベルクホーフの絵皿　119

あるいは強制収容所へ入れるなどといった脅しも含めた不当な手段を用いて、無理やり住民を家から追い出した。それによってヒトラーは、ベルクホーフにいる時はいつでも事実上隠遁者となり、笑顔の群衆やキッチュなお土産に囲まれた浮ついた時代は、過去のものとなった。

　ヒトラーがベルクホーフに滞在中は側近と政治機構の大半が一緒に移動してきたので、オーバーザルツベルクの造営はすさまじい速度で進められ、帝国首相官邸の分館が谷あいのシュタンガスに設置されたほどであった。ヒトラーは余暇のほとんどを「山の上で」、訪問するVIPだけでなく、古参の仲間たちと過ごした。1939年の独ソ不可侵条約の締結や、その2年後のソ連侵攻を含め、いくつかのきわめて重要な決定を下したのもそこであった。それほどまでに、非公式な第三帝国第2の首都としてオーバーザルツベルクは重要であったため、戦争の末期までに、空襲に備えて広大な地下シェルターと迷路のようなトンネルが掘られ、要塞化された。かつては平和なアルプスの保養所であった場所は巨大な建設現場となり、地元住民の忠誠心もぐらつき始めた。ヒトラーとしては、すべてが終われば自分用にこぢんまりとしたシャレー風コテージを購入するつもりであった。

　しかしヒトラーには安らかな隠棲所を持つ機会はほとんどなかった。1945年4月、ベルリンでヒトラーが自殺する1週間前、イギリス空軍によるオーバーザルツベルクへの空襲がベルクホーフの一部に損害を与え、周辺施設の大半を破壊した。その後、敗戦の混乱の中、周辺一帯がアメリカ空軍第101空挺部隊によって攻め落とされ、完全に略奪される前、ベルクホーフはSSによって火をつけられた。1952年には焼け残った残骸がネオナチの聖地となるのを阻止するために、バイエルン州政府によってダイナマイトで爆破された。現在、当時の建物で残っているのは、がれきの散らばった森の奥深くにある、苔に覆われたコンクリートの擁壁だけである。

■原注

1　Trevor-Roper, *Hitler's Table-Talk*［トレヴァー＝ローパー『ヒトラーのテーブル・トーク1941-1944』］, pp.164-5.

32
エラストリン製フィギュア

　全体主義的野心を抱く政権は常にそうだが、第三帝国もまた、ドイツの子どもたちをできるだけ早い時期からその邪悪な影響下に置こうとした。そういった点において玩具は民衆の心をつかむには効果的な武器で、軍隊や政治をテーマとした玩具は特にそうであった——このヒトラーのフィギュアのように。

　ルートヴィヒスブルクの玩具製造会社、O.＆M.ハウサー社製のこのフィギュアは、ナチの時代、ドイツの子どもたちに大変人気があった。高さは7cm、材質はハウサー社のトレードマークの、おがくずと樹脂で出来た複合材料「エラストリン」で、針金の骨組にかぶせて着色されていた。ハウサー社はヒトラーのフィギュアを各種取り揃えていて、座っている姿や、鉤十字で飾った演台に立っていたり演説したりしている姿もあった。中には頭部が手塗りの磁器製のタイプや——次頁のフィギュアのように——敬礼させることができるよう、右腕が動くタイプもあった。

　同社のフィギュアには、ムッソリーニ、ヘルマン・ゲーリング、フランシスコ・フランコ、ルドルフ・ヘスなどの要人の他、あらゆる種類の軍用車や、ヒトラー・ユーゲントからSSまで、各組織の構成員が取り揃っていた。小さな弾を発射する大砲や、煙を放出するライフルなど、もっと凝ったモデルもあった。当時はどれも大体5ライヒスマルクで販売されていたが、1938年の平均的な1週間の賃金は30ライヒスマルクであったので、安いおもちゃでなかったのは確かだ。

　エラストリン製玩具は子どもたちを、寝室の床でヒトラーの演説を再現したり、戦争ごっこをしたりする遊びで楽しませ、わくわくさせた。もちろん、玩具であろうと政治的に中立であるはずがなかった。玩具もナチのプロパガンダに欠か

> 敬礼させることができるよう、右腕が動くタイプもあった。

せない道具の一つであった。軍事関連のものになら何にでも魅せられる感性を子どもの心に植えつけるのに役立ったばかりでなく、政治的に洗脳するための種を蒔き、ナチ党の指導者達を英雄崇拝する心を育んだ。このためにナチ政権は玩具業界をきわめて厳重に監視し、ヒトラーは自分のフィギュアの頭部がもっとリアルになるよう口出しまでした。

皮肉なことに、このエラストリン製フィギュアは、ドイツ経済が「総力戦」体制へ転じ、ほとんどすべての非軍事産業の生産が終了させられた1943年、製造中止になった。もちろん、すでにその頃には、1930年代におもちゃの兵士で遊んで育ったドイツ人の多くがヨーロッパの戦場で実際に戦っていた。

ヒトラー人形で遊ぶ。エラストリン製のヒトラーのフィギュア（1938年頃製造）。

33
「保護拘禁令状」

　ナチの刑務所と強制収容所の複雑な機構は、間違いなく、私たちが第三帝国について知る中で特に有名な側面である。しかしなぜ人々は、その恐怖のネットワークに収監される羽目に陥ったのか、その方法については十分理解されていないことが多い。重要な役割を果たしたのが次頁の書類、「保護拘禁令状」の利用であった。

　一般に考えられているのとは異なり、ナチ時代のドイツはまったくの無法地帯ではなかった。司法制度は——すばやくナチの規範に合わせて「調整された」とはいえ——終始機能し続けていた。とはいえ、たとえそうであっても、ゲシュタポと警察当局は司法制度の細かな規則によって制限されるのを好まなかったため、司法の枠組み全体を回避する方法を編み出した。それが「保護拘禁」という概念である。

　第一次世界大戦中に用いられた先例を利用したナチの「保護拘禁」は、便利なことに証拠という面倒な概念を省いた。もちろん、これはゲシュタポが軽罪を捜査しないことを意味したわけではなく——彼らの捜査は徹底的であることが多かった[1]——ゲシュタポを勢いづけるように、証拠の適用対象が広範囲であったことを意味した。「悪党」が実際に犯罪にかかわる必要はなかった——実際、大多数はかかわっていなかった。犯罪にかかわっているのであれば従来の司法手続きによって処理されただろう。その代わりに「保護拘禁」によって、ゲシュタポが反ナチの姿勢を疑っただけでもしばらく拘禁状態に置いて処罰できるようにしたのである。

　保護拘禁令状は——通常はピンク色の——1枚の書類で、名前や住所など容疑者個人に関する詳細の記入欄は空けたまま、あらかじめ文面がタイプされていた。また、令状が根拠とする理由の欄に比較的大きなスペースが割かれていた。根拠とする理由で一番多いのは、社会主義か共産主義組織に所属している

123

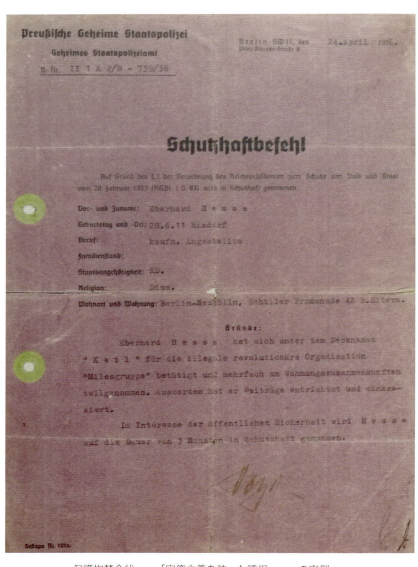

保護拘禁令状――「官僚主義を装った誘拐」――の実例。

こと、反ナチ的傾向、あるいは容疑者が何かしら「公共の秩序に脅威」を与えているといった内容であった。

　必要なのはただ、関連項目を埋めてから、関係するゲシュタポの各課からの承認を受けた後、ゲシュタポの職員が書類の一番下に押印とサインをするだけであった。拘留の理由が捕らえられた者に読み上げられてから、彼ないし彼女は、新参の囚人を分類するために使われる保護拘禁令状の写しとともに——ゲシュタポの刑務所か強制収容所に——連れて行かれることになっていた。

　ここに挙げた実際の令状——ラインハルト・ハイドリヒ［本書291-93頁参照］自身の署名入り——は、1936年4月に25歳の社会主義者エーベルハルト・ヘッセに対して発行されたもので、彼はベルリンの「革命組織」の集会に出席した容疑をかけられた。「治安」のために、彼の活動をゲシュタポが徹底的に捜査する3ヶ月間、拘留しておくべきであると書かれている。結局ヘッセは9ヶ月間拘留された。[(2)]

　この例が示すように、この1枚の紙だけで一人の人間を投獄するのに十分であった。ヘッセは後に裁判所で裁判にかけられ、彼の「犯した罪」により18ヶ月の重労働の判決が下されることになった。とはいえ、彼が最初に逮捕されて取り調べを受けた時点では、いかなる判事も関与せず、法廷にも召喚されず、弁護士の立ち会いもなかった。彼には上告する権利もなかった。当局は3ヶ月ごとに保護拘禁のそれぞれの事例を調査することを約束したにもかかわらず、実際には彼の釈放はゲシュタポの担当官や強制収容所所長のまったくの気まぐれによるものであった。つまり、ある歴史家が述べたように、「官僚主義を装った誘拐も同然」であった。[(3)]

　使い勝手を考慮され、反対勢力の撲滅を目指すゲシュタポのもっとも重要な手段となるように、「保護拘禁」はすぐさま適用範囲が拡大された。1933年の初めの数ヶ月間で主に共産党や社会党の党員に対して用いられた後、1936年以降はさらに拡大され、本物のレジスタンス組織や、そう見なされた団体ばかりでなく、エホバの証人の信者やジプシー［ロマ・シンティ］、娼婦、物乞い、アルコール中毒患者、労働忌避者など、ナチの社会規範にそむいた人々まで、幅広い階層が標的にされた。[(4)] ささいな罪を犯した者たち、特に従来の処罰ではまったく堪えないと見なされた再犯者たちも、保護拘禁令状を盾に処理される

「保護拘禁令状」　　125

ことがあった。発行された保護拘禁令状の総数を明らかにするのは不可能だが、何十万という数を優に越えるのは間違いない。

> 「悪党」が実際に犯罪にかかわる必要はなかった――実際、大多数はかかわっていなかった。

一見重要には思えない保護拘禁令状は、第三帝国を題材にした従来の叙述ではめったに考察されることがなかった。しかしこれは、官僚的形式主義に対するナチの異常な執心だけでなく、ゲシュタポが司法制度そのものを無視した際に用いた、異様なほど超法規的な手段をも大いに象徴していた。そうした側面だけでも、十分注目に値する。だが何よりも、令状によって人生を変えられ、刑務所や強制収容所の中という不明瞭な未来へと運命を向けられた無数の人々のために忘れてはならない――彼らの運命を変えたのは、わずかにサイン一つとあわただしく数行がタイプされた書類であった。

■原注

1　Frank McDonough, *The Gestapo: The Myth and Reality of Hitler's Secret Police* (London, 2015), pp.55-6.

2　Stiftung Topographie des Terrors (ed.), *Topography of Terror – Documentation* (Berlin, 2014), p. 148.

3　Wachsmann, *KL*, p. 32.

4　Lothar Gruchmann, *Justiz im Dritten Reich 1933-1940* (Munich, 1988)を参照のこと。

34
オリンピック競技場

　ベルリンのオリンピック競技場は——テンペルホーフ空港とかつてのゲーリングの航空省と並んで——ドイツの首都でもっとも印象的なナチ時代の建築物の一つである。1936年のオリンピックのために建設されたこの競技場を設計したのは、地元ベルリン出身の建築家ヴェルナー・マルヒであった。

　1936年度のオリンピック開催国の決定は、ドイツでヒトラーが権力を掌握するより前にさかのぼるが、ヒトラーはオリンピックというイベントをナチのプロパガンダのために巧みに利用し、ドイツを統一された、進歩的で好ましい

1936年当時のベルリン・オリンピック公園。手前からディートリヒ・エッカルト円形劇場、広大なマイフェルト、メイン競技場。

国であるかのように見せかけた。政治はさておき、ベルリン・オリンピックはオリンピックの歴史におけるちょっとした分岐点であり、初めてテレビ中継された大会、そして開幕に先立ち（今では慣例となった）ギリシャのオリンピアから開催地まで聖火リレーがおこなわれた初めてのオリンピックとなった。その圧倒的な見世物の感覚と恥知らずな商業主義で、ベルリン・オリンピックがその後に続く国際オリンピック大会の傾向を定めたのは間違いない。

バルト海沿岸のキールで開催されたヨット競技は別として、1936年大会の残りの種目はほとんどがベルリン西部郊外の、オリンピック（メイン）競技場を囲む会場で開催された。競技場自体は、中止になった1916年のオリンピックのために建設された、かつてのドイツ国立競技場の場所に建てられた。ヒトラーもこの競技場の設計にかかわり、最初の設計案に反対の所信を述べると、アルベルト・シュペーアに手伝わせた。そして、提案された古い会場の改修ではなく、11万人の観客を収容できるまったく新しい競技場――政権のための壮大な展示品――を要求した。

「将来はすべてのオリンピック大会がドイツで開催されることになり、アーリア人種の生来の優秀さを披露する場となるだろう」。

完成した建物は、画一性、記念碑様式、そして鉄筋コンクリートの骨組を覆うためにふんだんに使用された貝殻石灰岩の表装といった、ナチス建築の特徴を強く帯びていた。その場所に元来あった競技場同様、新しいオリンピック競技場も地面を掘り下げて地中に建設されたので、陸上トラックとフィールドが外の地面よりも12m低くなっている。こうすることで大規模な上部構造の建設にかかる費用を大幅に抑え、外観も側面があまり大きくなりすぎずに上品になった。

しかも、その場所を取り巻いて並んだ建物によって十分に示されたように、経費の節約がその目的ではなかった。オリンピック競技場は300エーカー［1エーカー＝4047㎡］もの広さがあるオリンピック会場の目玉的存在にすぎなかった――会場内には他に野外プールと飛び込み用プール、屋内と屋外アリーナ、ホッケー競技場、馬術アリーナ、そしてヒトラーの政治の師ディートリヒ・エッカルトの名を冠した野外円形劇場があった。

確かに、オリンピックはスポーツが主な目的であったが、政治から完全に切り離されていた訳ではなかった。会場は有名な彫刻家のカール・アルビカーやヴィリー・メラー、ヨーゼフ・ヴァッケルレらによる石灰岩製の男性像や騎馬像、競技者の彫刻で満たされていた。彫刻家たちは新たなファシスト的美──波打つ筋肉と突き出たあごが特徴──を加えながらも、古代ギリシャの様式をそっくりまねようとした。

　加えて、競技場の西にある広大なマイフェルト──25万人を収容可能──は高等馬術競技とポロに使用されたが、スポーツ活動ばかりでなく政治集会の開催も意図されていたのは明らかであった。[1] 実際、会場施設の配置は全面的に政治的重要性を示していた。競技場へ続く道、競技場、マイフェルトはすべて、ほぼ東西に走る一本の軸に沿って配置され、競技場の完璧な楕円形を分割する「マラソンゲート」によって一直線に並んだ。その軸の西の端──競技場の無表情なまなざしの先──にはマイフェルトの正面観覧席があるが、その下にあるのが、特に第一次世界大戦を経験した世代にとって愛国主義的犠牲行為の象徴と見なされていた、1914年の第一次イープル戦に従軍したランゲマルクの

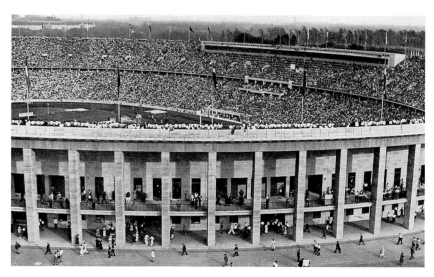

トラック競技とフィールド競技を観戦する客で埋め尽くされたオリンピック競技場。

オリンピック競技場　　129

ドイツ人死者の記念碑「ランゲマルク・ホール」であった。そうした会場の配置に気づいた人々にとって、その関連性は明らかであった。すなわち、現在のスポーツ競技界の英雄が過去の戦争の英雄に常に敬意を払っていることを示していた。

　ヒトラーは明らかに「彼の」オリンピックに名誉を与える新しい英雄が次から次へと登場することを望んでいた。ヒトラーが失望することはなく、ドイツはメダルの獲得数でトップに立ち、競技の演出は批評家から賞賛され、売り上げの面でも成功をおさめた。とはいえベルリン大会がオリンピックの歴史の中で特に記憶されることになったのは、まったく異なる象徴的意味であった。かつてヒトラーはアルベルト・シュペーアに、将来はすべてのオリンピック大会がドイツで開催されることになり、アーリア人種の優越性を披露する場となるだろうと語っていた。[2] しかしこの1936年の彼自身の大会で脚光を浴びたのは、ベルリンのオリンピック競技場で4つの金メダルを獲得した一人の傑出した陸上競技選手、ヒトラーが劣った人種と見なしていたアフリカ系アメリカ人のジェシー・オーエンスであった。

■原注

1　Wolfgang Schäche, Norbert Szymanski, *Das Reichssportfeld. Architektur im Spannungsfelt von Sport und Macht* (Berlin, 2001), p. 57.

2　Albert Speer, *Inside the Third Reich* (London, 1970)［アルベルト・シュペーア『第三帝国の神殿にて：ナチス軍需相の証言』上下、品田豊治訳、中公文庫、2001年］, p. 116.

35
88mm高射砲

　第二次世界大戦中のドイツの兵器で一番有名な——そして悪名高い——火器が、対空火器として世に出た88mm高射砲であるのは間違いない。第一次世界大戦の終結直前に生み出された設計を参考にした「 8 8 」[achtは数字の「8」を表すドイツ語] は、1932年に初めて高射砲「Flak」として製造された。（Flakは対航空機砲Fliegerabwehrkanoneの略語。）

　航空戦の潜在的破壊力が大いに恐れられた時代、88はきわめて効果的な応戦を可能にした。すなわち、その半自動式の装填機構は——十分に訓練された砲手と協力して——8000mの戦略高度まで、毎分15発の榴弾を発射することができた。意外ではないが、ヒトラーが1933年に政権に就くやいなや、88は即座に承認され、製造されたようだ。引き続き射程が改良され、最新の発射

オランダのオーフェルローンの戦争博物館に展示されている88mm高射砲。

131

装置を備えたさまざまな型が派生したことで、88は第三帝国のもっとも効果的な対空砲となった。

とはいえ、88がおそらくは最悪の評判を獲得することになったのは地上での役割にあった。スペイン内戦中、ナショナリスト派に送られた88が共和国軍の軽戦車をなぎ倒した時、その威力が初めて実戦で試された。実際、88の93％もの弾薬が使われた、カタロニア地方における内戦最後の大規模な軍事攻勢では、地上の目標に砲弾が発射されていた。[1]

> 44年夏には1万1000台近くが戦場に配備され、毎日、総計10万発以上を発射した。

1939年に戦争が勃発してからもその攻撃パターンは継続し、88は――依然としてドイツの対空防衛網の主力を提供し続けながらも――次第に対戦車用火器として用いられるようになった。エルヴィン・ロンメル将軍はことのほか88を好み、彼が指揮した作戦、特に北アフリカでは敵に壊滅的な被害をもたらした。時に砂の中に深く据えつけて砲身だけを出し、連

対戦車戦や対空戦という専門分野ではなく通常兵器の役割で、北アフリカでの軍事作戦で用いられた88mm高射砲。

合国軍の装甲部隊を引き裂いた。1941年6月15日のハルファヤ山道の戦いでは、イギリス軍は自分たちのマチルダ戦車に大きな望みをかけていたが、彼らが音を立てて前進すると、88がすばやく攻撃を始め、その日で18台の連合国側戦車が破壊され、15人がその犠牲となった。捕虜になったドイツ軍大佐が合衆国陸軍の諜報機関に得意気に語ったように、88は「遠いところにいる敵の重装備戦車の装甲さえも引き裂くことが可能であった」ため、北アフリカ戦線においては非常に重要な武器であった。[2]

　第二次世界大戦中、さまざまな改良型が生み出されたドイツの88は、戦場の至るところに存在した。もっとも数が多かった1944年夏には1万1000台近くが戦場に配備され[3]、毎日、総計10万発以上を発射した。さらに、対空防衛と対戦車用の役割に加えて、エレファントやナースホルンといった重駆逐戦車の類だけでなく——改変された形で——ティーガーⅠとティーガーⅡなどの重戦車でも用いられた。こうした汎用性と、敵軍にもたらした壊滅的被害のため、88は——あまたある火器の中でも比類なく——歴史にその名を刻んだ。

■原注

1　J. Norris, *88mm Flak 18/36/37/41 & PaK 43, 1936-45* (Oxford, 2002) ［ジョン・ノリス『8.8cm対空砲と対戦車砲：1936－1945』山野治夫訳、大日本絵画、2004年］, p. 8.

2　R. Kriebel, *Inside the Afrika Korps* (London, 1999), p. 45.

3　T. Gander, *German 88: The Most Famous Gun of the Second World War* (Barnsley, 2009), p. 57.

36
エーファ・ブラウンの口紅ケース

　エーファ・ブラウンは第三帝国の歴史に不可欠の要素であった。彼女は10年以上にわたり、ヒトラーの恋人であり伴侶であった。二人が初めて出会ったのは、1929年、彼女がハインリヒ・ホフマンのミュンヘンの仕事場で働いていた時であった。3年後に二人は恋人関係となり、彼女のその後の人生が決まることとなった。結局彼女はヒトラーと運命を共にし、1945年4月30日、帝国首相官邸地下壕で夫と自殺した。

　ブラウンは若い頃きわめて平凡な暮らしをしていた。1912年にミュンヘンの中流家庭に生まれて、平均的な成績でカトリックの学校を卒業すると、ヒトラーの専属写真家ハインリヒ・ホフマンの助手として働き始めた。金髪で青い眼の彼女は確かにきれいで――ホフマンは「人形のよう」[1]と評した――誰にでも好かれた。若く、遊び好きで、やや軽薄であったが、他の点ではきわめて普通であった――目立たないと言った方がいいかもしれない。アルベルト・シュペーアは後年彼女について、歴史作家にとっては「期待はずれ」に終わるだろうと予測した。[2]

　ヒトラーと彼女の関係は、世間に秘密にされていたからであるにせよ、特異

> 彼女はこうした欲求不満を起こさせるような曖昧な存在――妻としても女主人としても認められない――であることに苦労した。

なものだったのは間違いない。1932年の末頃に二人の関係は始まったにもかかわらず、ブラウンは決して表に出ず、しかも――ゲリ・ラウバルとは著しく対照的に――公の場でヒトラーと一緒のところを見られるのは許されなかった。まれに――たとえば1938年にイタリアを訪れた時など――ヒトラーの側につき添うことが許された時は、ハインリヒ・ホフマンの助手の一人として側近たちの中に紛れ込んでいた。そうした警戒は、1931年のラウバルの自殺後、ヒトラーの私生活

エーファ・ブラウンの口紅ケース。ヒトラーからの贈り物、1938年頃。

へ厳しい目が向けられていたのと、禁欲的で、政治以外に生きがい（あるいは妨げとなりそうなもの）のない政治家らしい人物として、イメージを一新する必要があったことから重要と考えられていた。よく知られているように、ヒトラーが「ドイツ国民と結婚」していると宣言したのは、この目的のためであった。(3)

　そして、その後12年間、オーバーザルツベルクではヒトラーの側近の中でも重要なメンバーであったのは確かだが、エーファ・ブラウンは人目につかない場所に引きこもり、一般のドイツ国民には知られずにいた。当初彼女はこうした、不安定で曖昧な存在──妻としても女主人としても認められない──であることに苦労したようで、そうした彼女の気持ちが、1932年と1935年の明らかな自殺未遂行為となって現れたのかもしれない。1935年の誕生日に彼女は日記で打ち明けている。「今日私は23になった。でもだからといって私が幸せな23歳とは限らない。今のところそうでないのは確か」。(4)

　それでも、結局彼女はヒトラーの金のかご［ぜいたくだが自由のない境遇］に慣れていったようだ。ベルクホーフに公式の訪問者がある時はいつでも裏に引っ込んでいなければならなかったとはいえ、そうでない時は「女主人」として暮らし、女性らしい気づかいで人々をもてなした。(5)

エーファ・ブラウン、1939年。

ベルクホーフでの彼女の贅沢な生活について、後年オーバーザルツベルクのスタッフが次のようにコメントしている。彼女は1日に2、3回衣装を替え、専属の美容師が定期的に訪問していた。[6] それ以外は、2匹の飼い犬——ネグスとシュタージ——を散歩させるか、小説を読んでくつろぐのを楽しんだ。何一つ不自由はなく、建物以外で彼女の名前に触れるのを禁じられていた別荘のスタッフたちに給仕された。[7] 彼女は常に完璧に装い、しばしばヒトラーからの最新の贈り物、金の時計や宝石、装身具などを見せびらかした。アルベルト・シュペーアが彼女のためにモノグラムをデザインしたことさえあった。名前の頭文字「ＥＢ」と上品な四つ葉のクローヴァーを組み合わせたそのモノグラムは、その後彼女の持ち物の多くを飾った。前頁に挙げた、精巧に彫刻をほどこされた、イタリア製の銀の口紅ケースの内側にもそれが見て取れる。これは——他の多くの所持品同様——ベルクホーフの別荘のだれかにあげた物だろう。

　皮肉なことに、ヒトラーはエーファの華やかな暮らしぶりにはほとんど関心がなかった。彼女の多彩なワードローブを好まず、彼女がいつも衣装を替えることにも困惑した。ヒトラーは美の問題に関してどちらかといえば禁欲的でもあり、女性はできるだけつつましく謙虚に控える方を好んだ。ある時、エーファの口紅がナプキンについているのを見たヒトラーは、フランスの口紅はパリの下水から回収した脂肪で作られているという珍妙な説を披歴して秘書たちをぎょっとさせた。[8]

　おまけに、ヒトラーの男性上位の封建的女性観——1930年代に珍しくなかったのは確かだが——にはエーファの方も不満を抱いていたかもしれない。ヒトラーはかつて取り巻きに、「女性というのはきれいで可愛いらしく、うぶな

娘でなければならない——優しく、気立てがよく、愚かで」と語り、別の折には、美しい女性たちを相手に楽しんだにもかかわらず、彼女たちが聡明である必要はないと豪語した。そして「私たち二人の関係については十分考えている」と主張した。[9] おそらくエーファ・ブラウンの中に、自分が欲していたものを見出したのだろう。彼の偏見にいちいち異議を唱えない、美しく魅力的な伴侶を。

エーファ・ブラウンとヒトラーの関係の正確な姿は、時折歴史家による詳細な調査の対象となり、性的な要素に関して扇情的に憶測する者もいれば、「総統」に政治的な影響をおよぼしたとほのめかす者もいる。[10] とはいえ、もっとも信頼できる結論は、もっともわかりきったことであろう。すなわちエーファ・ブラウンが政治的な役割を演じたことは一度もなく、彼女は——シュペーアが示唆したように——後代の歴史家を失望させた。彼女が好むと好まないとにかかわらず、所詮お飾りに他ならなかったようだ。

1945年4月のエーファ・ブラウンの死後、ヒトラーの秘書トラウデル・ユンゲが、二人が自殺した首相官邸地下壕に降りた。ユンゲは青酸カリの苦いアーモンドの香を嗅ぎ、ソファーのヒトラーが座っていた場所にヒトラーの血がこびりついているのを目にした。それからエーファが服用した毒のカプセルが入っていた真鍮の容器が床に転がっているのに気がついた。それは「空の口紅ケースのよう」に見えたという。[11]

■原注

1 Ullrich, *Hitler : Ascent 1889-1936*, p. 286に引用されている。
2 Shirer, *The Rise and Fall of the Third Reich*, p. 1319に引用されている。
3 Ullrich前掲書、p. 287に引用されている。
4 同、p. 615。
5 Traudl Junge, *Until the Final Hour* (London, 2003) [トラウデル・ユンゲ『私はヒトラーの秘書だった』足立ラーベ加代・高島市子訳、草思社、2004年], p. 64.
6 Schroeder, *He Was My Chief*, p. 143.
7 Anna Plaim, *Bei Hitlers* (Munich, 2005), p. 53.
8 Junge前掲書、p. 74に引用されている。
9 Robert G. L. Waite, *The Psychopathic God: Adolf Hitler* (New York, 1993), p. 51に引用されている。
10 たとえば次の書を参照のこと。Heike Görtemaker, *Eva Brown : Life with Hitler* (London, 2011) [ハイケ・Ｂ・ゲルテマーカー『ヒトラーに愛された女：真実のエヴァ・ブラウン』酒寄進一訳、東京創元社、2012年].
11 Junge前掲書、p.188に引用されている。

エーファ・ブラウンの口紅ケース　137

37
大ドイツ芸術展カタログ

「大ドイツ芸術展（Grosse Deutsche Kunstausstellung）」とは、1937年から1944年まで毎年開催された、第三帝国時代のナチ芸術の展覧会であった。この芸術展は、ヒトラーのお気に入りの建築家パウル・ルートヴィヒ・トローストによってこのために建てられた、純然たる新古典主義の展示場「ドイツ芸術の館（ハウス・デア・ドイッチェン・クンスト）」

1940年の大ドイツ芸術展カタログ。

で開催された、第三帝国統治下でもっとも重要な文化イベントで、当時の学問と芸術の趨勢を支配しようとするヒトラーの、全体主義的な意志決定に欠かせなかった。

　展覧会は、ナチ・ドイツの文化活動を事実上管理していた帝国文化省(ライヒスクルトゥーアカンマー)の主催により準備された。その主な目的は、第三帝国のアーリア人種の未来像を表現し、近代美術と彫刻に流行しているとナチスが見なしていた「退廃的な」傾向のある芸術とは明確に区別される、第三帝国にふさわしい芸術様式を確立することであった。

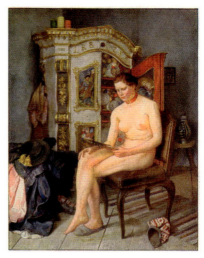

ゼップ・ヒルツ作「虚栄心」。第三帝国の暮らしを理想化して描いた連作の1枚で、1940年にミュンヘンで開催された大ドイツ芸術展に展示された。

　1937年7月18日、第1回展覧会のオープニングの講演で、ヒトラーは芸術に関する自分の好みを明らかにした。自分が奨励したいのは、旧来の人類よりも健康で力強く美しい「新たな人類」を代表する才能にもとづいた芸術である「ドイツ芸術の……新しく力強い開花」であると述べた。続けて——「おしゃべり、ディレッタント、ペテン師の徒」の——近代美術を酷評し、「草原は青、空は緑、雲は硫黄色だと思う落ちぶれたのろまだけをわが国民の中に見ようとする者どもが実際いる」と言い放った。もし実際にそんな風に事物をみたのであれば、「刑事裁判所の事項」ではないにしても、「内務省の問題」であると述べ、そうした「塗りたくり」や「まき散らし」に応えて、「芸術の浄化」と、モダニズムが代表する「文化の破壊」に対する「容赦ない戦い」を約束した。[1]

　したがって、ナチ公認の芸術展で展示を認められた芸術家には、筋肉隆々で特大サイズの人物像によってアーリア人の美を忠実になぞった彫刻家のヨーゼフ・トーラク、「規範の担い手」という作品で、鎧をまとった中世の騎士としてヒトラーを描いたフーベルト・ランツィンガー、牧歌的な田舎風のテーマでヒトラーのお気に入りの芸術家となったゼップ・ヒルツが含まれた。

当時の学問と芸術の
趨勢を支配しようと
するヒトラーの、全
体主義的な意志決定
に欠かせなかった。

公式の承認を得られなかった芸術家たちには、彼らだけの発表の場があった。ドイツ芸術の館から道を隔てた向かい側のホーフガルテンで「退廃芸術展」が翌日開催された。作品の価値をそこなう、あざけるようなスローガンが添えられてはいたが、マルク・シャガールやパウル・クレー、エミール・ノルデなど多くの高名な芸術家の作品600点あまりが展示された。陳列された芸術について、観客がどんな意見を抱くべきか明確にされていた。

ヒトラーは彼の「大ドイツ芸術展」で、労働者階級に対する「心からの賛同」を見出した「国民のため」の芸術を示そうとした。しかし「大ドイツ芸術展」が、向かい側で愚弄の対象にした「退廃芸術」展の3分の1しか観客を集めなかったことを知って、きっと愕然としたに違いない。

■原注

1　1937年7月18日のヒトラーの演説は、B. Sax & D. Kuntz (eds), *Inside Hitler's Germany: A Documentary History of Life in the Third Reich* (Lexington, 1992), pp. 224-32に引用されている。

38
ニュルンベルク党大会のビール・ジョッキ

　毎年9月にバイエルン州ニュルンベルクで開催されたナチ党大会は、第三帝国の年中行事の中でも特に重要なイベントの一つであった。政府のほとんどの高官だけでなく、国の内外から有名なゲストを招いたので、観覧者には記憶に残る見世物を提供し、さらにはナチの主張への信頼を再確認する重要な機会をもたらした。
　第1回ナチ党大会は、ミュンヘンというナチ運動の生誕地で開かれたが、1927年からはニュルンベルクでのみ開催された。開催地が変更されたのは、

ナチ党大会の記念品のビール・ジョッキ、ニュルンベルク。

141

従順な地元警察から恩恵を得ていた、唾棄すべき大管区指導者ユリウス・シュトライヒャーのお膝元のニュルンベルクで、ナチ党が強固なネットワークを築いていたことにもよる。さらに、ニュルンベルクの豊かな中世の歴史を取り入れようとしたナチスの取り組みの一つで、ニュルンベルクが自由都市で皇帝の居住地であった神聖ローマ帝国の「第一帝国」と、ヒトラーの「第三帝国」の間の確かな連続性を示唆していた。

1933年のナチの権力掌握後、党大会は急速に拡大し、メイン会場であるツェッペリン広場やルイトポルドハイン、ルイトポルド・ホールに観客がおさまらず、街の中心まで広がった。大会には毎年中心テーマがあった。たとえば1934年の党大会は「統一と力の大会」と名づけられ、ツェッペリン広場にアルベルト・シュペーアの壮観な「光のカテドラル」を登場させた。会場には152台のサーチライトが設置され、夜空に向かって垂直に光を照射した。またこの大会は、ナチのプロパガンダを完璧に表現した、ドイツの映画監督レニ・リーフェンシュタールの有名なドキュメンタリー映画『意志の勝利』のテーマでもあった。

翌年1935年の「自由の大会」で、ヒトラーはドイツのユダヤ人排斥を試みた二つのユダヤ人差別立法、いわゆる「ニュルンベルク法」を発表している。大会の名前は、徴兵制度の再導入によって表される、ヴェルサイユ条約の屈辱からの国の「解放」を示すためにつけられた。その後の大会は第三帝国の他の「実績」を祝った。たとえば、1937年の「労働の大会」は失業率の劇的な減少を、1938年の「大ドイツの大会」はその年の初めのオーストリア併合を祝った。1939年9月に開催が予定されていた「平和の大会」は、ドイツがポーランドを侵攻する直前に中止された。

ニュルンベルク訪問とは政治的な巡礼行為であったが、ボーイスカウトの全国大会のようなものでもあった。

徐々に規模が大きくなり、仰々しくなっていったとはいえ、党大会の決まった出し物は既定の型に従っていた。ナチの運動組織とドイツの州の各支部——SSや国家労働奉仕団から、ドイツ国防軍やヒトラー・ユーゲントまで——が演説や分列行進、「運動」のプログラムに1日を割り振られ、すべてが興奮した群衆の前で実施された。凝った

儀式と並んで、ハイライトはヒトラーが何回もおこなう、綿密に練られた演説であっただろう。1937年の党大会で彼は演説を9回おこなった。「われわれ熱心な国民社会主義者にとって」とある演説でヒトラーは語った。「この数日間が一年の中でもっとも輝かしい祝典なのだ」。(1)

　もちろん、党大会のためにニュルンベルクを訪れる50万人を超える人々のうち、わずか一部しか町のゲストハウスとホテルに部屋を見つけることができなかった。残りの大半の人々は南の郊外に建てられた大テントを寝床にするしかなかった。しかしこれは党大会参加者にとって何よりも魅力であった。ニュルンベルク訪問とは――確かにあるレベルでは――政治的な巡礼行為であったが、言うなればボーイスカウトの全国大会のようなもので、そこではドイツ全土から集まったナチ党員、ヒトラー・ユーゲントの隊員、親衛隊員が肩と肩をすりあわせ、食事を分け合い、音楽を鳴らし、一緒に酒を酌み交わすことで、ドイツ人と民族共同体の構成員としての共通のアイデンティティを強めた。ちょうど、参加者の一人が1938年に家族に宛てて次のような手紙を書いたように。

1933年の党大会中、SAの分列行進を迎えるヒトラー。

ニュルンベルク党大会のビール・ジョッキ　　143

皆でともに過ごしたこの体験がどんなにすばらしかったか、言葉で表すことはできない。ラジオでは同じ感覚を味わうことはできない。ニュルンベルクはわれわれにとって力の真の源だ……総統の前の民衆が全ドイツを代表している。[2]

　とはいえこの記念品は、ニュルンベルクが政治以外にも、もっとはるかに日常的なものを象徴していることを私たちに気づかせてくれる。ニュルンベルクの旧市街の尖塔と「全国党大会の街」という文句の入ったこのささやかな陶製ビール・ジョッキは、来訪者への記念品として、街で数多く売られていた土産物の一つであった。これはニュルンベルク党大会の別の側面を示している。おそらく目の前で繰り広げられる軍事や外交などのハイ・ポリティクスが少しばかり退屈であった無数の普通のドイツ人にとって、党大会の意義とは、さまざまな人との交流の場であり、友人や隣人に伝える土産話やちょっとした記念品で思い出される経験に他ならなかったということを。

■原注
1　M. Domarus (ed.), *Adolf Hitler: Speeches and Proclamations, 1932-1945*, Vol. 2 (London, 1992), p. 930.
2　A. Schmidt & M. Urban, *Das Reichsparteitagsgelände* (Nuremberg, 2009), p. 35に引用されている。

39
ゲシュタポ身分証明記章

　ゲシュタポ［秘密国家警察の略称］の職員は、一般の人々とかかわる時に名前を明かす必要はなかった。常に平服でいた彼らの正体は身分証明記章（ディーンストマルケ）の提示によって確認された。第三帝国で秘密国家警察の周囲に形成されていたのは、すべて神秘的な雰囲気を作り上げる要素、脅威の気配であった。

　1937年にドイツの警察が再編成された後、それ以前のいくつかの身分証明記章がこのような記章に切り替わった。銀色の合金を打ち型で鋳造した記章は、表に鉤十字と鷲、裏に「秘密国家警察（Geheime Staatspolizei）」の文字と警官の識別番号が刻まれていた。同様のブロンズの記章は国家刑事警察（Kripo）が携行した。どちらも通常は鎖がついており、懐中時計のように身につけた。

　SSと並んで、ゲシュタポは第三帝国の中でもっとも悪名高い組織であったが、もっとも解明されていない組織の一つでもある。ある時期に作られたフィルム・ノワールや犯罪小説によって広まり、今でも繰り返し現れるゲシュタポのイメージとは、ドイツ全土に恐怖を巻きちらし、住民をおびえさせてナチ政権に無条件に服従させる全知全能の集団であった。このイメージによれば、平服の――身分証明記章をつけている――ゲシュタポはだれでも逮捕でき、容

身分を確認する主要な手段であったゲシュタポの身分証明記章。

145

疑者から情報を引き出すために必要とされることは何でもできる権力を持っていた。そしてベルリンのプリンツ・アルブレヒト通りにあったゲシュタポ本部はまさに第三帝国の恐怖の中心で、彼らはそこの尋問室でその力を容赦なく行使した。ゲシュタポについてのこうしたイメージはいくつか説明しておく必要があるステレオタイプである。

第三帝国内部のおぞましい行政機構によく見られるように、ゲシュタポは当初ナチのエリートにとって取るに足らない組織であった。1933年、ナチが権力を掌握してからわずか1週間後にヘルマン・ゲーリングによって設立されると、翌年にハインリヒ・ヒムラーとその残忍な部下ラインハルト・ハイドリヒの管理下に移った。その後1939年に、かつてのバイエルン州警察官ハインリヒ・ミュラーが引き継ぎ、それによって彼は「ゲシュタポ・ミュラー」という呼び名を手に入れた。

ゲシュタポの主な目的はナチ政権に敵対する者を捜し出し、処罰することであった。たわいのない反ヒトラー・ジョークでさえ、ゲシュタポによる警告と威圧的な尋問を正当化するのに十分で、さらに不品行を重ねた場合、強制収容所に抑留されかねなかった。ゲシュタポの権力は絶対で、職員は既存の司法制度を無視して、反抗的な態度という容疑だけで容疑者を収監することができた。拷問は、厳密にはドイツで違法とされていたにもかかわらず、ゲシュタポの尋問では、打擲、睡眠妨害、電気ショックなど種々の残忍な拷問手段が用いられるのが普通だった。

つまり、ゲシュタポにはナチズムの敵対者を追及する自由が与えられ、まさに自分たちの思うままにしていたわけだが、どこまでドイツ社会を監視し取り締まっていたかについては誇張されていることが多い。ゲシュタポの組織は、ドイツ国内と占領地域内に事務や管理に携わるスタッフを含め最大3万人の人員を雇っていたSSほど大きくなかった。[1]実際、ベルリンのゲシュタポ全国本部で雇われていた職員の数は、第三帝国の最盛期でさえ800人を越えたことはなかった。[2]

つまり、ゲシュタポは数の代わりに、意図的に

> 第三帝国で秘密国家警察の周囲に形成されていたのは、すべて神秘的な雰囲気を作り上げる要素、脅威の気配であった。

ベルリンのプリンツ・アルブレヒト通りにあったゲシュタポ本部。

宣伝された神秘と脅威——すべての電話を傍受し、あらゆる会話を聞いているという幻想——をただよわせる態度と、本物の反ナチスから不貞な配偶者まで、あらゆる人物に関する情報を彼らにもたらしてくれる情報提供者の広範なネットワークに頼った。ゲシュタポは情報提供者から得た情報をもとに、細心の注意を向ける必要があると見なした者たちを綿密に調べた。すなわち、ユダヤ人や共産主義者、ジプシー、聖職者、労働組合員、エホバの証人、性的少数者たちである。

したがって、後世の神話に反し、少なくともドイツ国内では、ゲシュタポの恐怖はきわめて限定的であった——実に明確に、政権に脅威を与えると見なされた人々に狙いを定めていた。そうした集団に属さない大多数の普通のドイツ人にとって、ゲシュタポから受けた脅威の感覚は、最悪の場合でも、憶測にすぎなかった。実際、戦後実施された聞き取り調査から、証言者のおよそ80％は戦時中に逮捕の恐怖を感じたことがなかったとの結論が出た。[3] 一般に恐ろしいものとして広まっているものの正体とはそういうものである。

ゲシュタポ身分証明記章　147

とはいえ、ゲシュタポが、ナチ政権の敵対者と見なされた人々の迫害と絶滅に密接にかかわっていたのは事実で、ドイツ国外の占領地では通常、礼儀正しさという仮面は完全に脱ぎ捨てられた。たとえば悪名高いワルシャワのパーヴィアク、クラクフのモンテルーピフなどのゲシュタポ刑務所は、戦時中のヨーロッパでもっとも恐れられた住所であった。

さらにゲシュタポの職員は多くの場合、東欧でユダヤ人などの大量殺戮を担当していた殺戮部隊「特別行動部隊」を監督するために同部隊に加わっていた。そのうちの一人ヴァルター・ブルーメは、1941年のソヴィエト連邦侵攻の間にアインザッツコマンド7aの設立を命じられるまでは、ベルリンでゲシュタポの職員であった。1947年の裁判で、被告人のブルーメは996人の殺害に直接関与したとして有罪判決を受け[4]、約4万人以上をアウシュヴィッツへ移送して死なせた責任を問われた。

戦後のニュルンベルク裁判では、犯罪組織の烙印がゲシュタポに押され、組織の指導者たちは戦争犯罪人として有罪判決を下された。しかし「ゲシュタポ・ミュラー」はその中に含まれなかった。彼は戦争の終結直前にベルリンで姿を消していたので、新たな身分証明書を使って逃亡したと広く考えられていた。その可能性は強く否定されている——特に2013年には、彼の遺体は1945年に発見されており、再び埋葬されたと主張された[5]——とはいえ、彼が逃亡しているという考えは、ゲシュタポ自体が一般の人々に与えようとした認識に完全に一致している。すなわち、神秘的で悪魔のような能力をもつ組織という認識に。

■原注

1　R. Gellately, *The Gestapo and German Society: Enforcing Racial Policy, 1933-1945* (Oxford, 1992), p. 44.

2　Moorhouse, *Berlin at War*［ムーアハウス『戦時下のベルリン』］, p. 224.

3　E. Johnson & K. -H. Reuband, *What We Knew: Terror, Mass Murder and Everyday Life in Nazi Germany* (London, 2005), p. 355.

4　Einsatzgruppen Trial, Case 9, Ohlendorf Indictment, November 1947. 以下のウェブサイトを参照のこと。www.legal-tools.org/en/doc/ce5c31.

5　以下のウェブサイトを参照のこと。www.spiegel.de/international/germany/nazi-war-criminal-heinrich-mueller-buried-in-jewish-cemetery-in-berlin-a-930995.html

40
ヒトラーのゲルマニア建築計画スケッチ

　ヒトラーは、政治家としてのおぞましい経歴に加えて、建築計画に慰めを見出した、挫折した芸術家と評されている。とりわけ、最初はパウル・ルートヴィヒ・トロースト、その後アルベルト・シュペーアを通して、リンツの再建計画やベルリンの新しいオペラハウスの設計に関係し、建物の柱頭のデザインや屋根の輪郭、建物の正面を描くことに芸術へのあこがれのはけ口を見出した。

　とはいえ、次頁のスケッチはそれよりもはるかに重要な企て――ドイツの首都そのものの大規模な改造と再建および「ゲルマニア」への変容――の一部であった。1937年にシュペーアがその責任者に任命されて正式の許可が出ると、ゲルマニア計画は野心に事欠かなかった。計画はベルリンの徹底的な再編成を予定し、街を分断する2本の大通りを中心にしているが、鉄道基盤、新たな郊外住宅地、空港、公園用地を

> それはヒトラーの「建築幻想」の典型的な例で、規模においては巨大、理念においては壮大であった。

抱合し、さらには街に本来生息していない植物相の除去までが考慮に入れられていた。シュペーアがこの図面を見ていた時、実の父親はこう言った。「おまえたちは頭がどうかしている」。[1]

　2本の大通り――東西軸と南北軸――は、ヒトラーの言葉によれば、ドイツ国民に「英雄的行為の意味」を吹き込み、未来の世代のためにドイツの偉大さを象徴するよう意図された、ゲルマニアをもっとも象徴する建物が立ち並ぶ本部となる予定であった。そこには、18万人のナチ党信奉者を収容することのできる、高さ300m以上の巨大な「大ホール」が建ち、アポロ像を中心に多くのブロンズ像を配置した200m幅の噴水、「サーカス」が造られることになっていた。

　とはいえ計画の中心は、このヒトラーのスケッチにも見られるように、凱旋

149

門であった。シュペーアの回想によると、それはヒトラーの「建築幻想」の典型的な例で、規模においては巨大、理念においては壮大であった。しかも、シュペーアが修正して総統の建築プランを縮小しようとしたにもかかわらず、結局シュペーアが折れることとなった。凱旋門はヒトラーの設計であった——そのためシュペーアは出来上がった設計図に、建築家の名前を「ＸＸＸ」とひそかに記した。もっとも、「匿名の建築家がだれかだれにでもわかるだろう」と語っていた。[2]

　第一次世界大戦のドイツ人戦没者の記念碑——65枚の巨大な大理石の板に1800万人の名前が刻まれることになっていた——となるよう計画された凱旋門は、高さ117mとあまりに巨大だったため、パリの凱旋門が中央の80mの高さのアーチの下に悠々とおさまるほどであった。その規模は、スケッチの右下にヒトラーが描き加えた、ちまちまとのたくった線が人々の姿であると理解すれば、理解できる。

ヒトラーの大凱旋門のスケッチ。

確かに、凱旋門の大きさがそれほどの規模であれば、物理学の限界に達するだろう。凱旋門が建てられることになっていた場所から遠くない、首都南部の郊外では、巨大な重量を支えるベルリンの土壌の耐久力を測る計量装置を備えた、1万2600tの堅いコンクリートの塊——「過重負荷構造体（Schwerbelastungskörper）」——が建造された。

　負荷検査の結果によっては、凱旋門の建設が取りやめになり、ヒトラーの高邁な野心を抑えることができたのか、今となってはわからないが、戦争が計画の中止に役立ったのは確かで、「ゲルマニア」はほとんど完成しないまま、1943年に正式に中止された。皮肉なことに、過重負荷構造体の設備は残った。破壊するにはあまりに巨大すぎたため、現在もなお野ざらしのまま風化した状態で、ナチの誇大妄想癖を後世に伝える独自のモニュメントとして残っている。

■原注

1　Moorhouse, *Berlin at War*［ムーアハウス『戦時下のベルリン』］, p. 110に引用されている。

2　Speer, *Inside the Third Reich*［シュペーア『第三帝国の神殿にて』］, p. 199.

41
ガスマスクと装備一式

　縦に溝の入ったこの金属缶は、第二次世界大戦中のドイツ軍の装備でもっとも特徴的な品の一つであった。ドイツ人兵士が背負っている姿がよく写真に残っているが、これはガスマスクと附属品一式を入れる容器で、常に身につけていることが要求された。第二次世界大戦中に毒ガスが使用されるのではないかという——一般市民と兵士の両方の間で——広まっていた恐怖を暗示する指

ドイツ陸軍のガスマスクと収納用の金属缶、ガスケープ収納袋、除染液の瓶と懐中電灯。

令であった。

ドイツ軍は1915年に世界で初めて毒ガスを戦争で利用した。同年4月、ベルギーのイープルにおける化学薬品を用いた大規模攻撃で、ドイツ軍はカナダとフランスの植民地軍に対し塩素ガスを放出した。イギリス軍も1915年9月に同種の塩素ガス攻撃で応じたが、風が自軍に向かって吹いたため、兵器としてのガスが信頼できないことと、両方の陣営にガスマスクが必要なことがはっきりした。その後もホスゲンやマスタードガスによる毒ガス攻撃が続いた。

> 1939年に再び戦争が勃発した時、全陣営が毒ガス攻撃を恐れた。

当初は、そうした恐ろしい効果のある武器に対抗するのに、ただの湿った布と化学物質を染み込ませたパッドが用いられていたが、その後は両方の陣営でもっと実用的なマスクが開発された。1915年の末までに、ドイツ軍は目の部分に二つの円形窓と、口と鼻を覆う部分にねじで取りつけられる円筒形のフィルターのついたゴム引き布の覆面を製造していた。これはその後30年間ドイツ軍に使われることになった基本的なデザインであった。その後、第二次世界大戦の開始時には、ドイツ軍の所有するガスマスクは2種類——M30とM38——あり、どちらもよく似ていたが、M30はゴム引き帆布製で、M38は——写真のように——すべてゴム製であった。

第一次世界大戦の経験が忘れられることはなかったので、1939年に再び戦争が勃発した時は、どの陣営も毒ガス攻撃を恐れた。化学兵器は1925年のジュネーヴ議定書で禁止されていたにもかかわらず、使用はその後も散発的に続いた。たとえば1935年、ファシスト党支配下のイ

訓練でガスマスクを着用するドイツ軍兵士。

ガスマスクと装備一式　153

タリアはエチオピア侵攻の間にマスタードガスを利用した。その結果あらゆる陣営が、毒ガスに対する対応策に加えて、新たな化学兵器と神経ガスの両方に関する研究を続けた。たとえばドイツ軍が「タブン」と「サリン」を備蓄している間、イギリス軍は「ルイサイト」や「パリスグリーン」、塩素を含む無数の薬品を保有した。

　しかし第二次世界大戦中のヨーロッパでは、――東部戦線でのドイツ軍による化学兵器の散発的な使用については裏づけに乏しい逸話はあるものの――軍がそうした化学兵器を用いることを、いかなる交戦国も一度も公式には認可しなかった。この点に関しては、ドイツ軍が報復を恐れたという説や、効果的な馬用のガスマスクがなかったため、化学兵器の放出の危険をあえて冒さなかったという説もあるが、1918年に毒ガスで攻撃を受けたヒトラー自身の経験が、その措置を押しとどめた理由として挙げられることが多い。[1] たとえこの中に真相があるにしても、どの説が正しいのかわからない。

　当時の一般のドイツ兵にしてみれば、化学物質や毒ガスを使った戦争は、いつまでも現実にならないただの脅しとなった。戦争が長引くにつれ、次第にそうした缶にガスマスクを入れることもなくなったであろうし、むしろ特別に支給された糧食を入れておくことが多くなったのも不思議ではないだろう。

■原注

1　S. P. Lovell, *Of Spies & Stratagems* (New Jersey, 1963), p. 78.

42
フォルクスワーゲン・ビートル

　1938年7月に発行された次頁の雑誌『モーター・ショー（Motor Schau）』の表紙は、歓喜力行団［＊訳注］の車（Kraft durch Freude-Wagen）――イラストのナンバープレートに書かれたKdf-Wagenがその略称――の発売を特集している。現代の読者ならこの車がフォルクスワーゲン（ドイツ語の直訳は「国民車（フォルクスヴァーゲン）」）のビートルとわかるだろう。これは自動車の象徴とも言える車だが、その開発が始まったのは、アドルフ・ヒトラーの個人的寵愛のおかげである。

　1938年5月26日、この雑誌の発行のわずか2ヶ月前、ヒトラーはニーダーザクセン州ファラースレーベン近郊にできたフォルクスワーゲン社の新しい工場に礎石を据えていた。祝典で彼は演説し、そこで生産されることになる車の目的を概説した。「国民社会主義運動が1933年に政権に就い

> その車は、このすべてを可能にした歓喜力行団運動の名を冠すべきである。

た時」と彼は述べた。「この地域は失業対策のキャンペーンを開始するのにとりわけ適しているように思われた――モータリゼーションの問題である！」[1]ドイツは自動車製造の分野で他の国――特に合衆国――に追いつく必要があり、また平均的な家族向けの安い価格の車を製造する労働者を雇うことができる、と彼は主張した。自動車は――メルセデス社の製品のように――ぜいたく品ではなく、万人のための輸送手段であるべきであり、したがって、自分が公表する名称を一つもつだけで十分であると述べた。「その車は、このすべてを可能にした歓喜力行団運動の名を冠すべきである」[2]。

　労働者のためのモデル居住地――現在のヴォルフスブルクの町――が近くに開設された。ヒトラーは「低価格住宅計画と街の設計の将来のための模範として」役立つだろうと説明し、「……われわれは国民社会主義がいかにそうした

155

歓喜力行団の車、「国民車」の発売を特集する、1938年にベルリンで発行された雑誌『モーター・ショー』の表紙。

問題を調査して取り組み、そして解決するか示したいと思う」。(3) 国民車の発売に多くの資金が注ぎ込まれていたのは明らかであった。

購入しやすい小型車という概念は1920年代から存在していたが、ヒトラーはその政治と宣伝面での可能性を認識していて、1933年にベルリンで開かれたモーター・ショーではドイツ国民に自動車を普及させる意向を公表していた。デザイナーのフェルディナンド・ポルシェに、大人2人と子ども3人を、1ガロンあたり32マイルほどの燃費で時速100kmで運ぶことのできる、その上価格はどれも1台990ライヒスマルク――他の型に比べ破格の低価格――の車を開発する任務を与えた。これにより、初めてドライブが一般市民に可能になったかに思われた。

1938年5月26日にヒトラーがヴォルフスブルクのフォルクスワーゲン製造工場を開設。

ポルシェの回答があの特徴的な、空気力学上効果的な「ビートル」型の空冷式リアエンジン車で、そのデザインは先に完成していたタトラ社のモデルT97と類似点があった。巨額の資金がそのプロジェクトに投入され、結果として、最初の試作品――60型――が1935年秋に製造された。

ドイツの消費者は――ナチのプロパガンダが彼らに約束する輝く新世界を「歓喜力行団の車（KdF車）」に垣間見て――熱狂したようだが、それも無理はない。彼らは忠実に新しい車の購入契約を結び、1枚5ライヒスマルクの「証紙」を購入した。証紙は帳面に貼られて車の代金に充てられることになっていた。およそ30万人ものドイツ人が予約した。車の開発プロジェクトには金がつぎ込まれた。その結果、その車は航空機のために予定されたのと同じ性能試験にかけられ、すばらしく頑丈で効率のよいデザインとなった。試作車はあらゆる階

フォルクスワーゲン・ビートル　157

級の親衛隊員によって運転され、走行距離は各車両とも10万kmにおよんだ。[4]

　しかし証書を購入した人々は失望することになった。1938年に最終的なKdF車の試作モデルが完成したが、それは一般の消費者ではなくナチの高官たちに贈られた。アドルフ・ヒトラー自身、1939年4月の50歳の誕生日に1台受け取った。その後、同年後半の戦争勃発とともにヴォルフスブルク工場での車の生産は、フォルクスワーゲンの軍用型であるキューベルヴァーゲンと上陸作戦用の水陸両用車などの軍用車の生産に切り替えられた。2億7800ライヒスマルクがその事業計画につぎ込まれたという事実があるにもかかわらず、ナチ政権がKdF車を一般の予約者に引き渡すことはなかった。

　1945年、ヴォルフスブルク工場はイギリスの占領当局に接収され、当局は買い手を探し始めた。しかし連合国の自動車会社が、そこの製品を「魅力的でない」と見なして、それを獲得する機会を断ると、占領軍によって使用される数百台分の車両を供給するだけでなく、市民に仕事をもたらすために、自動車の生産の再開が決定された。生産台数は次第に増え、1946年3月までには月1000台を製造していた。象徴的な「フォルクスワーゲン1型」という新しい名前で再発売されたかつてのKdF車は、ナチの過去を脱ぎ捨て、戦後ドイツの経済復興の象徴となることに成功した。

■原注

1　B. Taylor, *Volkswagen Military Vehicles of the Third Reich* (Cambridge, 2004), p. 17.

2　S. Parkinson, *Volkswagen Beetle* (Dorchester, 1996), p. 15.

3　Taylor前掲書、p. 18.

4　B. Gilmour, 'The KdF Brochure', *VW Trends*, 4/85, p. 47.

＊　**歓喜力行団（Kraft durch Freude）**——直訳は「喜びを通じて力を」。ナチ時代のドイツ労働戦線の一部局で、労働者の余暇活動を活性化させる組織であった。

43
母十字勲章

　第三帝国ではあらゆることが軍国主義に染められた。思春期の少年はヒトラー・ユーゲントの後援により準軍事的な訓練を始め、国家労働奉仕団の労働者はライフルでなくスコップを持って列をなして行進した。

　子をたくさん産んだ母親に対する褒賞は目新しいものではない。フランス共和国は1920年に「フランス家族勲章」を制定している。しかしドイツでそれに匹敵する勲章——「ドイツの母名誉鉄十字勲章（エーレンクロイツ・デア・ドイッチェン・ムター）」——は、フランスのものよりもはるかに政治的な意図を帯びていた。1938年に導入された通称「母十字勲章（ムタークロイツ）」は、青地に細い白の縁どりで彩色された細形の鉄十字のデザインで、首にかけられるようになっていた。金の放射状の飾りに囲まれた中心には、黒く着色された鉤十字の入った円形の紋が、「ドイツの母親に（Der Deutschen Mutter）」という言葉で囲まれている。裏面には賞が制定された日付——1938年12月16日——がヒトラーの署名の写しとともに彫られていた。

中にはその勲章を「ウサギ勲章」とあざける者もいた。

　一見したところ、母十字勲章の授与基準は徹底して母性であった。賞は三つの等級に分かれ、銅は4人、銀は6人、金は8人以上の子を持つ母親に授与された。とはいえ授与の条件はナチの人種的、社会的偏見を反映していた。すなわち、ユダヤ人やジプシーには選ばれる資格がなく、受賞者（および配偶者）はドイツ人（アーリア人）の血統で、遺伝的な疾患がない者でなければならなかった。さらに両親ともに賞に「ふさわし」く、つまり怠け者ではなく、法律を順守する、健全な道徳心のある人物でなければならなかった。必然的に受賞者として適格がどうかの調査は広範囲にわたることがあり、応募者の5％は却下された。[1]

　最初の受賞者——1939年5月21日に授与された——はミュンヘン出身の61

159

歳のルイーゼ・ヴァイデンフェラーで、8人の子どもを無事に育てたことにより、金の母十字勲章を授与された。その後の数年間に400万人以上のドイツ人女性が、通常母の日に地元のナチ党指導者たちの監督下で執りおこなわれた式典で、勲章を受け取ったと推定されている。[2] 受賞者たちは通常、ナチ国家との関係においてだけでなく、他の人々からも特別待遇を期待できた。ヒトラー・ユーゲントの少年たちは彼女たちに敬礼するよう指導され、傷病兵と同じ特権を受けることになるとの指示が公式に出された。[3] おそらくはそのためであろうが、母十字勲章を「ウサギ勲章（カニンヒェンオルデン）」とあざける者もいた。

　残忍で凶悪なナチ支配の現実の中で、母十字勲章のような話題はどちらかと

母十字勲章——軍国主義化した母性。

160

いえば些末な、もっとはるかに切迫した逸話に添えられた、取るに足らないエピソードのように思われるかもしれない。だがそれでもなお、ここからは大いに得るものがある。それはナチ支配下でドイツ社会が事実上軍国主義化していたことを示している──疲れ果てた母親たちへ勲章を授与する目的はそれ以外の何物でもないだろう──ばかりでなく、ナチ・ドイツが「人口動態をめぐる戦争」の最中にあることを自覚していたことを示してもいるからだ。ちょうど、すぐに実際の戦争にかかわることになったように。優生学の流行と人種的に「望ましくない」とみなされた人々に対する断種の習わしとともに、母十字勲章の制定はナチが民族の生物学的繁栄を特別重視していたことを示していた。これは事実上、ドイツ人女性の子宮の政治利用を意味した。

■原注

1 Nicole Kramer, 'Anmerkung zur Einführung des Mutterkreuzes im Mai 1939', at www.zeitgeschichte-online.de/print/kommentar/anmerkungen-zur-einfuehrung-des-mutterkreuzes-im-mai-1939.

2 Wolfgang Benz, *Die 101 wichtigsten Fragen – Das Dritte Reich* (Munich, 2006) ［ヴォルフガング・ベンツ『ナチス第三帝国を知るための101の質問』斉藤寿雄訳、現代書館、2007年］, p. 24.

3 *Völkischer Beobachter*, No. 25, 1938.

44
「一つの民族、一つの帝国、一人の総統」絵葉書

　これは1938年3月の、ナチ・ドイツによるオーストリアの併合を記念した絵葉書である。「一つの民族、一つの帝国、一人の総統（Ein Volk, Ein Reich, Ein Führer）」のスローガンとともに表された、ヒトラーの生誕地オーストリアの占領は、ドイツ語を話すすべての民族を「大ドイツ」にまとめるという、汎ゲルマン民族主義者の目標を実現しようというヒトラーの決意における新たな一歩を示した。絵葉書は、新たなドイツの簡単な地図の上、にヒトラーの頭部と「帝国鷲紋章（ライヒスアードラー）」が重ね合わされている。新生ドイツの地図はオーストリアを組み

大ドイツの誕生──1938年3月のオーストリア併合。

162

込み、ドイツの大都市ばかりでなく、第一次世界大戦後のポーランド回廊の創出によってドイツから切り離された東プロイセン地方をも含んでいる。「一つの民族、一つの帝国、一人の総統」のスローガンがオーストリアのナチ、フーベルト・クラウスナーによって作り出されると、ナチのプロパガンダで絶えず繰り返されるフレーズとなり、一人の男、すなわちアドルフ・ヒトラーの指導の下で統一されるドイツ民族という考えを強化した。

　オーストリアは、ヴィルヘルム2世の統治時代のドイツ帝国に属したことは一度もなく、むしろかつては多民族国家のハプスブルク帝国を率いていた。しかしドイツ同様、ハプスブルク帝国は第一次世界大戦の敗戦後に崩壊し、チェコスロヴァキア、ハンガリー、ユーゴスラヴィアという新しい国民国家へ分割され、オーストリアという残りのドイツ語圏が独立した共和制国家になった。しかし、ヴェルサイユ条約が特にオーストリアとドイツの統一を禁止した時、大戦間期にドイツ国民の間にくすぶった不満の数々にさらなる不満の種が加わった。さしあたり、ドイツの右派、およびヒトラーの──ドイツ語を話す人々すべてを一つの国家に組み入れる「大ドイツ」を樹立する──夢の実現は待たねばならなかった。

　ヒトラーは1933年に権力を掌握すると、オーストリアと小柄な首相エンゲルベルト・ドルフースに圧力をかけ始めた。しかしドルフースはオーストリア国会をおどしてドイツの提案を受け入れさせることを拒み、祖国戦線という名で呼ばれる彼独自の強権的聖職独裁制を発足させた。計画をくじかれ激怒したヒトラーはSSにオーストリアの国を不安定にするよう指示した。SSの情報部であるSD（Sicherheitsdienst親衛隊保安部）はオーストリア・ナチ党とつながりを持っていたので、テロ作戦の実行や、官庁や鉄道の爆破、祖国戦線の支持者の攻撃といった、冷酷な手段を用いてドルフースを貶めるようそそのかした。

　1934目7月25日、兵士の扮装をした150人以上のオーストリアのナチ党員がウィーンの首相官邸を襲い、その他のナチ党員が首都のラジオ局を

ヒトラーの勝利の喜びは、ウィーンのヘルデンプラッツで開かれた、ひどく興奮した25万人のオーストリア人で満員の集会で最高潮に達した。

「一つの民族、一つの帝国、一人の総統」絵葉書　　163

占拠した時、その圧力は頂点に達した。ドルフース政権の閣僚たちは逃亡したにもかかわらず、首相は首を撃たれ、無情にも失血死させられた。それにもかかわらず、クーデターは、オーストリアの法務大臣［教育大臣も兼任］クルト・フォン・シュシュニクが政府の軍隊を再結集した時に制圧された。ドルフースを暗殺した者たちは絞首刑に処せられ、シュシュニクが首相を引き継いだ。

ウィーンのクーデター未遂により国際的な不安が高まり、まだヒトラーと親密な同盟関係を結んでいなかったイタリアの独裁者ベニート・ムッソリーニが、イタリアとオーストリア国境のブレンナー峠に4個師団を派遣したほどだった。ヒトラーは併合という当面の目的をあきらめたが、オーストリアのナチスはテロ行為を繰り返した。ドイツによるオーストリアへの経済的なボイコットはオーストリアの観光業に打撃を与えたため、さらなる圧力をシュシュニクへ与えた。1936年に独墺協定が締結されたにもかかわらず、両国の緊張関係がやわらぐことはほとんどなかった。ヒトラーはオーストリアの自立を尊重し、内政問題に干渉しないことに同意したが、協定はムッソリーニをなだめる目的で結ばれたものに他ならなかった。

1938年3月、シュシュニクがヒトラーの山荘、ベルクホーフに呼び出され、オーストリア・ナチ党を合法化し、党の幹部たちを政府に受け入れることを要求する最後通牒をつきつけられた時、事態は山場を迎えた。ウィーンへ戻るとシュシュニクはオーストリアが独立国家のままでいるべきかどうかを国民投票にかけることで、ヒトラーの計画の裏をかこうとした。ヒトラーを一番熱狂的に指示しているのは主に若者たちであることを彼は理解していたので、彼は投票年齢の下限を24歳に設定した。ヒトラーは怒り狂い、シュシュニクが選挙を無効にし権力を明け渡すか、ドイツ軍侵攻に立ち向かうかを迫った。シュシュニクはイギリスとフランスに援助を訴えたが、何の助けも望めなかったので、3月11日に辞任した。翌日、ドイツ軍が国境を越え、有力なオーストリア・ナチ党員のアルトゥール・ザイス＝インクヴァルトがオーストリアの新しい首相となり、ドイツによるオーストリアの併合を承認した。

オーストリアに入国した時、ヒトラーは自分を歓迎するために道に沿って並んだオーストリア人群衆の熱狂ぶりを見て驚いた。ナチのテロが起こっていた数年間、一般の人々は無条件の併合に疑念を抱いていたかもしれないが、今や

狂喜してヒトラーに声援を送った。彼もオーストリア巡行を楽しみ、両親の墓参りをしたり、かつて住んでいた家を訪れたりした。ヒトラーの旅は、ウィーンのヘルデンプラッツで開かれた、ひどく興奮した25万人のオーストリア人で満員の集会で頂点に達した。ヒトラーにとっては、演説で聴衆に思い出させたように、生誕の地への凱旋であった。

> もし神がかつて私をこの街から帝国の指導者を受け入れるために召喚したのであれば、私に使命を託したに違いない。またその使命はただわが祖国をドイツ帝国に復興することであったのだろう。私はこの使命を信じて、そのために生き、闘ってきた。そして今それを完遂したと考える。[1]

　大量のナチの宣伝ポスターと絵葉書が彼の功績を祝った。これにより「大ドイツ」が誕生したが、それは戦争へ向かってのさらなる一歩であった。

1938年3月、国境を越えオーストリアへ入ったヒトラー。

■原注
1　J. Fest, *Hitler* (London, 2002), p. 548.

「一つの民族、一つの帝国、一人の総統」絵葉書　　165

45
ヴィルヘルム・グストロフ号のブレスレット

　第三帝国下で暮らしていたほとんどのドイツ人にとって、定期船ヴィルヘルム・グストロフ号での海外への船旅は生涯に一度は体験したい夢のようなものであった。もし実現したならば、記念の絵葉書が家に送られ、毎食のメニューカードはこっそりと荷物の中に入れられたであろう。船上で入手できるみやげの品にはエナメル・バッジ、陶製ティーポット、灰皿などがあり、すべてに船の姿が描かれていた。もっと小さな記念品を望む客には、下の写真の記念ブレスレットがぴったりであった。W. I. L. H. G. U. S. T. L. O. F.

ヴィルヘルム・グストロフ号の乗船記念ブレスレット、1938年頃。

Ｆ．の文字が海上の信号旗でつづられ、最後は鉤十字で終わっている。

　1937年に進水し、翌年就航したＭＶヴィルヘルム・グストロフ号は、ナチの余暇組織である歓喜力行団KdFのために初めて特注で建造された巡行客船であった。2万5000t以上、船首から船尾まで200 m以上の大きさのこの船は、ヒトラーのいわゆる「ポケット戦艦」〔＊訳注〕よりもはるかに大きかった。

　船の名はナチ党のスイス支部指導者にちなんでいるが、彼は──1936年にユダヤ人に銃で殺されたのでなければ──おそらくは無名のままで終わった人物であろう。ヒトラーは船に自分の名をつけることを一時考えていたが、万が一船が沈没した場合に起こりうる、宣伝活動におよぼす影響を考慮して断念したとされている。それゆえＭＶヴィルヘルム・グストロフ号が進水した時、客船の舳でシャンパンを割ったのはグストロフの未亡人ヘドヴィグであった。

　グストロフ号に全部で616部屋あった客室は4層のデッキに散らばっており、1400人以上の客を収容可能で、「階級（等級）のない」ことを掲げたこの船の特性に合わせ、どの部屋も海側に面していた。トイレとシャワーは共用で、7つあるバーと2つのレストラン、2つのダンスホール、コンサートホール、図書室、美容室、プールをすべての乗客が利用できた。ナチの大臣ロベルト・

> その時まで休暇をとったことさえほとんどなかった人々にとって、信じられないほどすばらしい話であった。

ライは船の開業を得意そうに語っていた。「われわれドイツ人は労働者のために古ぼけた船など使わない。最高の船のみがふさわしい」。[1]

　1939年までにKdFの船隊には、ヴィルヘルム・グストロフ号以外に10隻の船が加わった。当然のことながら多額の助成金が支給されていた船旅は分割で支払い可能で、ノルウェーのフィヨルドをめぐる5日間の旅が59ライヒスマルク（RM）、1週間の地中海の旅が63 RM、さらにイタリアをめぐる12日間の旅が150 RM、リスボンとマデイラまでの2週間の旅が155 RMの料金であった。当時は1週間の平均賃金が約30 RMであったので、KdFの安い船旅が国民の間に幅広い人気を集めたのも当然である。その時までに休暇をとったことさえほとんどなかった人々にとって、信じられないほどすばらしい話であった。

そうした手の込んだKdF事業の背景にある論理はきわめて単純であった。それは何よりも誘惑であり、ドイツの労働者の献身に対する露骨な誘いで、労働者の社会主義への伝統的な忠誠心を徐々にそこなう試みであった。また、階級や地域的な格差を超越することになっている民族共同体(フォルクスゲマインシャフト)をでっちあげる試みであった。

　さらにKdFの事業の背景にはきわめて重大な経済上の理由、すなわち、生活に満足して仕事に意欲的な労働者の育成により、生産を最大限にするという本義があった。またヒトラーが閣僚の一人にひそかにほのめかしたように、重要な政治的論理も働いていた。すなわち、ドイツの労働者を確実に鍛え上げて軍国主義に染め、いかなる不測の事態にも──戦争にさえ──備えられるようにするという論理である。

　もちろん、1939年9月に戦争が勃発するやいなや、KdFの船旅──と組織がおこなっていた無数の活動の大半──は、ドイツ軍の部隊を慰問する船を除き、すべて中止された。その時までに約75万人の客がすでにKdFの船で航海しており、そのうち約7万5000人がヴィルヘルム・グストロフ号に乗船した。

　戦争末期までにはそうした庶民の楽しみは遠い昔の出来事となっていて、ヴ

1938年、ハンブルクのエルベ河口で、ヴィルヘルム・グストロフ号。

ィルヘルム・グストロフ号は占領下のポーランドのグディニャの港に保管され
ていた。最後にこの船は、迫りくる赤軍から逃れ、命がけで西へ向かうドイツ
人難民を船で移送する任務に無理やり就航させられたが、1945年1月30日の
夜、バルト海でソ連の潜水艦に水雷攻撃を受けた。おそろしく混雑した客船は
1時間も経たずに凍った海の下に沈み、1万人近くの命が奪われた——こうし
て同船の沈没は海事史上最悪の大惨事となった。

　ポーランド沖の水深50mの海底に沈んでいたヴィルヘルム・グストロフ号
は、長らく探検好きな人々による娯楽目的の潜水と略奪行為にさらされていた
が、現在は戦没者の墓として保護されている。したがって、同船の歴史——と
かつて同船が役目を担っていた労働者の勤労意欲を高める試み——を伝える、
残された数少ない品は、かつて船上で購入された小物類しかない。

■原注
1　Roger Moorhouse, *Ship of Fate: The Story of the MV Willhelm Gustloff* (London, 2016).

*　**ポケット［豆］戦艦**——第一次世界大戦後のヴェルサイユ条約で軍備制限を加えられたド
　イツが、制限の枠内で建造した小型戦艦の俗称。

ヴィルヘルム・グストロフ号のブレスレット　　**169**

46
ジェリー缶

　プレス加工された、取っ手つきの長方形の国防軍缶(ヴェーアマハツカニステル)は、もともと1937年にヴッパータール近郊シュヴェルムのミュラー社で、主任技術者ヴィンツェンツ・グリュンフォーゲルによって開発された。これは、ヒトラーが1936年、国防軍が燃料を運ぶのに適した缶を見つけるために始めた、設計競技に出品された製品であった。その結果が、今なお世界中で用いられている燃料缶の標準的なデザインとなった。

　20ℓの容器は、燃料を入れるための道具や漏斗を一切必要とせず、これ一つですべて完結するデザインであるばかりか、それまでのデザインに比べ重要な改良点を示していた。一見してわかる交差したへこみが強度を与え、温度に応じて中身の膨張や収縮に対応できた一方、巧妙なカムレバーのキャップと短い

プレス加工したスチール製の燃料運搬用の国防軍缶、あるいはジェリー缶。

口により、蓋を簡単に開けて楽に注ぐことができた。さらに内側の空洞部をもうけることで、満タンになると水に浮くようになっていた。1938年のオーストリア併合の間に国防軍缶は軍隊でお目見えした。

厳重に秘密にされていたにもかかわらず、そのデザインの素晴らしさはすぐに国際的に認められるようになった。戦争の勃発とともに初めて実物の缶を目にしたイギリス軍は——アメリカ人技術者ポール・プレイスによって前年ドイツから密輸された一つを手掛かりに——すぐさま正確

1943年、ジョージア州サヴァンナのサヴァンナ物資補給係将校のQuartermaster兵站部に積まれた合衆国スタイルのジェリィ缶。

なコピーを作るよう命じた。その時まで、イギリス軍は燃料運搬に4ガロン缶を用いていたが、安くて製造が簡単とはいえ、耐久性にとぼしいため、「フリムジー」[「うすっぺらでもろい」の意]と呼ばれていた。それに比べ「ジェリー缶」——「ドイツ人」を表す英語のスラング「ジェリー」が缶の由来を示している——は頑丈で使いやすかった。すぐざま「フリムジー」よりも好まれるようになり、ドイツ軍から奪い取ったこの缶には高い値がついた。やがてイギリスとアメリカの両方がジェリー缶を大量生産することになり、世界のすみずみまで燃料を輸送し、連合国軍の前進を助けた。1944年、合衆国大統領フランクリン・ローズヴェルトはその重要性をたたえるのにやぶさかでなかった。「この缶がなければ、われわれの軍隊がフランスを越えるドイツ軍を阻止するのは不可能であっただろう」。[1]

ヨーロッパでヒトラーが電撃戦(ブリッツクリーク)を用いたことで、大量の燃料を消費する内燃機関の技術——

> その結果が、今なお世界中で用いられている標準的なデザインとなった。

ジェリー缶　171

航空機、戦車、輸送トラック——の出現を早め、ジェリー缶がその過程で、操作と運搬が楽で頑丈な燃料容器として重要な役割を演じたのは確かである。

　しかしドイツ軍の戦闘でこの缶が果たした重要性をあまり誇張すべきではないだろう。第二次世界大戦でのドイツ陸軍は、その宣伝者たちが世界中を信じさせたほどにモータリゼーションを進めていたわけではなかった。ガタガタ音をたてる戦車や装甲車を映したニュース映画のイメージにもかかわらず、自動化された機甲部隊に属していたのはドイツ軍のうち5分の1だけで、相変わらず馬が供給物資を移動させる手段として広く使われていた。戦争中徴用された300万頭の馬とラバ、さらにその世話のために雇用された何千人ものドイツ人兵士を考えると、国防軍を移動させ続けるのにジェリー缶が必要だったのとちょうど同じくらい、大量の動物用飼料が必要だったという結論が下されるかもしれない。

■原注

1　以下の記事に引用されている。'The Amazing Jerry-Can' at www.thinkdefence.co.uk/2012/08/the-amazing-jerry-can.

47
武装SSの迷彩服

　この、武装(ヴァッフェン)SS——ヒトラーの精鋭親衛隊の軍事部門——用に作られた、木の柄の迷彩スモックは、戦闘で兵士が着用した最初の迷彩服の見本である。軍隊の迷彩服の分野におけるドイツの発明品は、1930年代の戦争準備の結果として生まれた。国防軍は先の世界大戦から多くの教訓を得て、1917〜18年の、戦場をすばやく移動する突撃歩兵部隊の体験をいくぶんか踏まえた、機

武装SSのために製造された迷彩柄のスモック、兵士が着用した迷彩戦闘服の最初の例。

173

動力を用いた新しい戦争の方法——のちに 電撃戦 と命名される——を考案し始めていた。突撃歩兵部隊の戦闘服には、迷彩柄をほどこされたヘルメットも含まれ、兵士の制服の輪郭をあいまいにするよう、模様の形と色を対照的に配置していた。敵の目を幻惑する配色の柄は、第一次世界大戦中に固定陣地や航空機、戦艦に用いるために開発されていたが、わずかな例を除き、めったに服には使われなかった。しかし1930年6月、ドイツ陸軍は迷彩柄のテント用布地を注文した。ポンチョとしても使えるこのテントは翌年支給され、それまで標準であった灰色のテントに取って替わった。この時選ばれた柄が「スプリッター」と呼ばれる迷彩柄で、切れ切れの緑の線に覆われた黄褐色の地に緑色と茶色の角ばった模様で構成されていた。これが、1945年までには世界の軍隊によってもっとも広範に使用されることになったプリント迷彩生地の、ドイツにおける最初の使用例であった。

　1930年代半ばまでに、武装SSは、国防軍のスプリッター柄とは異なる迷彩柄が自分たちのために新たに考案されることを望んだ。SS少佐ヴィルヘルム・ブラント、SS連隊「ドイッチュラント」の偵察長は、自然の風景から着想を得て木漏れ日を模した一連の柄を選んだ。[1] この実験作業から武装SSの要求に完璧に合致した3種類の主要なデザインが生まれた。初期のプラタナス柄はすぐさま柏葉の柄に取って替わられた。これには緑と茶の2種類の色と、葉の重なりの周囲に暗い色のふちどりを加えた、環紋つきヴァージョンもあった。

> 迷彩服についてのドイツ人の見解は時代をうまく先取りしていた。

　この試作品は1937年12月にSS連隊「ドイッチュラント」により野外演習で試され、損耗人員を15％削減すると推定された。翌年の夏、国家特許庁はその柄を迷彩ヘルメットカバー、プルオーバー・スモック、スナイパー・フェイスマスクへ利用するために登録した。生地は両面使用可能だったので、「春の緑」と「秋の茶」のどちらの色でも着用することができた。こうして武装SS独特の迷彩服となった。

　製造が始まるやいなや、これらの迷彩柄はいくつかの困難に見舞われた。手作業でスクリーン印刷する方法はあまりに時間がかかりすぎたため、戦争が始まり急を要するようになると、IGファルベンによって開発された染料を用い

たローラープリントが導入され、3万3000着の迷彩柄スモック——そのほとんどは強制収容所の囚人によって作られた——が1940年の夏に武装SSに届けられた。しかし戦争が進むにつれ、材料が不足してきたので、そうした制服はエリート突撃兵の領分にとどまっていた。1943年になるとさらなる制限が加わって、もはやリバーシブルではなくなり、季節にかかわりなく一年中緑と茶の配色が採用された。

　そうした困難にもかかわらず、1944年には他の柄が開発され、今回は、通常の灰緑色の制服の上からかぶるスモックとしてではなく、通年の制服として着用されるように作られた。エンドウ柄は、明るい茶と3種類の緑の不規則な

迷彩柄のスモックを着用してロシアでパトロール中の、1941年8月に結成された旅団に属す武装SSの騎兵。

武装SSの迷彩服　　175

水玉模様が配置された茶色地を用いていた。武装SSへ支給されると、連合国軍兵士が一番目にする迷彩柄となった。戦争の後半になると、迷彩服を目にすると武装SSがすぐに連想されるようになっていたため、合衆国陸軍はドイツ軍と間違えられないよう、自国の兵士に迷彩服を装備させることを拒否したほどだった。この決定は、一部にはSSと密接に関連した物にしみついた政治的な汚名によるものだが、ワシントンの軍の分析結果が、戦闘における迷彩柄の実際の効果をそれほど認識していなかったからでもあった。1945年の報告がこの問題を明らかにしたように、合衆国陸軍は動いている物体に対する迷彩柄の効果に疑問を投げかけ、わずかな成果がその効果の根拠となっているのではないかと疑っていた。[2]

　こうした否定的な評価にもかかわらず、戦闘服に迷彩模様を使うことに関するドイツ人の判断は時代をうまく先取りしていた。その後の歴史が示したように、20世紀の軍隊はどこもじきに迷彩服を採用するようになった。昔は実験的と見なされたことでもすぐに標準となるものである。

■原注
1　T. Newark, *Camouflage* (London, 2007), p. 136.
2　同、p. 133.

48
バーデンヴァイラー行進曲

　今ではほとんど忘れ去られているが、第三帝国の時代、バーデンヴァイラー行進曲が流れると聴衆は大いに沸いたものだった——ヒトラーがもうすぐ姿を現すという合図であったからだ。

　この行進曲は、第一次世界大戦の開戦時に、1914年8月のロレーヌ地方バドンヴィエでフランス軍にドイツ軍が勝利したことを記念するために、バイエルンの作曲家ゲオルク・ヒュルストによって作曲された。それだけでは、同時期に作曲された他の軍事行進曲となんら変わりはないが、この曲は二つの点で異なっていた。一つ目が、軽快な金管楽器のファンファーレの導入部が強く感銘を与えた点、二つ目が、ヒトラーがこの曲を好きだと言った事実である。

　したがって、ドイツ軍のレパートリーにある多くの曲——プロイセン軍隊行進曲集では256番であった——の中の1曲にすぎなかった作品が、第三帝国支配下では特別な役割、すなわちヒトラー個人の「総統行進曲」に選ばれた。それは、演説会場に集まった聴衆だけでなく、ラジオに耳を傾ける民衆のために、まもなくヒトラーがステージ

> ある世代のドイツ人にとって、「バーデンヴァイラー行進曲」は完全に彼らの総統と結びついていた。

に登場することを告げることで、興奮と期待を増すための、ヒトラー専用のファンファーレとして用いられた——ちょうど、「大統領万歳（Hail to the Chief）」がアメリカの大統領のファンファーレとして採用されたように。

　そのため、1939年になると、ドイツではヒトラーの面前以外でバーデンヴァイラー行進曲を公に演奏することは禁じられ、違反した場合は150ライヒスマルクの割金か、6週間の拘留とされた。[1] もちろん、ヒトラーがいなくても家でその行進曲を聞きたい人のためにレコードが必要とされたので、それはちゃんと用意されていた——ここに挙げたのは、ヒトラー自身のSS親衛連隊

177

の楽団によって演奏されたレコードである。

　したがって、ある世代のドイツ人にとって、「バーデンヴァイラー行進曲」は完全に彼らの総統と結びつき、ナチの儀式を告げる音楽、ヒトラーのまわりに作り上げられた個人崇拝に欠くことのできない要素となった。それゆえ、その中心にいた人物が、彼の取り巻きが思っていたほどこの曲を好きではなかったのは皮肉かもしれない。ヒトラーの秘書であったトラウデル・ユンゲは回想記の中で、ヒトラーがかつてユンゲに、自分がある曲を好きだと言ったら、永遠に演奏され続け、自分のお気に入りとして宣伝されないわけにはいかないのだと不満をもらしたことを記している。「同じことが起こったんだよ」と彼は言った。「バーデンヴァイラー行進曲でね」。(2)

総統万歳。戦時中に録音された、SS親衛連隊の音楽隊による「バーデンヴァイラー行進曲」のレコード

■原注
1　Polizeiverordnung gegen den Mißbrauch des Badenweiler Marsches, 17 May 1939, Reichsgesetzblatt Ⅰ, p. 921.
2　Junge, *Until the Final Hour*［ユンゲ『私はヒトラーの秘書だった』］, p, 81.

178

49
ゲオルク・エルザーの「つまずきの石」

　比較的最近まで、ゲオルク・エルザーはほとんど無名であった。驚くべきことに、1990年代まで、この——クラウス・フォン・シュタウフェンベルクの次に——アドルフ・ヒトラーをもう少しで暗殺できた人物がドイツで記念されることはまれで、わずかに小さな記念碑が一つあったのと、地方の通りに彼の名がつけられただけであった。

　ドイツの抵抗運動——とドイツの戦後の良心——のイメージキャラクターとなったシュタウフェンベルクと異なり、ゲオルク・エルザーは静かに忘れ去られていた。しかしそれでも、彼の偉業が当時の人々に強い印象を与えたのは言うまでもない。1939年11月、彼は手製の爆弾をミュンヘンのビアホールに仕掛けた。そこではヒトラーが、1923年の失敗に終わったミュンヘン一揆の記念日を祝うため、ナチ運動の「古参闘士たち」のために演説をすることになっていた。後に尋問官に告白したように、エルザーは、「さらなる流血を防ぐために」ヒトラーを殺害しようと考えた。[1]

ゲオルク・エルザー——もう忘れ去られることはない。

　エルザーの爆弾は計画通りに——午後9時20分に——爆発し、部屋にいた8人が亡くなった。しかしヒトラーは犠牲者の中にいなかった。悪天候で飛行機が飛び立つことができなかったので、電車でベルリンに戻るため、爆発の13分前にビアホールを出ていたのだ。もし

ヒトラーがその場にいたならば、亡くなっていたのはほぼ確実だったであろう。[2]

　その晩、スイスの国境を越えようとして逮捕されたエルザーは、すべて自分一人でやったと主張し続けた。しかし開戦後初めて迎えた秋という、緊張が高まっていた時期であったことと、彼が製作した爆弾の仕組みが複雑であったため、その供述はほとんど信用されなかった。殴って痛めつけることでイギリス軍の諜報員であるとの自白を引き出そうとした後、ゲシュタポは彼が作ったという爆弾の起爆装置の精巧なレプリカを作るよう命じた。それでも——エルザーは見事に作り上げたにもかかわらず——信じようとしなかった。その後、エルザーが戦争の残りの日々を過ごすことになった独房へ送られた時、奇妙な噂がドイツの左翼の間に広まった。彼は身代わり、すなわち、ヒトラーに対する民衆の同情と支持を煽るために爆破を企てた、ナチスに雇われた手先だという噂であった。[3] 1945年4月、ついにエルザーがSSの看守によって処刑された時、彼の名前を憶えていたドイツ人はほとんどいなかっただろう。

　こうして、ゲオルク・エルザーはドイツの抵抗運動の中で忘れ去られた人物となった。彼の物語は——語られることがあるにしても——ナチス政権との共犯関係が但し書きに入れられたり、暗にほのめかされたりすることで制限された。そうした噂が反駁され、新たな物語が現れたのは1970年代に入ってからのことであった。エルザーはイギリスの諜報員でも、ゲシュタポでもなかった。まったく一人で、驚くべき暗殺計画を思いつき、立案、実行していたのである。

　したがって、ようやくその時になって初めて、彼のおこないが記念されるようになった。ベルリンに続いてミュンヘン、フライブルク、コンスタンツその他の町で彼をたたえる記念碑が建てられた。中でももっとも注目に値する記念碑の一つが、2009年、シュヴァーベン地方のヘルマリンゲンにあるエルザーの生誕の家に設置された「つまずきの石」である。「つまずきの石」とは1992年に、ドイツの芸術家グンター・デムニヒによって始められた新しい試みで、ナチの犠牲者を個々に記念することを目的としていた。それは舗道のコンクリートに嵌め込まれた10cm×10cmの真鍮の板で、通常そのほとんどは、それぞれの人物が最後に抵抗した場所に設置されている。人物に関する情報はごくわずか——犠牲者の名前と誕生日と運命——しか刻まれていないが、そういう形でもなければ一顧だにされない無数の人々に、アイデンティティを与える

180

意図がある。エルザーの場合、碑文にはこう書かれている。

この場所に
ゲオルク・エルザーが住んでいた
生年1903年
ヒトラーの暗殺を
1939年11月8日に企て
逃亡中に
1939年11月8日に逮捕され
ザクセンハウゼン［強制収容所に収容された後］
1945年4月9日銃殺される
ダッハウ［強制収容所にて］

ドイツのヘルマリンゲンにあるエルザーの「つまずきの石」。

「つまずきの石」は、ドイツ国内ばかりでなく他の国々においても大きな成果を挙げている記念碑である。サイズが小さく目立たないため、通行人は気づくことなく見落とすことが多いが、偶然発見して、つかの間痛切に過去の不正と恐怖を思い出すきっかけともなる。最初の一つが——1992年にケルンで——設置されてから、急速に広まった。2015年の末までに5万6000枚あまりの石板がスペインからロシア、ギリシャからノルウェーまでのヨーロッパ全土で1200以上の町に敷かれ、ベルリンだけでも7000枚以上が設置された。奇妙なことに、「つまずきの石」の設置を拒否した町はいくつかあるが、その一つはエルザーが暗殺を挙行した町、ミュンヘンである。市の当局は、自分たちのやり方でナチスの犠牲者を記念したいと述べた。[4]

エルザーが結局1945年4月にSSの看守により処刑された時、彼の名前を憶えていたドイツ人はほとんどいなかっただろう。

「つまずきの石」の圧倒的大多数がホロコーストの犠牲者を記念するために敷かれたことを考えれば、そのうちの一つがゲオルク・エルザーをたたえるために取っておかれたのは注目に値する。そしてこの暗殺未遂犯の、遅きに失した名誉回復の新たな段階を示している。グンター・デムニヒは新聞に、エルザーの石に刻まれた小さな字句の思いがけない効果についてこう語った。「碑文を読もうとする人々は、犠牲者とその生涯を前に、頭を下げなければならない」。[5]それこそゲオルク・エルザーにふさわしい。

■原注

1　Gestapo interrogation Report (November, 1939), Bundesarchiv Koblenz, signature R 22/3100.

2　Roger Moorhouse, *Killing Hitler* (London, 2006)［ロジャー・ムーアハウス『ヒトラー暗殺』高儀進訳、白水社、2007年］第3章を参照のこと。

3　同、p.57.

4　http://www.faz.net/aktuell/politik/inland/keine-stolpersteine-in-muenchen-zum-gedenken-an-ns-opfer-13725160.html.

5　'Vor Georg Elser verneigen', in *Heidenheimer Neue Presse*, 6. Oct. 2009.
　　以下のウェブサイトで読むことができる。www.georg-elser-arbeitskreis.de/texts/hnp20091005.htm.

50
配給カード

　ナチ・ドイツは、戦争が起こる数日前の1939年8月27日日曜日の朝に、配給制を導入した。その時からほとんどの食糧と同様に、衣服や履物や石炭の供給が厳しく管理された。

　配給制度はひどく複雑であった。まず、すべてのドイツ人国民と永住市民権を持つ者が分類された。そのうち、成人は職業の身体活動の度合いに応じて3つに分けられた。たとえば事務職の場合は「普通の消費者」として分類されるが、電車の運転手は「重労働者」に分類され、「炭鉱夫」であれば「過重労働者」に分類されることになった。その他にも、赤ん坊と幼児と子どもには追加の等級が制定された、

　等級が配給の割り当て量を定めた。「普通の労働者」であれば1日2400kcal

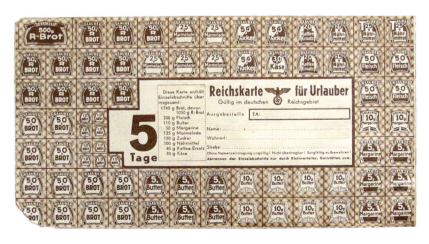

休暇中の兵士用の配給カード

分の割り当てを受け取るが、「重労働者」には1日あたり1200kcalが追加され、「超重労働者」であれば1日あたり全部で4200kcal分の割り当てを受け取ることができた。[1] 配給カードは毎月再発行されることになっていたので、当局は供給に応じて割り当てを見直す機会を得ていた。休暇中の兵士には特別な配給カードが「総統からの贈り物」として与えられていた。

配給カードは色分けされており、青のカードは肉用、黄色は脂肪とチーズ、白は砂糖とジャム、ピンクは小麦粉や米、茶、オーツ麦、オレンジはパン、緑は卵、紫は菓子とナッツ類であった。クーポン券として小さく切り取ることができるよう、ミシン目の入った厚紙に印刷されていて、それぞれに製品の名前と認められた量が記されていた。必要な金額とともに配給カードを出すと、配給割り当て品と引き換えにカードにスタンプが押されるか、クーポン券が切り取られた。

> 配給制度は実に複雑極まりなかったので、「戦争を生き抜く者は精神病院に入ることになる」と言われたほどだった。

食糧に加え、石鹸や履物、衣服にまで配給制度は及んでいた。それらの割り当てはポイント制度で取り決められた。各消費者は、約18ヶ月の期間に購入可能な、決まった数のポイント——大人には100、十代は60、小さな子どもは70——を割り当てられた。配給制限される品物にはどれもポイント価格がついていて、たとえばスーツ一着は80ポイント、スカート一枚18ポイント、子どもの上着は14ポイント、下着一組は10ポイントであった。靴も厳しく管理され、各消費者に通常は2足しか認められず、古い靴のうち1足が擦り切れたとの申し立て書を提出した上で、新しい靴の許可書が発行された。しかし何を購入しようと、総ポイント数が限度を越えてはならなかった。これに従うなら、「通常の」ワードローブは衣服1式と予備の下着だけということになる。[2] ドイツのユダヤ人には追加の、しかも一層制限の厳しい規則が適用された。

配給制度は一応その役割を果たした。というのも、(ある種の)食糧の供給は、

184

1939年の帝国「脂肪券」。

1945年に配給制度が崩壊する直前まで維持されたからだ。とはいえ、言うまでもないことだが、特にその複雑さのゆえに国民にはひどく不評であった。配給制度は実に複雑極まりなかったので、「戦争を生き抜いた者は精神病院に入ることになるだろう」と言われたほどだった。[3] 加えて、配給割り当ては世論を懐柔する飴玉として最初のうちこそ寛大であったが、じきに戦時状態の現実のように切り詰められた。次第に、そうして切り詰めた配給さえも大部分が立て前上のものにすぎなくなり、買い物客が本物の配給券を持っていようがなかろうが、空の棚だけが出迎えた。

　さらに配給制度はこの時代を生きたドイツ人に、代わりの食糧源を見出すことを余儀なくさせた。「代用」品は一般的になり、なかでも有名なのがドングリやチコリが原材料の「代用コーヒー」だが、他にも代用蜂蜜に代用卵粉、代用砂糖などがあった。パンも再定義され、次第に粉に骨粉やおがくずが混ぜられ、ぞっとするような緑がかった色のパンも売られた。同様に「肉」の定義も融通無碍に変化し、脳や肺、乳房など、肉屋が肉の名のもとに供給するものす

べてが含まれた。自分で野菜を栽培したり、兎や鶏を飼い始めたりする人々が現れたのも当然だろう。一方、そうした選択にあまり適していなかった都市居住者は闇市や、新たに活気を呈した物々交換に頼るか、こそどろ——俗に「くすねる」と言われる行為——をはたらかざるを得なかった。

　もちろん、金やコネのある人々は常に規則から逃れる手段を見つけることができた。ベルリンのデリカテッセンのオーナー、アウグスト・ネートリングが1943年に逮捕された時、彼が金持ちの顧客——その多くはナチスの高官と軍人であった——には配給券を要求せずにチョコレートなどの嗜好品を供給していたことが明らかになった。「ミスター買い物袋」として知られていたネートリングは刑務所の独房で自殺したという。彼の顧客は一人も起訴されなかった。[4]

■原注

1　Jeremy Noakes (ed.), *Nazism 1919-1945, Vol. 4: The German Home Front in World War II* (Exeter, 1998), p. 512.

2　同、p. 525.

3　Terry Charman, *The German Home Front 1939-1945* (London, 1989), p. 47に引用されている。

4　Moorhouse, *Berlin at War*［ムーアハウス『戦時下のベルリン』］, pp. 98-9.

51
エニグマ暗号機

　エニグマ［「謎」の意］は第三帝国でドイツ軍が使用した主要な暗号機械である。世界でもっとも優秀な頭脳の持ち主でさえ解読不可能なほど複雑な暗号を作り出すようもくろまれたこの機械は、1919年にオランダ人によって発明されたが、特許を取って機械を作ったのはドイツ人のアルチュー

どうにか謎は解明された——戦争末期に開発された4ローター型エニグマ暗号機。

ル・シェルビウス博士であった。1923年、シェルビウスの会社により、企業の機密情報を公共の電信システムを通じて送る装置「エニグマ」として市場に売り出された。これは、ドイツの軍部が関心を持ち始めた1929年までは市場向けの製品であった。

　エニグマ暗号機は、いくつか追加部分はあるものの、携帯可能なタイプライター風の外観をしていた。通信文は安全に暗号化され、元の機械と同じ設定で働く別の機械でのみ解読される、複雑な電気機械の暗号処置を介して機能した。（操作する者が）キーボードで1文字打つと、その文字を別の文字にそれぞれ置き換える3枚のローター（暗号円盤）を経て、取り換え可能なプラグボードを通して電気信号を送る。その後信号は、「反転ローター」を通って、ローターとプラグボードに戻り、付随するランプボード（表示盤）に出力文字のランプを点灯させる。したがって、元の各文字は少なくとも6回、あるいは8回置き換えられて、一見意味不明な通信文を作り出す。それがモールス信号によって送信された。

> ベルリンの敵たちは、ドイツの暗号を解読すべく、一見不可能な任務に立ち向かった。

　エニグマの暗号を受け取る側はそのプロセスを逆にした。通常は毎日変更される、適切なプラグボードと、適切なリングとローターの設定を用いることで、無作為に抽出された不可解な文字の連なりがキーボードに打ち出され、ランプボードを通して、元のメッセージを——1字ずつ——作り出した。

　エニグマは1926年以降、ドイツ陸軍に広く使われる暗号機となり、その後ドイツ空軍や海軍、SS、そしてドイツ鉄道にも使用された。さらに改良が進められることで、安全性は高まった。内部の配線をさまざまに変えることのできるローターは、3枚を異なる順番で機械に入れることもできたうえ、4枚のローターを用いた型がUボート部隊や軍の情報部が使用するために導入された。こうして無数の組み合わせが可能であったため、敵軍は、ドイツの暗号解読という、一見不可能とも思われる任務に立ち向かうことになった。

　ポーランドの暗号局に雇われた、マリアン・レイェフスキ、イェジ・ルジスキ、ヘンリク・ジガルスキら数学者のグループは、すでに1932年から、幾多の困

難にくじけることなくエニグマの通信文を研究していた。彼らはわずか4ケ月半で暗号機の基本設計図と、当時はまだ限られていたローターの配列の打電パターンを解いた。すばらしく大きな進歩であった。

その年の終わり近く、ポーランド人グループはフランス情報部の暗号解読部長ギュスターヴ・ベルトラン大尉から非常に力強い支援を得た。ベルリンの暗号局で働いていたドイツ人スパイのハンス゠ティロ・シュミットによってもたらされた、エニグマの操作指示書を含む何百枚もの秘密資料の写真を提供されたのである。この情報に自分たちで導き出した推論を合わせることで、ポーランドのチームは独自にエニグマの機械を作ることが可能になり、1933年1月のヒトラーの権力掌握の数週間後には、すでにドイツ側のエニグマ暗号文を頻繁に解読していた。

こうした状況が続いたのは1938年までで、この年、ドイツ軍が暗号システムを変更したので、通信文の解読はよりいっそう困難になった。もっと多くの手がかりを必要としたため、ポーランドの情報機関はパリとワルシャワにいるフランスとイギリスの情報機関と接触し、すべての機関が情報を共有した。イ

ドイツの暗号文を解読した場所、ブレッチリー・パーク。

エニグマ暗号機　189

Uボート特有の狭苦しい空間内での、エニグマ暗号機を使った解読。

ギリスの情報機関はポーランド人グループの成果に非常に感銘を受け、協力を誓った。1939年8月、第二次世界大戦のわずか2週間前、ロンドンのヴィクトリア駅で出迎えを受けたベルトラン大尉が、エニグマ暗号機のポーランド版レプリカを提供した。

　間一髪であった。1939年9月1日の夜明けにナチ・ドイツはポーランドへ侵攻すると、即座にポーランドの反撃を制圧し、ワルシャワを占領した。レイェフスキ、ルジスキ、ジガルスキを含め、ポーランドの暗号解読チームの多く

はルーマニア経由でフランスへ逃れていたが、他のメンバーは不幸なことにドイツ軍に捕らえられ、処刑された。ポーランドの暗号解読者たちがばらばらになってしまったので、彼らの発見を、戦争に勝つための確かな暗号解読システムに変えるのはイギリス人の責務であった。

　イギリスの暗号解読の中心地は、ロンドンの北西約80kmのブレッチリー・パークにあるだだっ広いカントリー・ハウスであった。正式には政府暗号学校（GC&CS）と呼ばれ、司令官アラステア・デニストンが、一風変わった民間人のアルフレッド・ディルウィン・‘ディリー’・ノックス——第一次世界大戦では海軍で暗号解読に成功した経験があった——とともに暗号局を率いていた。ノックスは、コンピュータ計算のパイオニアである天才アラン・チューリングを含む、多くはオックスフォードとケンブリッジ大学出身の数学者や解読者、翻訳者からなる才気あふれるチームを率いた。彼ら暗号解読者たちはエニグマの弱点——文字はそれ自体何も表さず、数字が綴られなければならない——によってわずかな手がかりを得たが、彼らのすぐれた知性にもかかわらず、ドイツのエニグマ操作者によって間違いが繰り返されるという幸運がなければ、ほとんど進展はなかったかもしれない。

　活動の最盛期には、およそ1万人がブレッチリー・パークのカントリー・ハウスと宿舎で働いていた。彼らがもたらした暗号情報——「ウルトラ」というコードネームがつけられた——は戦争の結果にきわめて重要な意味を持ち、連合国軍はどの戦域でも計り知れないほど有利な立場に立つことができた。しかもきわめて重要なことには、ドイツ側が、エニグマの通信が解読されているのではないかと疑ったことは一度もなかった。技術的にすぐれていたにもかかわらず、エニグマ暗号機は、自分たちの優位性を傲慢なまでに信じたナチ・ドイツを象徴していた。

52
ヴォルフガング・ヴィルリヒの絵葉書

　ナチ・ドイツは、ラジオという新しいメディアをすぐに受け入れただけでなく、比較的古いメディアをプロパガンダに活用することにも熱心であった。安く製作できる絵葉書はナチスのプロパガンダ戦略に欠かせない道具の一つで、画家

「スカパ・フローの英雄」Uボート艦長ギュンター・プリーンを描いたヴォルフガング・ヴィルリヒの絵葉書、1939年。

ヴォルフガング・ヴィルリヒの作品はそこで大変重要な役割を果たした。

1897年ゲッティンゲンに生まれたヴィルリヒは、1930年代にはすでに芸術家として名が通っていた。肖像画家として、特にドイツ民族を主題にした一連の作品で名声を得ていたおかげで、ナチ党組織から、ナチ指導部や民族ドイツ人、ドイツの農民を題材にした写生画の製作を依頼されるようになった。

彼の肖像画は、たいていはモデルの顔と骨格の輪郭を引き立たせる横顔で、頭部と肩で構成されているのが特徴である。絵の題は「ポンメルンの漁師」、「ハノーファーの農民」、「オルデンブルクの農夫の娘」といったように、描いた人物からつけられた。時に水彩絵の具で全体や部分が着色されることもあったが、鉛筆と木炭で製作された肖像画には、ほとんどのナチ芸術に共通の無骨な英雄信仰——どれも頬骨や波打つ筋肉が目を引く——がよく現れていた。[1]

戦争の勃発とともにヴィルリヒは新たなチャンスを見出した。彼は、当時機甲師団を率いていたエルヴィン・ロンメルに戦争芸術家として部隊に随行する許可を求め、従軍画家としてポーランド戦線とフランス戦線に参加し、そこで一般の兵士を写生した。さらに海軍最高司令官カール・デーニッツや空軍のエース・パイロットのヴェルナー・メルダース、またロンメル自身など、当時のドイツ軍の英雄の肖像画を製作した。今回挙げた絵葉書のモデル、Uボート艦長のギュンター・プリーンも当時の英雄の一人である。プリーンの指揮した潜水艦U-47が、1939年10月、スカパ・フローに停泊中のイギリスの戦艦HMSロイヤル・オークを沈没させたことにより、初期の戦いでドイツは成功をおさめた。

プリーンはまたたく間に名士の地位に祀り上げられた。彼は騎士鉄十字章——Uボート部隊に属す兵士で初めての受章——を授与され、ドイツの首都で催された祝典では、ヒトラーがじきじきにそれを手渡した。翌年、彼はさらに16万tの敵船を沈め、柏葉つき騎士鉄十字章を受章し、ベストセラーとなる自伝を執筆した。プリーンはたちまち至るところに引っ張りだこになり、彼の顔は絵

彼の肖像画には、ほとんどのナチ芸術に共通の無骨な英雄信仰——どれも頬骨や波打つ筋肉が目を引く——がよく現れていた

葉書や絵本、ニュース雑誌、子どものゲームまでも飾った。プリーンはナチ政権によって積極的に宣伝された最初の軍人の一人となったが、それもわずかの間にすぎなかった。1941年、軍事作戦中に命を落としたからである。

　テレビが登場する前の時代、著名人（セレブ）の文化は、新聞を読んだり、ラジオを聞いたりする人々の従来の交友範囲を超えて宣伝メッセージを広げる手段、特に若者にまで影響を拡大するのに重要な手段と見なされた。絵葉書は長いこと、ニュルンベルク党大会や運動の犠牲者の記念から、ヒトラーのいかめしい顔のイメージまで、ナチのプロパガンダ活動の重要部分であった。しかし戦争の始まりとともに、また特に1940年の緒戦における勝利とともに、絵葉書というメディアはようやく本領を発揮したと言える。

　ヴィルリヒは広大な市場を見出した。彫刻のような顎をした、目に光のない英雄や、たくましい少女たちを描いた絵葉書が、特に子どもたちの間で大変な人気を集め、競って収集され、学校や公園で交換された。芸術的な価値は疑わしいかもしれないが、プロパガンダ価値は絶大であった。

■原注

1　たとえば次の作品集を参照のこと。Wolfgang Willrich, *Des Edlen ewiges Reich* (Berlin, 1939)、あるいは*Die Männer unserer Luftwaffe* (Berlin, 1940)。

53
ナチの鷲

　ドイツ帝国鷲紋章（ライヒスアードラー）は長らくドイツ国家の象徴であった。その歴史は、ローマ帝国から続く国家の連続性を強調していた神聖ローマ帝国までさかのぼるが、1871年にドイツ帝国によって再び制定され、黒い羽毛に赤いくちばしとかぎづめという伝統的なデザインになった。象徴的意味があまりに強いので、ワイマール共和国は1919年によりシンプルなデザインを採用したが、ヒトラーは1933年の政権掌握後、そのデザインを変更させた。

　ヒトラーが目指したナチ党とドイツ国家の結合にしたがい、ヒトラーの帝国鷲紋章は、オークの飾り環つきの鉤十字と組み合わされて、鷲のかぎづめが鉤十字をしっかりとつかむデザインとなった。この新しい帝国鷲紋章にはたくさんのヴァリエーションがあった。おそらくもっともよく目にするのは、羽を完全に広げた鷲を表した様式化されたデザイン――いわゆる国章――で、公式の便箋やパスポート、ドイツ軍の全兵士の制服に用いられた。

　国章をデザインしたのは彫刻家のクルト・シュミット＝エーメンであった。1901年にトルガウに生まれたシュミット＝エーメンは、ライプツィヒとミュンヘンで学んだ後、科学者や作曲家などの有名人をモデルにした一連の胸像で名声を博した。1930年、ナチ党に入党後、建築家のパウル・ルートヴィヒ・トローストとの親交によりヒトラーの知己を得、正式な仕事の依頼が舞い込むようになった。たとえば1933年には、1923年のミュンヘン一揆でナチ党員が殺された場所――ミュンヘンのオデオン広場のほど近く――に記念碑を製作した。[1]

　その後、シュミット＝エーメンは、ナチの建築物を飾る一連の巨大な鷲を製作した。ニュルンベルクのルイトポルト・アリーナで催されたナチ党大会を見

> 公式の便箋やパスポート、ドイツ軍の全兵士の制服に用いられた。

下ろした、高さ6mの2基の鷲も彼の作品で、レニ・リーフェンシュタールのプロパガンダ映画『意志の勝利』で冒頭に登場する鷲がそのうちの一つである。もっとも、シュミット＝エーメンの作品の中で一番巨大であったのは、1937年のパリ万国博覧会でドイツ館の上にそびえた9mのブロンズ製の鷲で、彼はこの作品によりフランス共和国大賞を受賞した。

　とはいえ、おそらく、シュミット＝エーメンの作品の中で一番有名なのは、下に挙げた作品――1939年ベルリンに開設された、新しい帝国首相官邸に組み込まれた2基の帝国鷲の一つ――であろう。銅合金製で重さ約250kgの像は、高さが1.5mで、翼の他端までの長さは約3mある。台座の銘には「シュミット＝エーメン。ミュンヘン。運命の年　1938年」とある。現在はロンドンの帝国戦争博物館に展示されている、ベルリン攻防戦で受けた傷跡が目立つこの像は、シュミット＝エーメンの巨大な鷲――かつてはヒトラーの帝国を象徴した鷲――の中で、唯一現存する実物である。

敗北の象徴――ベルリン陥落後に帝国首相官邸の廃墟から回収された、損傷したナチの鷲。

■原注
1　J. W. Baird, *To Die for Germany* (Bloomington, 1992), p. 49.

54
柄つき手榴弾

　鉄兜(シュタールヘルム)と同じように、柄つき手榴弾(シュティールハントグラナーデ)、あるいは棒状手榴弾も、第二次世界大戦のドイツ軍の象徴として一般に広く認識されているものの一つであるが、その起源は第一次世界大戦にある。

　1915年に最初に登場した時、柄つき手榴弾──イギリス軍から「ジャガイモつぶし器(ポテトマッシャー)」と呼ばれた──は、中が空洞の木製の柄と、170gのTNT弾薬が装填された鋼鉄製の円筒形頭部からできていた。兵士が柄の内側から伸びた紐についている磁器製の小さな球を引っ張ると、その摩擦で5秒後に導火線が着火する仕組みになっていた。この構造の長所は、木製の柄がついているおかげで、当時のイギリス軍の手榴弾──卵型の「ミルズ型手榴弾」──の2倍も遠くまで投げられた点であった。

　第一次世界大戦後、この柄つきの構造がドイツでM24型柄つき手榴弾として復活した。基本的には元の型と同じだが、起爆部が小さくなり、柄が長くなったことで、取り扱いと投擲が以前よりも簡単になった。さらに1917年の型と同様に、導火線が柄のつけ根の部分の、金属製スクリューキャップの後ろに安全に詰め込まれていたので、偶発的な誤作動の危険がなくなった。

　その後もさらに、M39「卵型手榴弾」や、一番単純な構造のM43型などの

ドイツ軍の柄つき手榴弾。

197

> 木製の柄がついているおかげで、当時のイギリス軍の手榴弾の2倍も遠くまで手榴弾を投げられた。

新型手榴弾が開発された。どちらも中空の木の柄を省いたため、大量生産に向いていた。しかし1939年以降ドイツ軍兵士の主要な武器となったのはM24型柄つき手榴弾であった。7500万個以上が生産された──中には発煙弾や、破片効果を最大限に高めるスリーヴがついたタイプもあった。戦場では、戦車や建物などのより大きな標的に用いるために、M24型柄つき手榴弾を何本も結び合わせて、即席の「集束弾薬」にすることもあった。あらゆる場面で使われたM24型柄つき手榴弾は戦争中至るところに存在し、ドイツ軍の象徴とも言えた。当時の写真を見ると、作戦行動に移る準備をしたドイツ兵のベルトやブーツにはたいてい、この手榴弾が押し込まれている。

柄つき手榴弾と機関銃の弾薬を身につけて行動の準備を整えた若いSS兵士。

55
VII型Uボート

　VII型Uボートはかつて連合国の商船船員たちを恐怖に陥れた。1935年から製造され、8種類以上の派生型があり、第二次世界大戦におけるドイツ潜水艦隊の主力であったUボートVII型は、Uボート艦隊の70％以上を占め、終戦間際まで使用されていた。もしあなたが第二次世界大戦中にドイツの潜水艦乗組員であったなら、おそらくVII型に乗船していたであろう。

　厳密に言うと、VII型は――同時代の他の潜水艦同様――本当の潜水艦ではなく、可潜艦であった。つまりほとんどの時間は水面上を、1対のディーゼルエンジンを使って進み、通常は攻撃する時か敵の艦隊をかわす時だけ水中に沈んだ。またかなり小型で、船幅は6mで、全長は50mにすぎず、排水量は800t以下であった。Uボートのエース、ラインハルト・「テディ」・ズーレンが述べ

ラブー海軍記念館で展示されている、現存する最後のVII型Uボート、U995。

199

たように「船首の空間から船尾の機関室まで」、「寝棚、ケーブル、バルブ、手回しハンドル、チューブ、計器類、無線機、電気調理室が並び……あらゆるものが可能な限り最小のスペースに詰め込まれていた」。[1]

狭苦しい内部に押し込められていたのは屈強な45人の乗組員で、8時間交代で勤務し、全部で14本搭載されていた魚雷の下やすき間や側面に吊り下げられた、ハンモックや吊り床で睡眠をとった。空間は常に貴重であったが、特に、パンやソーセージ、何袋ものジャガイモ、いろいろな種類の缶詰など、あらゆる食料が舟の隅やすき間にまで積み込まれることになる哨戒航行の始めは、船内がひどく窮屈であった。乗組員たちは最大3ヶ月もの間海上の勤務を耐えなければならなかった。髭は伸び、身を清潔にするのは滅多にないぜいたくであった。潜水艦の船員はしばしば冗談で、仲間の姿を目にする前に臭いで認識できると言った。

VII型は他のどの型のUボートよりも多くの連合国側船舶を撃沈した。

もちろん彼らの主な目的は、北大西洋を航行中の連合国側の商船を沈めて、イギリスの戦争遂行能力を弱めることであった。この点に関しVII型はまさにふさわしかった。というのも浮上時の最高速度は17ノット、航続距離は1万5000kmであったので、大西洋を巡視し、アメリカの東海岸へ向かう敵の商船隊を恐怖に陥れるのに効果を発揮したからだ。連合国側の対抗策で形勢が一変した1943年初めまで、Uボート部隊は連合国の護衛艦隊に大損害をもたらし、この時までにUボートが撃沈した船の数は戦争全体の実に4分の3に及んでいた。[2]

より大型の、外洋航行のIX型の方が1隻あたりの戦果は大きかったが、数の上ではVII型の方が多かったため、他の型のUボートより多くの連合国側船舶を撃沈した。VII型のUボートは、何よりもイギリス海軍戦艦のHMSカレイジャス、HMSバーラム、HMSアーク・ロイヤルとインド航路客船のシティ・オブ・ベナレスの沈没に功績があった。さらに、数多くのVII型の艦長が名声（あるいは悪名）を博した。たとえばU47を指揮したギュンター・プリーンは1939年10月、スカパ・フローでHMSロイヤル・オークを撃沈することで初期の戦果をおさめた。ドイツ海軍の二人の人気者――オットー・クレッチマーとヨアヒ

200

ム・シェプケ──は中部大西洋に大混乱を引き起こし、1941年3月にクレッチマーが捕虜となり、シェプケが亡くなるまで、それぞれⅦ型のU99とU100で40万t以上の船を沈めた。また1939年に進水したⅦ型のU48は戦争中もっとも戦果をおさめたUボートとなり、55隻、32万1000tの船を沈めた。

とはいえ、おそらくもっとも有名なⅦ型はU96で、訓練艦として現役を退くまで、従軍中の2年間で27隻の船舶を撃沈した。しかしその名声が広まったのは、主として戦後であろう。ローター＝ギュンター・ブーフハイムという若い従軍記者を哨戒航行に載せた結果、U96の名は不滅になった。後にブーフハイムが乗船の経験を生かして書いた小説『Uボート（Das Boat）』をもとにした映画は大ヒットし、同名のTVシリーズが作られたからだ。その結果、一世代にわたり、Uボートに関して一般の人々が描くイメージは、閉所恐怖症になりそうなほど窮屈な、Ⅶ型の艦内の様子であった。

かつては海上の至るところに存在していたにもかかわらず、Ⅶ型はほとんどすべて、敵との交戦で撃沈されたか、乗組員自身の手で沈められた。あるいは戦後、イギリス海軍が北アイルランド沖で116隻の降服船を大量に沈めた「デッドライド作戦」で破棄された。したがって、1946年以降に残ったのはわずかに12隻だけで、無傷のまま現存するのは唯一、先の頁に挙げたU995のみである。

荒れた海を航行するⅦ型Uボート、1941年頃。

Ⅶ型Uボート　　201

1943年に進水したU995は、戦争中は比較的ぱっとしない経歴で、主にバルト海で9回の哨戒任務に就き、全部で1万t未満、6隻の船を沈めた。戦争が終結すると、ノルウェー北部のトロンハイムでイギリス軍に降伏して、1946年にノルウェーの管轄に移され、「カウラ」と改名された。

　1965年にノルウェー海軍をお払い箱になったU995は、1ドイツマルクという象徴的な価格でドイツ政府に売却された。1945年当時の仕様に修繕された後、1971年に博物館船として展示されることになり、ラブー海軍記念館に近いキール湾の岸辺に据えられた――ドイツ海軍の象徴の最後の1隻である。

■原注
1　Teddy Suhren, *Ace of Aces: Memoirs of a U-boat Rebel* (London, 2011), p. 67.
2　詳細については以下のウェブサイトを参照のこと。http://uboat.net/allies/merchants/losses_year.html.

56
ユンカースJu 87シュトゥーカ

　ユンカース Ju 87、別名「シュトゥーカ」の名は、「急降下爆撃機」を意味するドイツ語「Sturzkampfflugzeug」の頭字語から来ている。きわめて重大な地上攻撃の任務に就き、開戦当初のヒトラーの電撃戦（ブリッツクリーク）の勝利の象徴となる前、最初にその恐ろしい名声を獲得したのはスペイン市民戦争であった。それは第二次世界大戦で最初の「威嚇のためのテロ兵器」であった。

　その特徴的な曲がった翼と固定式の着陸装置を備えたJu87は、ユンカース社によって製造された。同社は1895年にボイラーやラジエーターの生産から事業を始めたにもかかわらず、両大戦間期までには一流の航空機メーカーとな

1941年、アフリカの海岸上空を飛行中のシュトゥーカ。

203

っていた。第一次世界大戦中は戦闘機のエース・パイロットで、当時ドイツ空軍の航空機開発の責任者として急降下爆撃戦術の熱心な提唱者であったエルンスト・ウーデットの支援によって急降下爆撃機の開発が進められ、シュトゥーカの最初の試作機が1935年に飛行した。その後、技術者たちが急降下中に経験される速度と重力加速度に対する改良に取り組んだので、数多くの型――ロールス・ロイス・ケストレル装置を備えた機体さえも――が承認された。

　最初の大量生産モデル――Ju 87 B -1――で、すでにシュトゥーカはよく知られた特徴の、ユンカース・ユモ211倒立V12エンジンと、透明なプラスチック蓋で覆われた操縦室、そして着陸装置の前に固定された――「イェリコのラッパ」[聖書のヨシュア記6-20]と呼ばれた――プロペラ駆動のサイレンを備えていた。高らかに鳴り響くその音は敵をおじけづかせるためであった。新型は時速600kmの急降下に耐えることができ、パイロットが激しい重力加速度と闘っている時に航空機の制御を助ける自動降下ブレーキを備えていた。乗組員はパイロットと後部の砲手の2人で、前方から発射する機関銃が2丁と後ろに1丁装備

> シュトゥーカはヒトラーの初期の電撃戦の勝利を象徴していた。

独特の急降下体勢を取るシュトゥーカ。

204

されていた。

　シュトゥーカは最初に配備されたスペイン市民戦争で成功をおさめたと判断され、1939年のバルセロナ港での爆撃に参加した。その後、1939年9月1日の未明、ヴィスワ川沿いの都市チェフにかかる重要な鉄道橋を守るポーランド部隊を標的に、第二次世界大戦で最初の空爆をおこなった。続く初期の電撃戦^{ブリッツクリーク}においてシュトゥーカは、敵の標的を攻撃し、地上部隊の戦力を弱めるのにうってつけであった。しかし1940年秋のイギリス本土航空決戦で用いられた時、より高速の戦闘機から攻撃を受けるとひとたまりもないことが露呈し、シュトゥーカはまたたく間に戦場から姿を消した。

　この時の失敗によってシュトゥーカの恐ろしさに関する評価がそこなわれたのは確かだが、1941年以降、再び急降下爆撃機として、また次第に対戦車攻撃機として用いられるようになった東部戦線において、一部名声を取り戻した。とりわけ、第二次世界大戦に従軍したドイツの軍人の中でもっとも多くの勲章を授与されたハンス・ウルリヒ・ルーデルは、対地攻撃の役割についたシュトゥーカを操縦することで、その戦果のほとんど——500台以上の戦車、戦艦1隻、駆逐艦1隻、装甲列車4本、800台以上のさまざまな軍用車など——を挙げた。⁽¹⁾この象徴的な航空機が1945年までドイツ空軍の任務にとどまったのもそれゆえであった。

■原注

1　Gordon Williamson, *Aces of the Reich* (London, 1989), p. 141.

ユンカース Ju 87 シュトゥーカ　　205

57
メルセデス・ベンツ 770リムジン

　ヒトラーは車、特にメルセデス・ベンツ社製の車の熱心なファンであり、その関係は長年にわたっていた。1924年、ランツベルク刑務所にいる間、ヒトラーはミュンヘンのディーラーに過給機を備えたメルセデス──おそらく24/100──を注文し、釈放後、2万6000ライヒスマルクという高額で購入していた。[1]

　1920年代は数多くの車が登場した。ヒトラーは自動車の仕様書の熱心な読者で、最新の進歩に遅れないようにしていた。[2] メルセデス・ベンツ社にスケッチを送ったとまで言い、それによって同ブランドの最近のデザインの「生

総統の極上のベンツ。

みの親」であると主張した。[3] 1931年、ヒトラーは最新モデルの、当時同社の製品でもっとも高価な乗用車であった排気量7.7ℓ、8気筒エンジン搭載の770リムジンを受け取った。レーシング・ドライヴァーのルドルフ・カラツィオラがじきじきに納車した。[4] メルセデス・ベンツ社が、将来成功する見込みのある彼らの顧客と親交を深めようとしていたのは明らかだ。

　ヒトラーは運転できたにもかかわらず——自分が事故を起こした場合に起こりうる政治的影響を理由に——自分では運転しなかったので、ボディーガードを兼ねた運転手を次々と雇った。権力掌握前の数年間、彼は地図を手に助手席に座って国中を移動し、何万kmもの行程で、スピードのスリルを楽しんだ。1942年にはこう述べていた。「私は自動車が大好きだ」「人生最高の時に関して自動車のおかげをこうむっていると言わなければならない」。[5]

　1933年に権力の座についてからは、ヒトラーは増えつつあった所有車輌を増やすのに都合がいい立場にあった。1935年、4台の車がヒトラーの護衛班に割り当てられたが、翌年は8台になった。[6] ヒトラーの首相官邸は全部で60台以上の車をメルセデス・ベンツに注文した。

770を見るとヒトラーは言った。「将来はこの車だけを使うつもりだ」。

　ヒトラーが所有する車輌の中には多くの珍しい車があった。たとえば、3本の車軸とオフロードタイヤが装着されたクロスカントリー・メルセデスG4、あるいは第三帝国の公務に大量に用いられた540Kセダン型装甲車があった。しかしもっとも優れていたのが770 KW150で、1939年4月、1台目がヒトラーに引き渡された。

　通常のメルセデス・ベンツW150は、油圧式ブレーキと改良されたサスペンションを備えた、以前からの最高級車770リムジンの改良版であった。しかしヒトラーの車は——現在はジンスハイム車輌・技術博物館に展示されている、前頁の写真のように——全面に40mmの防弾ガラス、18mmの鋼鉄製のドア、ランフラットタイヤ、10mm鋼鉄強化の床など、数多くの特別仕様を誇った。すべては拳銃や500gまでの爆発物に耐えられるようにするためであった。もちろん、そうした特別な鋼鉄やガラスのために車体はひどく重くなり、車輌全備重量を5tにまで押し上げ、1ガロンでわずか6マイルという、恐ろしく燃費

効率の悪いものであった。[7]

　しかしヒトラーは懲りることなく、このモデルの最初の試作車を目にした時にこう言った。「将来はこの車だけを使うつもりだ」。[8] 彼はひどく感銘を受けたため、同盟国の支持者に贈るためにその車――10台しか生産されていなかった――を追加注文した。車を贈った相手にはフィンランドの元帥グスタフ・マンネルヘイム、ルーマニアのイオン・アントネスク、ノルウェーのヴィドクン・クイズリンク、スペインのフランシスコ・フランコ将軍、ブルガリア国王ボリス3世がいた。

　それほど熱愛していたにもかかわらず、ヒトラーはW150「だけ」を使うことに固執せずに、首相官邸の駐車場からもっと小型の装甲仕様車540Kをしばしば利用した。ヒトラーがどちらの車に乗っていようとも、警備の人間は安全を守るために当時最先端のノウハウを用いた。公の場に出る時、ヒトラーの車は通常少なくとも先導車とヒトラーの護衛用の2台を含む4台の車からなる護送隊をともなっていた。その進行を妨げる者はだれであれ容赦なく処刑された。イギリス軍の随行員が1938年に記したように、ヒトラーの護送隊は「小型機

防弾仕様でも無防備。

関銃その他の殺傷兵器でいっぱい」だった。「ウィーンに向かって遮二無二走って行く、ピカピカ光る黒のメルセデスの列には、ひどく禍々しい何かがあった」。[9]

　しかし、ヒトラーの安全管理がどんなに巧妙であっても、車が本格的な攻撃を受けた場合、どこまで彼の身を守れたかは疑わしい。何しろヒトラー自身のメルセデス・ベンツはほとんど全車が折り畳み式の幌屋根がついているクーペで、しかも群衆の喝采を浴びるために助手席の足置場に立つのがヒトラーの流儀であった。そんな状況では、拳銃や手榴弾で武装して断固とした決意で向かう暗殺者なら、車の防弾ガラスや装甲ドアに邪魔されることもなかっただろう。ヒトラーが、身の安全よりも見られることの方を重要視していたのは明らかである。

■原注

1　Trevor-Roper (ed.), *Hitler's Table Talk*［トレヴァー＝ローパー『ヒトラーのテーブル・トーク』］, p. 284.
2　Ullrich, *Hitler: Ascent 1889 – 1939*, p. 405.
3　*Hitler's Table Talk*［トレヴァー＝ローパー『ヒトラーのテーブル・トーク』］, p. 284.
4　Ullrich, *Hitler: Ascent 1889-1939*, p. 405.
5　同、p. 404に引用されている。
6　Hoffmann, *Hitler's Personal Security*, p. 65.
7　同。
8　Kempka, *I was Hitler's Chauffeur*［エリヒ・ケムカ『ヒットラーを焼いたのは俺だ』］, p. 24.
9　Moorhouse, *Killing Hitler*, p. 23［ロジャー・ムーアハウス『ヒトラー暗殺』高儀進訳、白水社、2007年、43頁］.

58
ルガー拳銃

　ルガー拳銃——より正確にはピストーレ・パラベルム（Pistole Parabellum）1908——は第三帝国の時代にドイツ軍が使用した古典的な自動装填式拳銃である。ルガーはその特有の形——細い銃身と鋭角に傾斜したグリップ——ですぐに見分けがついた。

　オーストリア人ゲオルク・ルガーが設計したピストーレ・パラベルムは1898年に特許を取得し、ベルリンのドイツ武器弾薬製造（DWM）会社によって1900年から製造された。グリップの部分に8発の弾倉が装備された自動装填式拳銃は扱いやすく、信頼性が高かったので、ラテン語のことわざ「Si vis pacem, para bellum」——「平和を欲すれば、戦争に備えよ」——パラ・ベールム　からその名がつけられた。

　ルガーの設計図は、世界初の自動装填式拳銃であった初期のC93モデルを開発したヒューゴー・ボルヒャルトの製品にもとづいて描かれていた。ルガーはその設計を改良し、より小型にして効果を一層高め、自身の設計に組み込ん

第三帝国の時代にドイツの軍隊で用いられた、ルガーの自動装填式拳銃。

だ。ルガー拳銃を、使い終わったカートリッジを押し出して次の弾を充填するためにはね返る、グリップの上に蝶番式のトグルロック機構を備えた特有の形にしたのが、この「ボルヒャルト・ルガー式」である。

> ルガーはその特有の形——細い銃身と鋭角なグリップ——ですぐに見分けがつく。

　後年の名声にもかかわらず、ルガーはなかなか普及しなかった。最初にスイス軍が1900年に採用し、ドイツ帝国海軍が1904年に大量注文した。4年後、ドイツ陸軍が主要な前線向け携帯武器として採用し、「ピストーレ08（P08）」と呼ばれるようになった。その後、1930年代後半にワルサーPPとワルサーP38モデルが登場するまで、ドイツの軍隊におけるP08の優位は揺るがなかった。また1938年になると——P38の方が選ばれたため——ルガーは公式には国防軍の標準装備の携帯武器からはずされたにもかかわらず、なおも製造され、1945年まで広く使われていた。全部で約300万丁のルガーが製造されたと考えられている。

1941年のソ連侵攻時にルガー拳銃を持つドイツ軍兵士。

　第二次世界大戦中、ルガーはちょっとしたドイツの象徴、記念品として連合国軍兵士たちに重宝された。時にこうした人気の高まりをドイツ軍が都合よく利用することがあり、うち捨てられたルガーが罠として使われ、それが動かされると仕掛け爆弾か地雷が爆発するように工作された。[1] このことは、戦利品を探す連合国軍兵士を用心深くしたが、ルガーの名声を弱めることはほとんどなかった。

■原注
G. Rottman, *World War II Axis Booby Traps and Sabotage Tactics* (Oxford, 2011), p. 49.

59
グライヴィッツ・ラジオ塔

　ポーランド南西部のグリヴィツェにあるラジオ塔について、近頃の旅行案内書は、ヨーロッパ最大——高さ118m——の木造建築物である、といった、当たり障りのない情報を載せている。しかしこの塔の歴史的な重要性はきわめて高い。第二次世界大戦が勃発した場所がそこであったのはほぼ間違いないからだ。

　ラジオ塔が建設されたのは1935年で、当時グリヴィツェはポーランドとの国境近くのドイツ領であり、グライヴィッツというドイツ語名で通っていた。含浸処理したカラマツ材を格子状に組み、1万6000本の真鍮ボルトで連結して建てられた塔は、近くにある地方の首都ブレスラウ（現在のヴロツワフ）から発信された帝国放送［ドイツ語放送］のラジオ信号を受信する中継局とされていた。

　それにもかかわらず、ナチスがポーランドに対する開戦の口実を必要とし、世界が注視する中で自分たちの行動を正当化することを望んだ時、グライヴィッツはナチスの策略の中心となった。1939年8月31日の晩、午後8時のニュース速報の直後、アルフレート・ナウヨックス率いるSS保安部（SD）のメンバー7人がラジオ局に突入した。彼らの任務はポーランド語で扇動的なメッセージを放送することで、それによって、ポーランドの非正規部隊が正当な理由のない攻撃で放送局を制圧したことを世界に示そうとした。

　ドイツ人スタッフを人質に取り、彼らを地下室に閉じ込めた後で、侵入者のSS隊員はある問題に直面した。グライヴィッツ局には放送スタジオがなく、スタジオがあるのは同じ町にある——3km離れた——別の局であった。自分たちのあやまちを挽回しようと、地元のラジオ聴取者に悪天

その日遅くに招集した国会でヒトラーが事件について報告した時、彼は犠牲者のようなふりをして、ドイツ軍は現在「撃ち返して」いると述べた。

候が近づいていることを警告するために使われる、いわゆる「荒天用マイク」を通じて放送することにした。チャンネルを開き、回線が失われるまで、彼らはメッセージを読み上げた。「こちらグライヴィッツ。ラジオ局はポーランド側の手中にある……」。SS部隊はいらいらしながら立ち去る時に43歳の人質──ポーランド人の農場労働者フランチシェク・ホニオク──を射殺し、現場に信ぴょう性を与え、ポーランド人たちが攻撃の背後にいたと「証明」されるよう、遺体をその場に放置した。[1]

　当時何人の聴取者が実際にSSの放送を聞いたかははっきりしない──きわめて少数だったと推測する者もいる──が、2時間後にはそのメッセージがドイツのラジオ放送網全体で報じられた。翌朝ドイツの国民は、ポーランドの不正規兵による攻撃を受けたという驚くべきニュースで目を覚ますことになった。そしてその日遅くヒトラーが国会を招集しそのことを伝えた時、彼は被害

グライヴィッツ・ラジオ塔と送信局。第二次世界大戦が勃発した場所。

グライヴィッツ・ラジオ塔　213

者のようにふるまい、ドイツ軍は現在「反撃して」いると述べた。[2]

　グライヴィッツ事件は、ポーランドを不安定にし信用を傷つけるためにその秋に計画された、一連の「挑発」攻撃の一環であった。そうした攻撃は他にホーホリンデン［ポーランド名ストドウィ］でのドイツ税関への襲撃、タルノフ駅への爆弾攻撃、ピッチェン［ポーランド名ピチナ］の営林署への襲撃があった。

　これらの、いわゆる「偽旗」作戦は、力は正義であるとの信条を掲げていた全体主義政権の常套手段で、国際法を巧みに欺く策であった。たとえば日本は1931年、中国に対する宣戦布告の口実として、奉天［現在の瀋陽］で偽旗作戦を起こした。グライヴィッツ事件のひと月後にはソ連軍が、ソ連とフィンランドの国境にあるマイニラで自国の国境標を爆撃し、それによってフィンランド侵攻にもっともらしい理由づけをした。しかしそうした作戦の中でもグライヴィッツのラジオ局襲撃事件は一番有名で、全体主義の現実政策（レアールポリティーク）の冷笑的な残酷さをこの上なく象徴していた。驚いたことに、その真下ですべてが起きた塔は、グリヴィッツェ郊外に今なお——118mの高さで——屹立（きつりつ）している。

■原注

1　Alfred Spieß, Heiner Lichtenstein, *Das Unternehmen Tannenberg* (Wiesbaden, 1979)［アルフレート・シュピース、ハイナー・リヒテンシュタイン『総統は開戦理由を必要としている：タンネンベルク作戦の謀略』守屋純訳、白水社、2017年], p. 141.

2　Terry Charman, *Outbreak 1939* (London, 2009), p. 81.

60
独ソ条約国境線地図

　1939年8月23日、世界はアドルフ・ヒトラーとヨシフ・スターリン——ナチ・ドイツとソヴィエト連邦共和国——が不可侵条約を結んだと知って衝撃を受けた。多くの同時代人が考えたように、世界秩序が混乱に陥れられたかのようだった。イデオロギー上の対立によって時代を特徴づけた二つの国家が今や結託し合っていた。かつては侮辱し合っていたが、今ではお互いの長所をほめ合っていた。ある識者が回想したように、あまりに不吉であったので、文明そのものの崩壊の前兆であるかのように思われた関係であった。[1]

　それから間もなく、災厄を予言する人々が恐れていたことの多くがすでに起こっていた。独ソ協定の調印から1週間後、ヒトラーはポーランドへ侵攻した。撤退を拒否したため、英仏両国が宣戦布告した。その2週間後、スターリンは新たなパートナーから約束された戦利品の分け前を確実に得るべく、ソ連の赤軍をポーランドへ侵攻させた。ポーランドは二つの侵略国によって計画的に消滅させられ、軍隊は弱体化、国民はしいたげられて財産は取り上げられ、都市と町は瓦礫と化した。

　1939年9月最後の数日間までに、ドイツとソヴィエトのポーランドにおける軍事作戦は終わりに近づきつつあり、すでにこの二つの独裁政権は協力関係の次の段階を目指していた。ドイツの外相ヨアヒム・フォン・リッベントロップが再び会談のためにモスクワを訪れ、もう一つの申し合わせが準備されつつあった。今度の合意には、堂々と「独ソ境界友好条約」という名称が与えられた。

　ポーランド国家を復活させないことへの同意と、進行中の協力体制の確立を除けば、両者の話し合いの大半は、占領したポーランドのちょうど中心を通ることになる、新たな独ソ国境線を引くために費やされた。もちろん、ドイツとソヴィエトの交渉チームのどちらにも、ポーランドの地理を細かな点まで熟知していない者が多くいたことが考慮され、両チームの協議を助けるために、モ

215

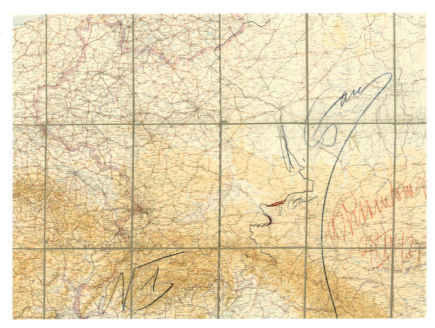

戦利品。

スクワのドイツ大使館より、この大縮尺のポーランド地形図が提供された。

　地図はクレムリンで机の上に広げられ、両国の合意に達するように新たな境界線が引かれた。もともとの独ソ協定では、二国間の予想される分割線はヴィスワ川の中流域に沿って、ポーランドの中央をほぼ直線で貫くことで合意されていた——ワルシャワは国境に位置することになっていた——が、その案は見直されることになった。リトアニアをソヴィエトの「勢力圏」に割譲する代わりに、スターリンはポーランドの領土に対する自分の要求を縮小し、ブーグ川を自分の新たな国境線として受け入れる気であった。

　黒い線は、要求通りに地図の上から下へブーグ川に沿って、その1週間前にソヴィエトとドイツ軍が合流したブレストを過ぎ、南のチェルウォノグラードまで引かれ、そこで下流に向かって曲がる前にソロキヤ川を西へ進み、ハンガリーとの国境であるベスキディ山脈のシアンキ村までをサン川の上流に沿っていった。意見の相違か混乱があった二つの場所——プシェミスルの東とルバチ

ュフの北——で、国境線が訂正されているのがわかる。

　話し合いが終了すると、ポーランドはほぼ均等にきれいにふたつに分割された。ドイツ側は20万1000㎢の領土と2000万人の住民、ソ連側は18万8500㎢の領土と1200万人の住民を得た。[2] それから、双方が合意に達したことを示すために地図に署名が入れられた——リッベントロップは「28 IX 39」と日付を入れ、赤鉛筆の飾り書きで署名を添え、スターリンは青の渦巻き線で署名し、2ヶ所の修正のすぐそばにイニシャルを加えた。そして自分の客に向かっていたずらっぽくたずねた。「私の署名があなたにおわかりになるかな？」[3]

　独ソ国境友好条約は、その前に結ばれた独ソ不可侵条約ほど知られていないが、第二次世界大戦から1ヶ月後の中央ヨーロッパにおける新たな支配情勢を完全に反映した点で重要である。ポーランドは敗北が避けられないのを悟って降服したため、侵略者にとってはすでに国家として存在しないも同然で、国土はやすやすと分割された。影響力を保持した数少ない強国がヒトラーのドイツとスターリンのソヴィエト連邦であった。しかも——驚くべき尊大さで——この二つの勢力は地図に黒い線を引き、二国間で領土を分割した。ポーランドが近隣諸国に蹂躙されて消滅したのは150年間で2度目のことであった。

> スターリンはいたずらっぽく自分の客にたずねた。「私の署名があなたにおわかりになるかな？」

　独ソ不可侵条約を——当時とその後で——擁護しようとした者たちは、それは1930年代に一時的に流行していた他の似たような条約と同じように、単なる不可侵条約にすぎなかったと言う。とはいえ、この立て続けの合意——独ソ境界友好条約——が1ヶ月と少しの後にモスクワで調印され、独ソ不可侵条約とはいささか異なるところがあるということを示した。それはドイツとソヴィエトとの間でさらに四つの経済条約の締結と、幾多の外交および政治的接触を生んだ22ケ月間にわたる関係の始まりであった。さらにはこの地図が示すように、この関係は不可侵どころか、正反対の、侵略行為の上に築かれた関係であった。

独ソ条約国境線地図　　217

新たな友。1939年8月独ソ不可侵条約の調印の席で、リッベントロップとスターリン。

■原注
1 'Chips' Channon［ヘンリー・チャノン卿、イギリスの政治家］の言葉は Roger Moorhouse, *The Devils' Alliance: Hitler's Pact with Stalin, 1939-1941* (London, 2014), p. 142に引用されている。
2 Moorhouse, *Devils' Alliance*, p. 51.
3 Andor Hecke［ドイツの外交官］の証言は Lawrence Rees, *World War II Behind Closed Doors* (London, 2009), p. 33に引用されている。

61
灯火管制ポスター

　ナチ・ドイツでは、1939年の開戦初日に灯火管制が命じられた。空襲の脅威を最小限にするために、日暮れ以降はすべての光源を消すか、明かりを覆うか、外に漏れないように光を遮断することが義務づけられた。鎧戸やカーテンだけでなく、窓の内側に貼ることのできる灯火管制用の厚紙が用いられることもあった。車のヘッドライトも覆いをつけ、レストランとバーは、客が店に出入りする時に光が漏れないよう、特別な予防措置を講じなければならなかった。500m上空から光が認識されてはならないとの指示が出された。町と気づかなければ、敵も爆弾を落とすことはないだろうという論法であった。

　灯火管制の指示は単なる勧告でも、任意でもなく、厳格に施行された。家主のために役に立つ情報を記した冊子が配布され、地域のナチ党の代表者である街区監視員が手伝って、きちんと守られているかを確認することもあった。さらに次頁に挙げたようなポスターも、住民を命令に従わせるために印刷されたものだった。これは戦時中のドイツでもっともよく目にしたポスターの一つで、敵の爆撃機の上にいる恐ろしげな骸骨が、戸口を開いて一瞬光をもらしてしまった不注意な住民の上にその爆弾を投下しようとしている様子を表している。ポスターにはこう書かれている。「敵は明かりに気づいている！　暗くせよ！」

　そうした指示に耳を貸さず、従わない者はまず正式警告を受け取ることになった。「この家はきちんと明かりを遮断していない」と布告し、なおも遵守しない場合はどうなるかを警告する紙が、厄介な家のドアに貼られた。そうなった場合は深刻な事態を招きかねなかった。ゲシュタポの尋問に始まり、時には地元の強制収容所への一時的な収容になることもあった。外国の状況と比較することができた人々が、戦争初期のドイツの灯火管制は近隣諸国よりもずっと徹底していると見なしたのも意外ではない。灯火管制下のパリは、やはり灯火管制下のベルリンと比べ、「光の都市」のようだ、とある者は記した。[1]

219

「敵は明かりに気づいている！」——プロパガンダ、あるいは民間防衛活動の訓練？

さらに灯火管制は、社会と技術に顕著な影響をおよぼした。事故死の数が急増し、軽犯罪と交通事故も同様だった。蛍光塗料の売り上げも急に伸びた。縁石は白く塗られ、青いフィルターのかかった白熱電球が使用された。どちらも波長が短いため敵機まで光が届かないからであった。皮肉なことに、灯火管制はレーダー測定装置の開発を促した。1942年にこのポスターが製作されてから間もなく、イギリス空軍が旧式のH25レーダー一式を爆撃機に取りつけ始めたので、目で確認する必要なく目標物に狙いを定めることができるようになった。

灯火管制には現実的な機能と同じくらい政治的な目的——命令への服従の促進と、共同体意識の軍国主義化——もあったとされる。[2] いずれにしても、じきにあらゆる参戦国で定着した防空手段となり、銃後の生活に計り知れない影響をおよぼした。

町と気づかなければ、敵も爆弾を落とすことはないだろうという論法であった。

■原注

1　Moorhouse, *Berlin at War*［ムーアハウス『戦時下のベルリン』］, p. 35.

2　M. R. D. Foot, in *The Oxford Companion to the Second World War* (Oxford, 1995), p. 134.

62
認識票

　第二次世界大戦が始まるまでには、ほとんどのヨーロッパの国の軍隊が、自国の兵士のために正式な身元確認方法を制定していた。おそらくこの背景には、何百万人もの死者が身元不明のまま放置された第一次世界大戦の大混乱があるのだろう。

　ドイツの認識票(エアケヌングスマルケ)を用いた方式は1917年から使われていた方式の変形で、兵士はみな、楕円形の薄い金属板を首から下げて身につけていなければならなかった。金属板の中心線に沿ってミシン目が入れられ、上下どちらの側にも部隊、登録番号、血液型が刻印されていた。この写真に挙げた認識票は、兵

死者の身元確認。SS師団「ヴィーキング」所属兵士の持ち物であったドイツ軍認識票。

士が第5SS装甲師団「ヴィーキング」に所属し、名簿の番号が588、血液型がB型であることを示している。これを身につけていた兵士は金属板がじかに皮膚に触れないよう、目の粗い麻袋に入れて使用していた。

　兵士が亡くなると、認識票の下の部分が仲間の兵士によって折られ、家族に通知する手続きを始めるために部隊指揮官に渡された。残りの半分は遺体の身元確認のためそのまま元の位置に置かれた。やがて死亡通知書が中央管理局、すなわち国防軍情報センター（WASt）へ回され、そこに登録されてある近親者へ形式的な書類が発送された。時には、特に死亡した兵士がよく知る者であったなら、部隊指揮官が個人的に家族へお悔やみの言葉を送ることもあったかもしれない。

> もっとも数が多かったのは、倒れた場所にそのまま放置された死者であった。

　一方、兵士の遺体はとりあえず簡単に埋葬するしかなかったであろう。やがて──軍事情勢が許せば──掘り出され、兵士の名前と死亡日を記した簡素な木の棺に入れられて、戦没者共同墓地に正式に改葬された。位の高い将校だけが、戦場で亡くなった後に遺体が本国に送還されることになっていた。

　ドイツ軍が前進し続け、後方地域が安全で、遺体の身元を確認しながら埋葬していた間は、そのシステムはうまく働いていた。しかしひとたび前進が止まるか、あるいは──もっと悪いことに──ドイツ軍が退却状況に陥るやいなや、システムは完全に崩壊した。結果として「行方不明」としか名簿に記載されなかったドイツ軍兵士の数は戦争の間中加速度的に増え、身元が突き止められて登録された死者の数を優に上回った。その状況は東部戦線において特に深刻で、そこではイデオロギー闘争の激情の爆発のために、死者でさえなおも容赦なく攻撃された。時には、ドイツ兵の遺体がソヴィエト兵によって集められ──ソヴィエト兵の遺体と同じように──何の標識もない集団墓地に埋葬されることもあった。しかし、それよりも圧倒的に多かったのは、倒れた場所にそのまま放置された死者であった。ようやく1991年になって、そうした遺体

を回収しようという組織的な企てが試みられたようだ。対ソ戦では3400万人のドイツ兵が戦死したと考えられているが、今日までに墓に埋葬されたのはわずか80万体にすぎず、現時点で身元が判明しているのはそのうち半分にすぎない。[1]

　兵士の遺骨回収を進めるにあたって待ち受ける困難な状況は、近年、愛好家による戦場考古学への関心や「戦利品探し」に向かう傾向が高まっているため、いよいよ悪化している。認識票はインターネットのオークションサイトでも簡単に見つけられるが、本物の無傷の認識票の多くは、人の亡骸——今も身元不明のまま放置されている遺体——から取られたものである。

■原注

1　以下の記事を参照。'Germany Still Burying Eastern Front Dead', in *Spiegel International,* at http://www.spiegel.de/international/europe/germany-to-open-last-wwii-war-cemetery-in-russia-a-914093.html.

63
映画『永遠のユダヤ人』ポスター

　1940年11月にベルリンで封切られた悪名高い映画『永遠のユダヤ人（Der Ewige Jude)』は、ナチのプロパガンダの中でも最低の評価を記録した。

　映画は——当時のポスターの副題にあるように——「世界ユダヤ人についてのドキュメンタリー」と銘打ち、ドイツのニュース映画の声、ハリー・ギーゼによるナレーションまでつけられていた。しかし実際にはまったくとんでもない内容の、ナチのプロパガンダであった。野卑な言葉で主張されたその明確なメッセージは、ユダヤ人はヨーロッパ文明に「寄生する破壊者」、寄生虫も同然だというものであった。

　映画製作の発端は、積極的にドイツ国民の間に反ユダヤ主義的態度を伝え広めようとするナチの試みにあった。消極的な反ユダヤ主義はすでにドイツ国内でかなり広まっていたが、ナチの指導部はそれ以上のことを求めた。1938年の「水晶の夜」のポグロム［11月9〜10日の夜、ドイツ全土のユダヤ人を襲った組織的な暴力と迫害］に対する国民のさまざまな反応に刺激され、ゲッベルスは反ユダヤ主義的プロパガンダを強化し始め、ドイツの民衆に、この先予定していた、ユダヤ人に対するより苛酷な処置に対する心の準備をさせた。[1] 映画はこの目的のために理想的なメディアと見なされた。ゲッベルスは映画を、世論を操作する必要不可欠な手段ととらえ、ドイツの映画産業の拡大にみずから乗り出した。1937年に映画産業を国営化した後は、絶えず水準を高め、政治的内容を増すようせきたてた。いつの日かドイツの映画がハリウッド映画と張り合うことを願いさえした。[2]

　こうしてドイツの映画産業はナチの計画に利用され、プロパガンダ映画——1935年のレニ・リーフェンシュタールの代表的映画『意志の勝利』など——がすぐに通常の恋愛映画や劇映画と並んでドイツの映画館に登場し始めた。『ユダヤ人ジュス』と『ロートシルト家』の公開年と同じ1940年に『永遠のユダ

ヤ人』が公開された時までには、プロパガンダ映画は反ユダヤ主義的キャンペーンの重要な要素となっていた。とはいうものの、この映画はそれまでの反ユダヤ主義的な作品とは異なっていた。他の作品は、プロパガンダメッセージに対しては従来通りのフィクションや歴史的な作品など、どちらかといえばあからさまでない手法を採っていたが、『永遠のユダヤ人』は——群れをなすネズミの映像やユダヤ教の宗教的規定に従った屠畜のどぎつい描写など——とにかく露骨であった。

映画は、少し前に開催された同名の展覧会を利用していた。1937年から1939年にかけてドイツ全土を巡回したその展覧会では、数多くの反ユダヤ主義的神話を固定化することで、ユダヤ人の名誉を毀損し、人間性を失わせていた。今やゲッベルスのプロパガンダの扇動者たちは、映画という新しいメディアに合わせてそうした忌まわしいメッセージを脚色する機会を得た。映画『永遠のユダヤ人』には、展覧会同様に、観客に偏見を抱かせる偽りの歴史や、低俗な反ユダヤ主義的比喩、人種差別的な俗信が含まれるが、展覧会の時よりもはるかに広範囲の観客を獲得したのが、とりわけ重大であった。

「ユダヤ映画」と名づけた映画の封切のために、ゲッベルスは特別な指示を与えた。ベルリンだけで『永遠のユダヤ人』は66館の映画館で公開されたが、この、ヘブライ語に似せた題字と、ユダヤ人を描く際にお決まりのかぎ鼻の上でこちらをにらむ、悪意に満ちた黄胆汁色の顔で構成されたポスターの印刷によって、映画の公開は大げさに宣伝された。ポスターには、映画の残虐な内容についての思わせぶりな注意書きが添えられたヴァージョンまであり、女性や子どもは検閲済の上映回に行くよう忠告されていた。

すぐにナチに忠実なジャーナリストたちは、映画に登場する「恐ろしいシーン」についてまくしたて、「ユダヤ人問題の解決」という任務に取り組んでいる人々に「深い感謝の念」を表明した。[3] SSの「世論報告書」は、映画に関して「強い期待の念」が確認されたことや、「非常に印象的」だと思われたこと、そしてミュンヘンでは観客が拍手までしていたと主張した。[4]

しかしドイツ人が一様に興奮したわけでなかっ

野卑な言葉で主張されたその明確なメッセージは、ユダヤ人は寄生虫も同然だというものだった。

た。同じSSの記録によれば、ミュンヘンで観客が拍手をしていたとしても、ブレスラウでは「ユダヤ人の堕落はもう十分だ」と述べて映画館から出た兵士たちもいたようだ。失神者も出た。確かに観客の数——推計わずか100万——は『ユダヤ人ジュス』の公開時に報告された観客数の一部にすぎず、映画は興行的には失敗とされた。SSは「政治的に積極的な一部」の国民だけが映画を見たと示唆することで動員数の減少を説明した。しかしナチ統治下のドイツで日記を記していたユダヤ人言語学者のヴィクトール・クレンペラーはこう書いている。『永

1940年製作の映画『永遠のユダヤ人』ポスター——プロパガンダ映画だが、万人向けではない。

映画『永遠のユダヤ人』ポスター　　227

1938年にベルリンで開催された「永遠のユダヤ人」展のパンフレット表紙。

遠のユダヤ人』は「派手な宣伝」が繰り広げられたにもかかわらず、民衆が「退屈と嫌悪」の念を示したためすぐに消え去った、と。[5] どちらも正しかったのかもしれない。

当然ともいえる悪名のおかげで、『永遠のユダヤ人』はナチスのプロパガンダ映画、すなわち、大ざっぱで露骨でお粗末な内容の映画の典型と見なされているかもしれない。しかし実際にはこの映画は例外であった。ゲッベルスは聡明であったので、プロパガンダはやみくもにすべきではなく、剣のごとく鋭くなくてはならないこと、対決するよりは誘惑すべきで、どなりつけるよりは説得すべきことを正しく認識していた。おそらく失望しながらも、観客は指導者たちによってプログラムが組み込まれるのを受動的に待っている自動人形ではないことをゲッペルスは知っていた。そのため、彼が通常取っていた手法は、『永遠のユダヤ人』が示すはずだった効果よりもはるかに巧妙で、一見政治と無関係の内容に包まれ、潜在意識に働きかけるプロパガンダからなることが多かった。実のところ、ナチ時代にもっとも大ヒットした映画はプロパガンダ映画どころか、『大いなる恋（Die Grosse Liebe）』という、歌手と戦闘機パイロットのロマンス物語であったことは覚えておくに値する。

■原注

1　David Welch, *The Third Reich: Politics and Propaganda* (London, 1993), p. 82.
2　Peter Longerich, *Goebbels* (London, 2015), pp. 285-8を参照のこと。
3　Saul Friedländer, *The Years of Extermination: Nazi Germany and the Jews, 1939-1945* (London, 2007), pp. 101-2.
4　Heinz Boberach (ed.), *Meldungen aus dem Reich*, Vol. VI (Herrsching, 1984), p. 1918.
5　Victor Klemperer, *I Shall Bear Witness* (London, 1998), p. 348.

64
ペルビチン

　1939年11月半ば、一人の若き国防軍兵士が占領地ポーランドからケルンの実家に手紙を書き、両親やきょうだいに近況を伝えるかたわら、「ペルビチン」を送ってくれるよう頼んだ。[1]

　ペルビチンは今ではクリスタル・メスと呼ばれる、初期の低用量のメタンフェタミン、いわゆる「スピード」であった。1936年のベルリンオリンピックでアメリカ人選手団がベンゼドリン［覚醒剤アンフェタミンの商品名］を使用したことに刺激され、ドイツの製薬会社テムラー社によって開発されたペルビチンは、1938年に錠剤の形で初めてドイツの市場に登場した。抑うつから性欲の減退まで、あらゆる症状を緩和する「気つけ薬」、興奮剤として売り出されたペルビチンは、ただちに一般市民の間で人気を博すことになった。[2]

　ペルビチンが評判を呼んだことで、当然のことながら、すぐにこの薬物はドイツ軍の注目するところとなり、1939年夏までには、すでにベルリンの軍医科大学校のオットー・ランケ博士が、軍隊の被験者にその効果を確かめる実験

思いもよらない電撃戦の推進力の一つ、ペルビチン。

をおこなっていた。1939年9月のポーランド侵攻作戦中、国防軍の運転手を使って試した後、ランケは薬の効果がアドレナリンのそれと同じであることに気づいた。すなわち、敏捷性の向上、自信の増大、心理的抑制の低下、危険を冒す意欲の高まりが見られた。これらのことから、ペルビジンが戦争でドイツの勝利に役立つと結論づけるのは簡単であった。

こうして1940年の春と夏には、3500万錠のペルビチン——通称「シュトゥーカ・タブレット」——がドイツ軍に分配された。不眠状態を維持するために、必要な時は3mgの錠剤を1、2錠摂取するよう勧められた。

> ペルビチンが戦争でドイツの勝利に役立つと思われたに違いない。

それだけ多くのメタンフェタミンが戦闘におよぼす効果については、多くの憶測が生まれた。おそらく、敏捷で自信に満ち、危険を冒すのをいとわず、3日間続けて起きていられた兵士がきわめて有能な戦士であることを証明したのは明らかだ。確かに当時書かれた日誌などの記録から、ペルビチンが実際にきわめて重要であったことがわかる。たとえば対フランス戦の間、第一装甲師団の補給将校は——西へ大急ぎで車輌を走らせている兵士たちが睡眠を取らずに運転できるよう——約2万錠の薬物を携行しなければならなかった。[3] 最近の研究者の中にはさらに推察を進め、電撃戦自体、機械類だけでなくアンフェタミンによって駆り立てられていたと提唱する者もいる。[4]

しかしペルビチンの魔力は続かなかった。戦闘において、最初のうちは人にもたらす効果は明らかだったが、国防軍の医師は次第にその薬物の副作用や、使用者の間で明らかに薬に対する耐性が増していること、さらには当然のことながら、高い割合で中毒になりやすい点を懸念するようになった。実際1940年には制限薬物のリストに加える動きが起こった。

この点に関しては、冒頭に紹介した兵士が、ポーランド従軍での軍事作戦が終了してから1ヶ月以上経った1939年11月に、家族に宛ててペルビチンを新たに入手してほしいと懇願する手紙を書いていたことが、多くを物語っている

だろう。この時すでに戦闘の終結から大分経っていたが、明らかに彼は、戦闘中に愛用していた麻薬をまだ必要としていた。

■原注

1　このハインリヒ・ベル［ドイツの作家、1972年ノーベル文学賞受賞］の手紙はAndreas Ullrich, 'Hitler's Drugged Soldiers', *Der Spiegel*, May 2005に引用されている。

2　Norman Ohler, *Blitzed: Drugs in Nazi Germany* (London, 2016)［ノーマン・オーラー『ヒトラーとドラッグ：第三帝国における薬物依存』須藤正美訳、白水社、2018年], p. 41.

3　Karl Heinz Frieser, *The Blitzkrieg Legend* (Annapolis, 2013)［カール=ハインツ・フリーザー『電撃戦という幻』上下、大木毅・安藤公一訳、中央公論新社、2003年], p. 119.

4　Nicolas Rasmussen, *On Speed: The Many Lives of Amphetamine* (New York, 2009), p. 54.

65
MP40 短機関銃

　1918年、最初の短機関銃がフーゴ・シュマイサーによってズールのベルクマン武器製造社（ヴァッフェンファブリーク）で開発された。ベルクマンMP18と呼ばれた、円盤形の弾倉によって弾を込める仕組みのこの機関銃は、第一次世界大戦の最後の数ヶ月間、ドイツ軍の突撃歩兵に支給された。塹壕という狭い空間にふさわしかったので、成功作と見なされ、戦後は改良MP28やシュタイアーMP34など、数多くの類似品が出回った。しかし一番傑出した次世代短機関銃がMP40で、第二次世界大戦中のドイツ軍を象徴する短機関銃である。

　前の型であるMP38の簡略型として開発されたMP40は、金属とプラスチックだけで製造された最初の機関銃で、木材は用いられなかった。折り畳み式のスケルトン銃床と32発箱型弾倉が特徴で、主要な部品は機械加工ではなく型に合わせて打ち抜かれていたので、大量生産を容易にした。MP40は戦闘中の操作が簡単で、理論上1分間に500発の弾を発射可能で、有効射程距離は100〜200mだったため、兵士が熟練した狙撃兵でなくても圧倒的な火力を発揮できた。とはいえ、いくつか欠点があり、まず周囲がほこりやちりまみれの状況

ＭＰ40短機関銃。

では故障しやすかった。またその特徴的な弾倉をグリップとして使った場合、弾倉が装填の際のみぞから外れてしまった。

> 兵士が熟練した狙撃兵でなくても圧倒的な火力を発揮できた。

連合国軍は、MP38やMP40の開発にフーゴ・シュマイサーは直接関わりがないにもかかわらず、MP40を「シュマイサー」と誤って呼んだ。シュマイサーは以前のモデルＭＰ36の試作品を設計し、その銃固有の弾倉の特許を取っていた。一方、どちらかといえばそれよりも無味乾燥な、MP40というドイツ語の名称は、口径9mmのピストルの弾薬が使われた兵器として、「機関拳銃（Maschinenpistole）」を意味する識別コードのMPに最初の製造年を合わせたものであった。

開戦当初は、Kar98kライフルがドイツ軍歩兵連隊の標準的な武器で、MP38は、わずか8000丁だけが通常は小隊か分隊の指揮官に支給された。とはいえ戦争が進行し、市街戦が次第に重要な戦闘の形態になるにつれ、MP40が大量に支給されるようになり、1944年後半の生産停止までに100万丁が製造された。

MP40がドイツの機関銃の中で代表的な地位を占めているのは、戦後のハリウッド映画の影響が大きい。映画の中では実際よりも広範囲に使用されたように描かれていたが、それはこの武器の先進的な特徴と堅固な有用性によるものでもあり、各国の兵士が好んで「記念品」として持ち帰ったためであった。

MP40を手に警戒するドイツ陸軍兵士。

MP40 短機関銃　233

66
武装SSの新兵募集ポスター

　1940年に制作されたこのポスターは、ドイツ占領下のベルギーで、フラマン人を武装(ヴァッフェン)SSの兵隊に徴集することを狙いとしていた。ポスターは、フランドル伯領として国家的なまとまりがあったフランドル地方の中世時代を呼び起こすよう、フランドルの特徴的な建築物や紋章——左後肢で立ち上がったライオン——の上に、中世の鎧をつけた騎士のイメージを重ね合わせている。

占領下のベルギーでフラマン人新兵を募集するための武装SSのポスター。

下の部分には、迷彩柄のヘルメットをかぶった、様式化されたSS隊員の姿があしらわれ、一番下にはこう書かれている。「武装SSとフランドル義勇団に出頭せよ」。

　この新兵募集キャンペーンの結果、推計4万人のベルギー人義勇兵のうち、最初の1000人が武装SSに加わった。[1] 1941年、当初SS装甲師団「ヴィーキング」内のSS「フランドル」義勇団と名づけられたフラマン人SS部隊は、東部戦線にのみ従軍し、初期にレニングラード周辺の戦闘を経験したが、1943年1月に大敗を喫した。その後、第6SS義勇突撃旅団「ランゲマルク」として再編成され、ウクライナに派遣されたが、再び1944年8月に事実上全滅し、生き残った兵士たちは再装備され、第27SS義勇擲弾兵師団「ランゲマルク」と改名された。この部隊が、赤軍からドイツ東部を防衛するために最後まで戦い、1945年5月にメクレンブルクで降伏した。戦闘を生き延びて故郷に帰れた者のうち、約30人が死刑の宣告を受け、処刑された。[2]

　フラマン人SS部隊の恐ろしい経験は決して特別な例ではなかった。とはいえ、おそらくは興味深いことに、武装SSに入隊する外国人義勇兵が不足することは滅多になかった。結果として、特に1941年のソヴィエト連邦侵攻作戦で快進撃を挙げた後、組織は急速に拡大した。その指揮官であったSS全国指導者ハインリヒ・ヒムラーは外国人兵士の募集を、きわめて重要な人的資源の供給源としてだけでなく、新たなイデオロギー戦争に完璧に合致したナチの闘士、すなわち、反ボルシェヴィズム運動の参加者の前衛と見なしていた。

　しかし、実際には入隊の動機は実にさまざまであった。確かにナチの人種差別的イデオロギーに共感した、あるいは「反ボルシェヴィキ」運動というナチの話に惑わされて、イデオロギー的理念から隊員になった者もいた。しかし大半の外国人兵士にとって動機はもっと現実的であった。軍隊に入って冒険をしたいという欲求、占領下の故郷の窮乏から脱する必要性、急場しのぎにナチ政権へ忠誠心を示す手段、あるいは――とくにソヴィエトの少数民族にとっては――戦前の圧制者へ仕返しをするチャンスであった。

> ドイツ人は残酷なスターリン政権に対して戦うことを熱望する多くの民族を見出した。

当初ヒムラーは、厳密な人種的基準を適用して、北欧ゲルマン系諸民族の特徴を持つ者たちを、スカンディナヴィアと低地地方出身の武装SS外国人新兵とともに捜し出して、その大半を第5SS機甲師団「ヴィーキング」——まさに、北欧人種共通の遺産［ヴァイキング］を利用した名前——に集めた。1941年にドイツが急速に占領地を獲得したことを受け、この時ヒムラーは武装SSの隊員資格の基準を緩め、反パルチザン作戦の配備のため、クロアチア、セルビア、ハンガリー、ルーマニアにいたドイツ人に、第7SS義勇山岳師団「プリンツ・オイゲン」への入隊を認めた。「プリンツ・オイゲン」こと、オーストリアのオイゲン・フランツ、プリンツ・フォン・ザヴォイエン＝カリグナンは、18世紀のトルコとの戦争——野蛮とされた敵とのもう一つの十字軍——でハプスブルク帝国の指揮官であったので、ここでも師団名は歴史的な響きを帯びていた。

　しかし、ドイツの戦争遂行機構の難局——無数の前線での戦闘作戦と慢性的な人員不足——のため、ヒムラーは自身の人種基準をさらに低く設定せざるを得なくなり、1943年には最初の「非ドイツ人」武装SS師団の創設を許可した。第13武装SS山岳師団「ハントシャール」（クロアチア第1）には、プリンツ・オイゲンがかつて戦った敵にあたるオスマン帝国の末裔、ボスニアのイスラム教徒も含まれ、隊の名称さえオスマン帝国の伝統的な剣から取られていた。後に彼らは、主にアルバニアのイスラム教徒からなる第21武装SS山岳師団「スカンデルベーク」（アルバニア第1）と一緒に編成されるが、その部隊の名はオスマン帝国と戦った中世アルバニアの英雄から取られていた。

　ソヴィエト連邦内で、残虐なスターリンの支配に対して戦うことを熱望する民族が多くいることにドイツ軍は気づいた。バルト海沿岸諸国、特にラトヴィアとエストニア人の中にも、特に1940年から41年に両国でおこなわれたスターリンの容赦ない占領政策に従ったソヴィエト軍にみずからの手で復讐するために、第15、第19、第20師団に自発的に加わる者たちがいた。さらに、1943年に創設された第14武装SS擲弾兵師団「ガリツィエン」［現在のポーランド南東部からウクライナ北西部にかけてのガリツィア地方のドイツ語名］は、ガリツィア地方出身者の中でも、かつてのポーランド領出身のウクライナ人から主に構成されていた。彼らはドイツ軍に従軍することをウクライナ独立達成のための重要な一歩と見なしていた。

236

単独のSS師団を形成しなかったとはいえ、東部戦線では他にも、タタール、コサック、アゼルバイジャン、チェチェン、中央アジアのトルコ系部族など多くの少数民族が、SS部隊でナチスの側に立って一緒に戦った。こうした協力者たちは全員、スターリンがソヴィエト連邦の支配力を取り戻した時に重い代償を支払うことになり、処刑されるか、強制労働収容所グーラーグに収容されるという苛酷な運命に直面した。

全部で100万近くの兵士が外国人「義勇兵」としてナチ・ドイツで軍務に就き、そのうち約60万人が武装SS所属の38個の師団に所属したので、すぐに外国人義勇兵の方が生粋のドイツ人兵士よりも数で上回った。(3) もちろん、そうした外国人義勇兵からなる部隊の多くはとてもまともな軍隊と言えなかった。一度もまともに戦うことのできなかった部隊や、ほとんど交戦することのなかった部隊もあるが、多くの部隊が残酷さと戦争犯罪で汚名を獲得した。しかし全体として考えると、武装SSは、これまで一つの旗の下で戦った軍隊の中で、最大の多国籍軍であったかもしれない。

ボルシェヴィズムとの戦いでナチスのノルウェー部隊（Den Norske Legion）に参加をするよう、ノルウェー人に呼びかける武装SSのポスター。北欧を象徴するヴァイキング船が背景に描かれている。1941年頃。

■原注
1　G. H. Stein, *The Waffen SS: Hitler's Elite Guard at War* (London, 1966)［ジョージ・H・スティン『詳細武装SS興亡史：ヒトラーのエリート護衛部隊の実像1939-45』吉本貴美子訳、吉本隆昭監修、学習研究社、2005年］, p. 139.
2　Rolf-Dieter Müller, *The Unknown Eastern Front: The Wehrmacht and Hitler's Foreign Soldiers* (London, 2012), pp. 129-30.
3　Stein前掲書、p. 287.

67
精神病院の鉄製ベッド

　アドルフ・ヒトラーの第三帝国の主要な根本方針とは、ヒトラーが異質、あるいは不適当な要素とみなしたものからアーリア人種を清めることであった。ホロコースト［ユダヤ人の大虐殺］は前者を処理するもくろみであったが、後者はいわゆる「T4作戦」、ナチの安楽死計画によって絶滅させられることになっていた。

　優生学——好ましくない特徴のある人々を犠牲にして、優秀とされる集団が子を産むことを奨励することにより、民族の遺伝的性質を改良するという思想

ザクセンブルク精神病院の鉄製ベッド。

――は何も目新しい思想ではない。この問題の多い「科学」は20世紀初頭に大変な人気を集め、多くの先進諸国がさまざまな方法で実験をおこなった。しかしその思想はヒトラーとナチスに特別な反応を呼び覚まし、彼らは「人種衛生学」という考えを広めた。彼らの意見によれば、優生学は彼らの反ユダヤ主義に疑似科学的根拠を与えたばかりでなく、安楽死という考え、すなわち障害者の「慈悲殺」を合法と認めた。

1933年7月14日には、早くも視覚障害と聴覚障害を含めた、遺伝的欠陥を引き継ぐ可能性があるとヒトラーが見なす者の強制的な断種を認める、「遺伝病子孫予防法（いわゆる断種法）」を承認した。1939年の戦争の勃発により、彼はさらに話を進め、広汎な安楽死計画を立法化する準備に取りかかった。その秋、「矯正不能な病気の患者」の「慈悲殺」を承認し、ベルリンのティーアガルテン通り4番地（Tiergartenstrasse 4）にある建物から実施されることになる――そこから「T4作戦」と名づけられた――審査計画を認可する法令にヒトラーは署名した。

> 家族は患者が肺炎や心臓の病気で亡くなったという偽の知らせを受け取ることになった。

その後2年以上にわたり、ドイツやオーストリア、占領下のポーランド全体で、精神病院に入院していた7万人の患者が殺された。ほとんどは毒ガスで殺された。ドイツに6ヶ所あったセンター――グラーフェンエック、ゾンネンシュタイン、ハルトハイン、ハダマール、ベルンブルク、ブランデンブルク――では、白衣を着たSSの医師が犠牲者をガス室へ送り届けた。死体が焼かれた後で、家族は患者が肺炎や心臓の病気で亡くなったという偽の知らせを受け取ることになった。

T4計画は正式には1941年に中止されたものの、完全には終了しなかった。計画の権限が地元の施設に移譲されたにすぎなかったからだ。T4計画が実施された施設の一つがシュヴェリンにあるザクセンブルク精神病院で、ここに挙げた鉄製のベッドも同病院で使われていたものである。ザクセンブルクでは総計およそ1000人の、精神や身体に障害のある人々――多くの子どもを含む――が殺された。主治医たちによって死を宣告された彼らは、バルビツール剤やモルヒネを致死量与えられ、その後死体は焼却された。[1] 彼らは、ナチ特

精神病院の鉄製ベッド　239

有の言いまわしによれば、「価値のない人生を送っている」者たちであった。[2]

約10万人の障害者が、T4計画などに従ってナチに殺されたと考えられている。もちろんホロコーストの死者と、さらに広範囲におよぶ、ヒトラーの起こした戦争による死者の数に比べれば少ない。だがそれでも、T4作戦の犠牲者はきわめて重要な意味を持つ。すなわち、T4計画はホロコーストのリハーサルであった――障害者の殺害で得た多くの役立つ専門的技術がやがてユダヤ人大虐殺に移行した――ばかりでなく、ヒトラーの人種主義国家の邪悪な本質を、残酷なまでにはっきりと示しているからだ。

1934年、SSが撮影した、シェーンブルン精神病院に入院中の障害児たち。

■原注

1　K. Haack, E. Kumbier, 'Verbrechen an psychisch Kranken und Behinderten in der Zeit des Nationalsozialismus. Eine Bestandsaufnahme unter besonderer Berücksichtigung von Mecklenburg und spezifisch Rostock', in G. Boeck & H.–U. Lammel (eds), *Die Universität Rostock in den Jahren 1933-1945. Referate der interdisziplinären Ringvorlesung des Arbeitskreises 'Rostocker Universitäts– und Wissenschaftsgeschichte'* (Rostock, 2012), pp. 227–42.

2　M. Burleigh, *Death and Deliverance: Euthanasia in Germany, c. 1900-1945* (Cambridge, 1994), p. 189.

68
アフリカ軍団野戦帽

　ドイツ軍のアフリカ軍団（Deutsches Afrikakorps、略称DAK）は、1941年1月、新たなファシスト・ローマ帝国の一部として、北アフリカを征服しようとしながらももたついていた、ヒトラーのイタリア人同盟者、ベニート・ムッソリーニに協力するために創設された。エルヴィン・ロンメル──「砂漠の狐」──に指揮された軍団は、当初イタリアの指揮系統に従属させられていたが、1942年6月のトブルクの占領など、重要な勝利をもたらしたロンメルの見事な運動戦の活用により、ただちに規模と影響力を増した。

　アフリカ軍団の兵士たちは、北アフリカで極限状況に遭遇した。果てしなく

日焼けで色があせた「アフリカ帽」。

> 色あせた帽子は経験豊かな砂漠の古参兵の証であったので、多くの兵士が自分の帽子を入念に漂白した。

広がる茫漠とした空間、目がくらむような青い空、日中の気温は通常35℃以上に達した。しかし東部戦線で戦っていたドイツ軍と異なり、彼らにはすでに十分な装備があった。前年秋、北アフリカ戦域での介入が必要であることがはっきりした時点で、ハンブルク大学の熱帯研究所がそこの環境に適したさまざまな制服を開発する任務を課せられていたからだ。

　その結果、イギリス陸軍の熱帯服を参考にした日よけ帽や、紐のついた長いブーツ、半ズボンが供給されたが、中にはそれほど砂漠に適してないことが明らかになったものもあった。とはいえ、アフリカ軍団に支給された品物の中で一番有名だったのは、ひさしのついた質素な野戦帽であった。この野戦帽は北アフリカ作戦とアフリカ軍団兵士の象徴となった。

　ドイツ軍の山岳部隊が着用した山岳帽(ベルクミュンツェ)をモデルにしたアフリカ帽は、明るいオリーヴ色のカンヴァス地で出来ており、目を保護する長いひさしと、頭の両側に二つずつ、通気用のはと目金がついていた。ここに挙げた例のように、すべての兵士のための徽章(きしょう)は、黄褐色地に絹糸を織って作った鷲と鉤十字、国家の色である黒、白、赤の絹製の帽章からなっていた。これよりも前の型は、着用者が所属する部門を示すカラフルな組み紐の逆さ山形布章が帽章の上についているのが特徴であった。

　野戦帽の色はもともと──制服と同じように──オリーヴグリーンであったが、砂漠の強い日差しですぐに色があせ、砂のようなベージュ色になり、クリーム色になることさえあった。色あせた帽子

野戦帽をかぶり、北アフリカ特有の砂だらけの環境で、機関銃を装備したバイクとサイドカーのコンビに乗ったアフリカ軍団の兵士。

は経験豊かな砂漠の古参兵の証であったので、多くの兵士たちが自分の帽子を入念に漂白した。そして、もともとのオリーヴグリーンはまさに新参の兵士の証であった。

ドイツアフリカ軍団は数々の戦績を挙げたにもかかわらず、1942年11月の第二次エル・アラメイン戦での敗北と、同月の英米軍によるモロッコとアルジェリア上陸により、敵軍の物資と兵站面での優位性に圧倒され、撤退を余儀なくされた。最終的に1943年5月12日、チュニジアでアフリカ軍団は降服し、軍団の装甲兵大将ハンス・クラーマーはドイツ軍司令部に信号で通信した。「弾薬は尽きた。火器と装備は破壊された。与えられた指示の通りに、アフリカ軍団はもはや戦えない状態まで戦った」[1]。

アフリカ軍団の敗北はきわめて重大な意味があった。この戦いはドイツ陸軍に対する米英軍の初めての大勝利だったからだ。いつものようにチャーチルは、厳密に言えば正しくないが、この戦いの意味を次のように簡潔に要約した。「エル・アラメインの前に勝利なく、エル・アラメインの後に敗北なし」[2]。

■原注

1 David Rolf, *The Bloody Road to Tunis: The Destruction of Axis Forces in North Africa* (London, 2001), p. 277に引用されている。

2 Winston Churchill, *The Second World War* (London, 1959)［ウィンストン・チャーチル『第二次世界大戦』全4巻、佐藤亮一訳、河出書房新社、2001年］, p. 630.

69
高射砲塔

　1940年初夏に始まった連合国側のドイツ爆撃は、当初は軍事施設だけを目標とし、一般市民の住む地域では上空からビラを落とすだけの予定であった。だが当然のことながら、まもなく町そのものが標的となり、ベルリンは1940年8月の終わり、ドイツ軍によるロンドン郊外ハローへの（どうやら過失による）爆撃の仕返しに空襲を受けた。ヒトラーの対応はすばやく、しかもめざましいものであった。ドイツ空軍が敵の町を「殱滅」させることを約束したばかりでなく、不安にかられる市民を安心させるため、爆弾から身を守る建物の建設という大がかりな計画を命じたのだ。ベルリンだけでも5000もの地下壕と掩蔽壕の建造が計画され、それはさらに改造された地下室から専用に作られた大規模な建造物までおよんだ。

　世に名高いナチスの残虐性を考えるなら、このような対応は奇妙に感じられるかもしれない。しかしその計画の背後にある動機は明らかであった。宣伝戦略上の効果はもとより、ヒトラーは──第一次世界大戦でドイツの指導者たちが誤ちを犯してしまったように──銃後の国民を「混乱させる」ことを恐れ、市民を安心させるためにはどんな労も惜しまなかった。したがって市民の安全を守るために可能なことは何でもおこなっていた。さらに、全体主義国家として、ナチ・ドイツは反対勢力や抵抗運動に発展することを恐れ、民衆が不満を表すことを許さなかった。したがって、ナチスにとっては市民を保護する最新式の方法が政治的に不可避であった。

　この莫大な建設計画の要となったのが高射砲塔の建設で、ベルリン、ハンブルク、ウィーンに合計8基建てられた。それらは3種類の異なるデザインで建てられたが、すべて市民の保護と空襲からの防御施設という二重の目的に役立った。もっとも強い印象を与えるのは最初に作られた型で、3基はベルリン、1基はハンブルクに建てられた。高さは40m近く、幅は70m、2.5mの厚さの

壁と、爆弾に耐える3.5mの厚さの強化屋根の、7階建ての建造物であった。屋根の上には27tの巨大な128mm連装砲から、より小型の20mm四連装砲まで、1分間に1800発も発射できる高射火器が揃っていた。[1]

> ナチスにとっては市民を守る最新式の方法が政治的に不可避であった。

ある目撃者が語るように、塔は「空想小説にある他の世界からの怪物」のように見えた。[2] とはいえ市民に貴重な避難所を提供したのは確かである。倉庫や病棟の階、砲員のための宿所だけでなく、各塔とも4つのフロアが空襲からの保護のために市民に用意され、約1万5000人を収容できるようになっていた。内部の設備は簡素で、どこもコンクリートで覆われ、ほとんど自然光は入らなかったが、電力と水は独自供給できるという利点があった。

戦争が終わりに近づくにつれ、高射砲塔の中の過密状態はひどくなり、どこ

ベルリンの動物園に出来た高射砲塔、「別世界からの怪物」。

の塔も必死になって安全を求める人々であふれていたので、避難者の数は設計時に想定された収容人数の3倍——4万5000人もの人々——にまでのぼっていたかもしれない。高射砲塔はベルリンで最後までソヴィエト軍の手に落ちることのなかった場所となり、1945年5月2日午後2時、フンボルトハインの高射砲塔が最後に降伏した。

　戦後、ベルリンの高射砲塔のうち2基は破壊されたが、フンボルトハインにある1基だけがフランス軍のダイナマイトによって「瓦礫の山」になることを免れた。ハンブルクとウィーンの塔は、鉄筋コンクリートの驚くべき耐久性——と、およそナチスにそぐわないドイツ国民に対する「保護義務」——を証明する巨大なもの言わぬ証拠として残った。

■原注
1　Michael Foedrowitz, *The Flak Towers* (Berlin, 2007).
2　Howard Smith［アメリカ人ジャーナリスト］の証言は Moorhouse, *Berlin at War*［ムーアハウス『戦時下のベルリン』］, p. 310に引用されている。

70
重巡洋艦プリンツ・オイゲンのプロペラ

　1936年8月、キール港で重巡洋艦プリンツ・オイゲンの建造が始まった時、その出来事は非常に重要な意味を持っていた。ドイツにイギリス海軍の35％の艦船保有を認めた、1935年の英独海軍協定の結果として注文された同艦は——後の同型船艦ブリュッヒャーとアドミラル・ヒッパー同様——復活したドイツ軍の栄誉の象徴と見なされた。

　ヒトラーは海軍の拡張を大変重視し、いつの日かイギリス海軍に匹敵しうる

現在ラブー博物館で展示されている、3基あったプリンツ・オイゲンのスクリュープロペラの一つ。

247

水上艦隊を編成しようと、1930年代、イギリス海軍の軍事費にほぼ匹敵する額を海軍につぎ込んでいた。[(1)] 1938年に進水したプリンツ・オイゲンはドイツ海軍の拡張計画において不可欠な存在であった。確かにみごとな船であった。18世紀のオーストリアの将軍、プリンツ・オイゲン・フォン・ザヴォイエンにちなんで名がつけられたこの船の排水量は1万6000t以上、船首から船尾までは200m以上で、士官と水兵を合わせた乗組員数は1600人近かった。装備には、船全体にわたって2連装砲塔に搭載された、20cmの主砲8門という強力な砲列が備わっていた。最大速度は32ノットで巡航速度は20ノット、前頁の写真にある直径4m、重さ11tのブロンズ製スクリュープロペラ3基を作動させる、3台の蒸気タービンによって動力が供給されていた。

> プリンツ・オイゲンは乗組員には運のよい船として知られていた。

とはいえ、その堂々とした大きさと仕様にもかかわらず、幸運の女神は必ずしもプリンツ・オイゲンに微笑まなかった。まず1940年7月にキールで艤装(ぎそう)している間、イギリス空軍の爆撃に遭い損傷した。その後、翌年4月にはバルト海で敵の水雷が命中し、修理のため港へ向かうはめになった。1941年5月に作戦に復帰すると、デンマーク海峡の戦いで戦艦ビスマルクと合流し、イギリス海軍のHMSフッドとHMSプリンス・オブ・ウェールズの両船に致命的な打撃を与えた。その後戦闘を離れるよう命じられたプリンツ・オイゲンは修理のためブレストへ退却したが、残ったビスマルクはイギリス海軍に追いつめられ、沈没した。

翌年、プリンツ・オイゲンはイギリス海峡を抜けるのに成功して無事にバルト海へ戻った――いわゆる「チャンネルダッシュ」［ツェルベル

戦闘態勢に入ったプリンツ・オイゲンの船首部の砲塔。

ス作戦]——が、修理前にノルウェー沖でイギリス軍に水雷で攻撃された。その後回収されると、今度はバルト海の安全を守るために訓練艦として任務につくことになった。1943年に東部戦線の砲撃支援艦として戦闘任務に戻ると、1944年10月、深い霧がたち込める中、ポメラニア海岸沖で巡洋船ライプツィヒと衝突した。この衝突事故で、不運な両船は14時間あまりもつながったままだった。再び修理を受けた後、プリンツ・オイゲンは主に東プロイセンにおけるドイツ軍の退却支援のため、バルト海にとどまった。その後コペンハーゲンへ向かったところで、1945年5月8日、イギリス軍に降伏した。

　プリンツ・オイゲンは乗組員に「運のよい船」として知られていた。これはおそらく、戦績との関連というよりは——あらゆる努力にもかかわらず、連合国軍の船舶を1隻も撃沈しなかったのだから——ヒトラーの10隻の最大級の艦船のうち、戦争後も残った唯一の船であったからだろう。皮肉なことに、戦闘部隊としてドイツ海軍の復興の象徴であることが必要とされたにもかかわらず、プリンツ・オイゲンの戦績はドイツ海軍の水上艦に共通する欠点をはっきりと示していた。乗組員は勇敢で、船も技術的にすぐれていたにもかかわらず、敵の方がヒトラーの艦船より数と火力で上回っていた。海軍提督エーリヒ・レーダーは戦争が始まったばかりの頃に陰気に記していた。ドイツの水上部隊は「数と力でひどく劣るので……立派な死に様を見せるより他になすすべはない」。[2]

　結局プリンツ・オイゲンもドイツ海軍の他の艦船同様、海底に沈むことになった。戦後プリンツ・オイゲンは戦利品としてアメリカ軍に割り当てられ、1946年1月にボストンへ向けて航海した後、USS[米艦]プリンツ・オイゲンと名称が変更されると、パナマ運河を通り抜け、ビキニ環礁へ向かって太平洋を曳航された。その夏、同艦は2発——空中爆発と水中爆発——の原子爆弾実験で標的船として用いられるべく、双方の爆心から約1100m離れた海上に停泊させられた。爆発による損傷は軽かったが、ひどく放射線にさらされたため、クワジャレーン環礁へ曳航され、350km離れた沖合で傾き始めた。1946年12月22日、プリンツ・オイゲンは転覆、沈没した。

　ヒトラーの全艦船のうち、今日水中に潜ることなしにその姿を見ることができるのはごくわずかである——2、3の艦船の鐘や遺物が博物館に残っており、アドミラル・グラーフ・シュペーの艦尾の鷲がモンテヴィデオのウルグアイ海

重巡洋艦プリンツ・オイゲンのプロペラ　249

ビキニ環礁で原子爆弾の実験のために準備される米艦プリンツ・オイゲン、1946年。

軍倉庫で色あせている。したがってこの——1979年にプリンツ・オイゲンの残骸から引き揚げられ、現在はバルト海沿岸のラブーのドイツ海軍記念館で展示されている——ブロンズ製スクリュープロペラは、ナチ・ドイツの海上支配の野心と失敗の両方をかいま見ることができる貴重な品である。

■原注

1　A. Tooze, *The Wages of Destruction* (London. 2006), p. 251.
2　Shirer, *Rise and Fall of the Third Reich* ［ウィリアム・L・シャイラー『第三帝国の興亡』松浦伶訳、全5巻、東京創元社、2008年］, p. 750に引用されている。

71
ハンペル夫妻の葉書

　オットーとエリーゼ・ハンペル夫妻は、ナチの掲げる民族共同体のまさに土台を支えた市民の典型と思われていた。二人とも堅実で普通の労働者階級のドイツ人で、夫はベルリン郊外のライニッケンドルフにあるジーメンスで働き、妻は国民社会主義婦人連盟に所属していた。

　しかしやがて、第三帝国に対する彼らの反射的な忠義心を変える出来事が彼らの身に起こった。1940年夏、エリーゼの弟クルトがフランス侵攻作戦で命を落としたのだ。弟の戦死に子どものいない夫妻はひどい衝撃を受け、そのことが現状に満足しきっていた彼らの態度を改めるきっかけとなった。その秋、夫妻はナチの支配に対する抵抗運動を始めた。

　資金もほとんどなく、反体制運動とも関わりのなかったハンペル夫妻には、大きな影響を与える手段がなかったが、彼らは簡単な解決策を見出した。反ナチのスローガンを葉書に記し、それをベルリン中心部よりやや北のヴェディング郊外にある自宅周辺で、住宅の共用部分──階段吹き抜けなど──に置くことにしたのだ。葉書にはところどころ支離滅裂な内容や、綴りの間違いもある文章がぞんざいに書かれていた。文面は市民の不服従を呼びかけることが多く、同胞のドイツ人が「目を覚ます」ことを要求したり、ナチの冬期救援計画を詐欺と非難したりしていた。

> この事件に関してもっとも驚かされるのは、ささやかな罪に対する処罰の苛酷さである。

　およそ2年もの間、ハンペル夫妻はナチのプロパガンダに抵抗する独自の運動を続け、その過程で200通以上の葉書を書いた。最後の1枚をネレンドルフプラッツに置いたのは1942年10月20日のことだった。そこで彼らは通行人に見つかり、警察に通報されてしまった。ベルリンのゲシュタポによる尋問の中で二人とも、ナチ政権に抵抗することを思いついて「幸せ」だったとはっき

251

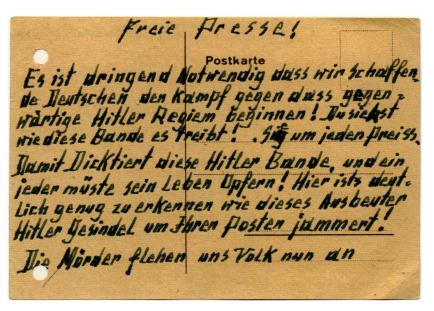

「出版の自由！」──ハンペル夫妻のむなしい抗議。

り述べた。1943年1月22日、夫妻は人民法廷で、軍の士気を弱め、国家に対する大逆罪の準備をしていた罪で死刑を宣告された。1943年4月8日、二人はギロチンで処刑された。[1]

　もし戦後、小説家のハンス・ファラダがハンペル夫妻の話を偶然知ることがなかったら、そして──ベルリンで後を継いだばかりの共産主義政権の要望で──戦時中の抵抗運動についてのもっとも信頼のおける小説になるよう書かれた作品の中に夫妻の話が織り込まれなかったら、夫妻の名前は世に知られないまま完全に忘れ去られていただろう。ハンペル夫妻はクヴァンゲル夫妻となり、弟は息子になったが、それ以外の点についてファラダは実話にかなり忠実に描いた。その作品──『だれもが一人で死にゆく（Jeder Stirbt für sich Allein）』、イギリスで出版された英訳の題名は『ベルリンで一人（Alone in Berlin）』［＊訳注］──はファラダの遺作となったが、死後にドイツで出版されるとベストセラーになった。

　それ自体注目に値する出版のいきさつはさておき、この事件で何よりも信じ

がたいのは、ハンペル夫妻の犯したささやかな罪に対する処罰の苛酷さである。このことは全体主義政治が反対の主張を決して許さなかったことを、私たちに気づかせてくれる。どれだけ主張が正しくても、政権に対する不平を公にすることは認められなかった――誰もが決められた通りに行進しなければならなかった。さらに、全体主義体制下では、「レジスタンス」という言葉がきわめて広い意味を持ちうることを気づかせてくれる――公共の場所で紙を捨てるという、無駄に終わった勇敢な行為に適用されることさえあったのだ。

■原注

1　Johannes Groschupf, 'Das Ehepaar Hampel allein in Berlin', in *Die Zeit*, 16 April 2011. 同記事は以下のウェブサイトで閲覧可能。www.zeit.de/kultur/literatur/2011-04/hans-fallada-widerstand/komplettansicht.

＊　『ベルリンで一人（Alone in Berlin）』――邦題は『ベルリンに一人死す』（赤根洋子訳、みすず書房、2014年）。2017年に日本で公開された映画『ヒトラーへの285枚の葉書』の原作。

72
ルドルフ・ヘスのズボン下

　1941年5月10日の晩、ルドルフ・ヘスがアウグスブルク＝ハウンステッテン軍用飛行場から離陸した時、彼は軽装で旅行中だった。一人で飛び立った彼は必要なものすべてを空軍の飛行服のポケットに詰め込んでいた。そこには航路の飛行図、家族の写真の入った財布、ホメオパシーの治療薬の詰め合わせが入っていた。ヒトラーの副官で、第三帝国でもっとも地位の高い人物の一人であったヘスは、後に彼が「人類の使命」と呼ぶことになる和平の提案を携えてイギリスへ飛んでいた。[1]

　不幸なことに、その晩遅くスコットランド低地地方にパラシュートで着地した時、ヘスは温かく迎え入れられなかった。最初に農夫に取り押さえられた時、彼は「アルフレート・ホルン大尉」と名乗った。その後彼の身柄は国土防衛軍

> ヘスは極度のうつに陥り、精神的な不安定さと病気の症状を示し始めた。

へ引き渡され、ギフノックの地元の斥候の兵舎へ連れて行かれた。そこで初めてボディチェックをされ、持ち物のほとんどが没収された。ヘスは本当の身分を明かして、彼が着陸した場所の近くに私有地を所有するハミルトン公爵に、緊急に伝えたいことがあると言って、公爵との面会を求めた。

　しかしヘスが身分と任務を明かしたにもかかわらず、事態はほとんど変わらなかった。使者どころか変わった人間と見なされて、質問や尋問が始まった——彼が望んだハミルトン公爵からではなく、それどころか、彼の主張はほとんどまじめにとられなかった。ドイツでヒトラーがヘスの飛行を知って抑制できない怒りに駆られている間、イギリスの首相チャーチルは、マルクス兄弟の最新の映画を観に行く予定は変更しないと告げていた。[2]

　やがてヘスは、最初はロンドン塔、その後はサリーのカントリー・ハウス、ファーンバラ近郊のマイチェット・プレイスへと送られた。ヘスがさらなる屈

254

辱を受けたのはサリーに到着後すぐのことであった——ウールの長ズボン下を没収されたのだ。奇妙なことに、イギリスの経済戦争省が、「プロパガンダ価値のあるもの」——おそらくは贅沢なものや面目にかかわるものを身につけていること——が発見されるのではないかと期待して、イギリスの諜報機関にヘスの下着を調べる許可を求めていた。許可が与えられ、長ズボン下が正式に手に入れられた。しかし当てがはずれたことに、イギリスの秘密情報部SISの長官が「ただの安物」とあざけるかのように記したように、きわめて質素な、

ルドルフ・ヘスの「安っぽい」ウールの下着。

ルドルフ・ヘスのズボン下　　255

どこにでもある製品であることが判明した。[3] ズボン下の製造業者、シュトゥットガルトのベンガー・リバナ社は——ドイツのエリート向けの飾り立てた肌着類の御用商人どころか——国防軍支給の戦闘服を主に取り扱っていた。そこでヘスの下着をプロパガンダに使う計画はひそかに却下され、長ズボン下は倉庫で消失した。

その後ヘスは極度のうつに陥り、精神的な不安定さと病気の症状を示し始めた。次第に被害妄想に陥り、警護の者たちが自分に毒を盛ろうとしていると繰り返し非難した。6月半ばには手すりから身を投げ出して自殺を試みさえしたが、着地の際に左足を骨折しただけであった。

到着から1ヶ月しか経っていなかったが、その時点までにはすでにヘスは——妄想にとらわれていたにもかかわらず——自分の任務が失敗したことを悟っていたのだろう。彼は和平の使者としてたたえられるどころか、ただの囚人で、イギリスのプロパガンダの役にも立たなかった。下着まで奪われた彼はすでに狂人とあざ笑われていた。

■原注

1　Peter Padfield, *Hess: The Fuhrer's Disciple* (London, 1991), p. 212に引用されている。

2　同、p. 217に引用されている。

3　Keith Jeffery, *MI6: The History of the Secret Intelligence Service, 1909-1949* (London, 2011)［キース・ジェフリー『ＭＩ６秘話：イギリス秘密情報部1909―1949』上下、高山祥子訳、筑摩書房、2013年］, pp. 758–9.

73
剣・柏葉つき騎士十字章

　この、軍人の栄誉のしるし——第三帝国によって授けられた勲章の中でもっとも勲等が高いものの一つ——は、ソヴィエト侵攻直後の1941年7月15日、アドルフ・ヒトラーにより創出された。ドイツの軍隊でもっとも勇敢かつ卓越した業績をあげた者のみを対象としたこの勲章は、第二次世界大戦中、ナチ・ドイツの英雄崇拝の中でもっとも重要な象徴となった。

剣・柏葉つき騎士十字章、第三帝国における最高位の軍人勲章の一つ。

257

鉄十字勲章は長年ドイツ軍を象徴する勲章であった。プロイセン王国に由来し、最初に授与されたのは1813年、ナポレオンの支配からの解放を目的とするヨーロッパ解放戦争の時で、中世の十字軍騎士であるドイツ騎士団が身につけていた黒い「マルタ」十字からその特徴的な形を取っている。主要な戦いがあるたびに改定され、1870 〜 71年のフランス・プロイセン戦争と第一次世界大戦の両方で授与された。1918年のドイツ帝国の終焉とともにそれも終わりを迎えたかに思われたが、ヒトラーは1939年9月1日、自分の軍隊がポーランドへ侵攻した日に鉄十字勲章を再び制定した。

1939年当初のヴァージョンでは、鉄十字勲章は4種類の勲等があった。最高位——大鉄十字章——が第二次世界大戦中に授与されたのはヘルマン・ゲーリングに対しての1度のみであった。残りの3種類の勲等のうち、一番下の勲章——二級鉄十字章——は戦闘時の勇気や模範的なふるまいに対して授けられた。それは赤、白、黒のリボンをつけて贈呈され、上着のボタンホールにたくし込んで着用された。約250万人に授けられ、その中にはクラウス・フォン・シュタウフェンベルクの義妹である試験飛行士のメリッタ・フォン・シュタウフェンベルクもいた。[1] それに対して一級鉄十字章はピンバッジの形で、左胸ポケットにつけられた。傑出した勇敢さに対して授与され、戦争中約30万人に贈られた。[2]

> 軍隊では勲章——首にかけて着用される——をもらおうと躍起になっている者たちのことを「のどの痛み」を患っていると皮肉った。

一級と二級鉄十字章の上に騎士十字章があり、これはやや大きく、付属の長いリボンを首にかけて着用された。かつては皇帝が授与していたプロイセン勲功章に代わって制定された、この騎士十字章を授与できたのはヒトラーだけで、階級にかかわらず、模範的な統率力を示した者であればだれでも受け取ることができた。この勲章を受領した者には、1940年のフランスにおける電撃戦を率いたエルヴィン・ロンメルと、東部戦線で66両のソヴィエト軍戦車を破壊した功績で1944年1月に授けられたミヒャエル・ヴィットマンがいる。

戦争が進むにつれ、ヒトラーは、自分の兵士たちのさらなる勝利に褒賞を与えるために新たな勲等を考案した。1940年6月、銀の柏の葉が騎士十字章の

リボンをかける吊り輪についた「柏葉つき騎士十字章」が創出された。1940年6月以降この勲章は800人以上に授与され、兵士たちには通称「カリフラワー」と呼ばれていた。最初の受賞者は、ノルウェー侵攻作戦のナルヴィク攻略の際にドイツ陸軍第3山岳師団を率いた少将エドゥアルト・ディートルであった。

　1941年、ヒトラーがソヴィエト連邦に対する急襲を計画していた時、彼の強敵を打ち破るために必要とされる英雄的奮闘を期待して、さらに位の高い勲章が制定された。十字の剣が柏の葉の下に加えられ、「剣・柏葉つき騎士十字章」が創出された。この勲章は戦争中159個しか授与されていない。そのうちの一つは、真珠湾攻撃を指揮した功により、日本海軍大将山本五十六に死後授与された。

　この勲章の第一号は、1941年7月21日に授与されたドイツ空軍のエース、アドルフ・ガラント中佐であり、これは申し分のない人選であった。ドイツにおける華麗なる戦争の英雄である彼は、スペイン市民戦争ではコンドル軍団に属していた歴戦の兵士で、その時はハインケルHe51複葉機を操縦しながら地上攻撃を展開した。その後、より進化した戦闘機メッサーシュミットBf109に乗り換えて、1940年のフランス侵攻作戦とイギリス本土航空決戦に戦闘の任務で飛行した。バルバロッサ作戦の前夜には、69機の連合国軍機を撃墜し、戦争終結までで彼が撃墜した飛行機の数は全部で104にのぼると考えられる。ドイツの戦闘航空団司令ヴェルナー・メルダースが1941年11月に飛行機事故で亡くなると、ガラントがその後を引き継いで戦闘機総監となった。

　1942年、ドイツの戦艦が西フランスからイギリス海峡を通って母国の基地に帰還するのを護衛するため、ガラントが空軍力の活用を再配していた時、彼はさらに等級の高い勲章を受領した。1941年7月にヒトラーによって考案された「ダイヤモンド・剣・柏葉つき騎士十字章」であった。この──柏の葉の枝飾りに55個のダイヤモンドがちりばめられた──勲章は、戦争中27回しか授与されなかった。12個が空軍、11個が陸軍、2個が海軍と武装SSを代表する人物に授与された。

　ヒトラーによって1944年12月に導入された最高位のヴァリエーションが、「黄金・ダイヤモンド・剣・柏葉つき騎士十字章」であった。これは1度だけ、シュトゥーカ・パイロットの空軍大佐ハンス＝ウルリッヒ・ルーデルにのみ授

ダイヤモンド・剣・柏葉つき騎士十字章をつけた陸軍元帥ロンメル。そのすぐ下に第一次世界大戦のプロイセン勲功章をつけている。

与された。ルーデルは主に東部戦線で500両以上の敵軍戦車を破壊したうえ、敵機に撃墜されながらも生還した回数は30回をくだらないとされる。

　そのすべての階級で、騎士十字章はヒトラーの軍隊における「英雄としての経歴」の、目に見える重要なシンボルであった。それなりに高く評価されたが、普通の兵士たちはむしろどっちつかずの態度で、たいていは彼らの命と引き換えに得られる、野心的——あるいは無謀——な人物のための勲章ということを忘れなかった。それゆえ軍隊のスラングでは、勲章——首にかけて着用される——をもらおうと躍起になっている者たちのことを「のどの痛み」を患っていると皮肉った。[3]

■原注
1　C. Mulley, *The Women Who Flew for Hitler* (London, 2017), p. 164を参照のこと。
2　G. Schultze-Wegener, *Das Eiserne Kreuz in der deutschen Geschichte* (Graz, 2012), p. 148.
3　Schulze-Wegener, p. 150.

74
ユダヤの星

　ユダヤ教徒は長いこと公の場で不名誉な扱いを受けてきた。中世から17世紀まで、また、バグダッドからブリテン島まで、ユダヤ教徒であることを明らかにするため、鈴やバッジ、帽子、ペンダントなど、さまざまなしるしを身につけさせられていた。したがってナチの「ユダヤの星」は、長く続いた忌まわしい伝統を受け継いでいた。

　ぞんざいに描かれたダヴィデの星の形をした「ユダヤの星」は、ナチのプロパガンダの中で重要な役割を演じた。中でも一番記憶に残るのは、1933年4月のユダヤ人の商店や企業、診療所などに対するボイコットで、この時は客にユダヤ人商店への入店を思いとどまらせるよう、多くのユダヤ人商店のショーウインドウにこの印が塗りたくられた。

> 意図は単純で、ユダヤ人をドイツの社会から孤立させ、民衆の間で信じられていた偏見を煽ることであった。

　しかしもっとも悪名高いのは、個々のユダヤ人を識別するために「ユダヤの星」が使われたことである。黄色地の中央に、ヘブライ文字のような字体で「Jude（ユダヤ人）」と書かれた黄色い布製バッジの「ユダヤの星」は、一番上に着る服の左袖につけるよう命じられ、6歳以上のすべてのユダヤ人が、外に出る時には身につけなければならなかった。該当者はその星を10プフェニヒ払って購入して、新しい規則を理解したという申告書に署名する義務があった。従わなかったり、星を覆ったりした場合には、罰金を課せられた。度重なる違反者は強制収容所に入れられる危険があった。

　星の着用を義務づけた意図は単純で、ユダヤ人をドイツの社会から孤立させ、民衆の間で信じられていた偏見を煽ることにあった。ドイツのユダヤ人がそれまでに享受していた匿名性はあっという間に奪われ、彼らは公の場で徹底的に辱められた。

「ユダヤの星」に関する法案は、水晶の夜（クリスタルナハト）の後、1938年にはすでにナチスによって議題にのせられていたが、主にアメリカ政府の反発を恐れて、「星」の導入は延期されていた。したがって1941年秋、ドイツ帝国で施行された時には、それに類する法案はすでにドイツ占領下のポーランドやソヴィエト連邦だけでなく、スロヴァキアのようなドイツの同盟国に支配された領土でも効力を発していた。その後、占領下のフランス、ベルギー、オランダにも拡大したが、地元当局や住民からの広範囲の反対のために不完全にしか実施されなかった。

　ドイツにおいては、「ユダヤの星」の導入が分水嶺となった。「星」の着用は、計画性のない差別や迫害が続いていた段階——ユダヤ人が次第に、非ユダヤ人の雇用やラジオの所有、ペットの飼育、公園のベンチの使用などを禁止され、無数の規則で行動を制限されるようになった時期——のものであるように見えるが、実際にはナチのユダヤ人政策がきわめて残忍な段階へ移行しつつある時にあたった。導入からわずか1ヶ月後の1941年10月、ナチ政権は帝国内のユダヤ人を完全に抹殺する準備として、ウーチ他のゲットーへのユダヤ人の移送を開始した。したがって「ユダヤの星」は、ドイツのユダヤ人社会にとって破滅の始まりを意味した。

屈辱的な扱いとこの先起こる新たな惨事の前兆。

75
リューベックの聖マリア教会の鐘

残骸はもはや鐘のようには見えない。リューベックの聖マリア教会（Marienkirche）の南側尖塔の下にある、壊れてねじ曲がった金属の塊は、その教会で一番歴史の古い鐘——1508年に設置された重さ2tの「日曜の鐘」——と、一番大きな鐘——1669年に設置された重さ7tの「律動の鐘」——の名残りである。ねじれた残骸は現在、1942年に町を襲った焼夷弾攻撃を記念する遺物として残されている。

鐘は何世紀もの間響き合っていた。南の塔の鐘楼と、身廊の上にある小尖塔には18個の鐘が設置されていた。11個の鐘は教会に荘厳な響きをもたらし、7個は時を告げた。しかし1942年3月28日、棕櫚の聖日の前夜、すべての鐘が音を立てて落下した。この日リューベックはイギリス空軍の攻撃目標となっていた。234機の爆撃機ウェリントンとスターリングがバルト海から接近し、町の旧市街に400tの爆弾を落とした。ドイツ警察によれば、300人以上が亡くなり、1万5000人以上が家を失った。古代からの町の中心は焼け落ちた。

町の当局は聖マリア教会の建物内部の装飾を守るために予防措置を講じていた。祭壇は外され、美術作品その他、動かせるものは砂袋に詰められ、木製の型枠の中にしまわれていた。しかしそうした対策は2万5000発の焼夷弾を防ぐにはほとんど役に立たなかった。屋根が損壊して焼夷弾がひさしを突き破るやいなや、教会の木造の構造部分はすぐさま焼き尽くされた。ゴシック建築の高いアーチ形丸天井が崩れ、二つの尖塔も燃え落ちた。

塔にかかっていた鐘が落ち、タイルの床で粉々に壊れる前、大量の火による上昇気流が鐘を鳴ら

> リューベックの市民の中には攻撃は神の審判だと述べた者もいた。もしそうなら、多くの市民が自分の命で罪をつぐなったことになる。

し、最期の無調の響きを奏でたと言われる。地面には、鐘の破片を取り囲む炎の熱がその残骸を溶かして変形させた。鐘のブロンズは通常650℃以上で溶け始める。

　リューベックの爆撃はイギリス空軍による最初の大規模な、ドイツ市民を標的にした攻撃作戦であった。この時地上で爆撃を経験したリューベックの市民の中には、攻撃は神の審判だと述べた者もいた。もしそうなら、多くの市民が自分の命でナチスの罪をつぐなったことになる。この発言に対してイギリス側の「爆撃手」ハリスは異議を唱えなかったかもしれない。彼は空襲を成功と見なし、町は「人間の居住地というよりも焚きつけのようだ」と冷淡に記しているからだ。[1]

　イギリス空軍は次々と他の目標を攻撃していった。ハンブルク、ケルン、カッセル、エッセン、ダルムシュタット、ベルリン、シュヴァインフルト、プフォルツハイム、ドレスデン他、全部で1000ヶ所におよぶ。第二次世界大戦中に連合国軍の空軍がドイツに落とした爆弾の数は総計160万発で、同時期にド

破壊され溶解したリューベックの聖マリア教会の鐘。

264

イツ空軍によってイギリス本土に落とされた数の20倍にのぼる。[2] 空襲により亡くなったドイツの民間人の数は60万人と推定されている。国内戦線にいたほとんどのドイツ人にとっては——彼らが引き起こした戦争の——決定的な戦争体験となった。

　リューベックはイギリス空軍による爆撃を受けた最初の町ではなく、一番ひどい被害を受けた町というわけでもないが、最初の大規模な空襲を受けた町の一つであった。歴史ある港町——と聖マリア教会の鐘——は、この先起こる破壊の嵐の洗礼を浴びた。

■原注

1　Horst Boog, *The Global War: Germany and the Second World War* (Oxford, 2001), p. 565 に引用されている。
2　数字については次の書を参照のこと。John Ellis, *The World War II Data Book* (London, 2003), pp. 233–5.

リューベックの聖マリア教会の鐘　　265

76
「ゴリアテ」ミニ戦車

　ナチ・ドイツは、軍事技術分野における技術革新でしかるべき名声を博した。この点に関してはV2ロケットやSt G 44突撃銃がよく知られているが、「ゴリアテ」無限軌道式地雷はむしろかなり風変わりな例である。

　正式にはSd. Kfz.（あるいは「特殊車輌」）302／303と名づけられた——そして西側連合国軍には「カブトムシ戦車(ビートル・タンク)」として知られた——ゴリアテは、1940年、それ以前の遠隔操作式地雷除去車輛をもとに開発された。高さわずか56㎝で幅90㎝、重量370kgのゴリアテは、当初2つの電気モーターによって動力を供給されていた。その後1941年に改良され、2気筒、2ストロークのガソリンエンジンが取りつけられた。下に挙げた、ドイツのジンスハイムに

現存する「ゴリアテ」——戦闘の未来？

ある技術博物館で保存されている実物は、電気を動力とする初期の302型である。車体の上に載っているのは制御装置で、「操縦者」がそれを持ち、600mのケーブルをつなぎ、ケーブルを通して「戦車」を操縦して爆発させた。使い捨て式となるよう設計されたこのゴリアテは、60kgの炸薬を標的まで運ぶことができた。ゴリアテは302と303の型で7000輌以上製造された。

実戦に使用するにはあまりにもろく、あてにならなかったため、連合国側兵士には分捕り品のおもちゃとして記憶に残っている。

　特に「戦車」部分とそのコントロールワイヤが敵の攻撃にもろいといった、開発当初の困難にもかかわらず、セバストポルでの戦いや、アンツィオにおける連合国軍の上陸を迎え撃つ作戦でゴリアテは使用され、それなりに成功をおさめた。また、たとえば1943年7月のクルスクの戦いでは、本来の地雷を除去する能力で重戦車の支援に効果的に用いられた。あるいは、1944年夏のドイツ軍によるワルシャワ蜂起鎮圧の間、敵のバリケードに対する市街地の包囲戦で

1944年ノルマンディにて、鹵獲したゴリアテを調べるアメリカ軍の兵站部兵士。

「ゴリアテ」ミニ戦車　　267

効果的に用いられた。[1] 翌年春、今度はブレスラウ攻防戦の間にソヴィエト軍の包囲に抵抗する際に再び使われたが、それを目撃した市民——おそらくそれまで一度も目にしたことはなかっただろう——は「陸の魚雷」と表現した。[2]

　結局のところ、ゴリアテは失敗作とみなされている。実戦で使用するにはあまりにもろく、あてにならなかったため、連合国側兵士にとっては真の脅威というよりは、分捕り品のおもちゃとして記憶に残った。とはいえ、技術的に発展性がなかったわけではなかった。やがて遠隔操作の兵器システムとして、ゴリアテは現代のドローン開発の前触れとなった。

■原注

1　Robin Cross, *The Battle of Kursk* (London, 1993), p. 163, および Hanns von Krannhals, *Der Warschauer Aufstand 1944* (Frankfurt am Main, 1964), p. 141を参照のこと。

2　Horst Gleiss, *Breslauer Apokalypse 1945* (Wedel, 1986), Vol. III, p. 909に引用されている。

77
ゾフィー・ショルの大学入学許可証

　ゾフィー・ショルは第三帝国の反体制活動家の中でもっとも有名な一人である。彼女は1921年に6人きょうだいの一人として、ドイツ南西部ヴュルテンベルクでルター派信者の家庭に生まれた。国民社会主義への当初の熱狂が覚めると、自由思想にもとづいた父親のナチス政権批判と、当時禁止されていたボーイスカウトのメンバーであるという理由で兄弟が逮捕されたことがきっかけとなって、十代の終わりまでにはナチスを拒絶し始めた。学校を卒業すると、ショルは幼稚園の先生となった。もし彼女がそのまま働き続けていたら——無数の他の市民同様——ナチズムを消極的に拒否する「内的亡命」の状態に慣れ

「やたらと群れるタイプではない」——ゾフィー・ショルの大学入学許可証。

ていったかもしれない。しかし1942年の春、ミュンヘン大学への入学が許可されると、すべては変わった。

　前頁の書類はゾフィー・ショルの大学登録証、すなわち大学入学許可証である。1942年の夏学期の日付があるこの書類から、ショルに関して詳しいことがわかる。彼女の名前、誕生日と出生地——1921年5月9日、フォルヒテンベルク——に加え、実家の住所——ウルムのミュンスタープラッツ33番地——や下宿先の住所——ミュンヘン郊外のゾルン、ディトラー通り10番地——も載っている。学生がナチ党員である場合に詳細を記入することになっている欄が空白なのは、国民社会主義学生連盟（NSDStB）の会員の欄が空白なままなのと同様に、多くのことを物語っている。彼女がやたらと群れるタイプでなかったのは明らかだ。右下には、ショルが国家労働奉仕団——大学進学を希望する者たちの必須条件——に参加した期間として、1941年4月6日から1942年3月28日の日付が記入されている。

> 1942年の春、彼女がミュンヘン大学への入学を許可された時、すべてが変わった。

　ショルは大学で生物学と哲学を学ぶつもりでいたが、すぐに彼女は、「白バラ」として知られるようになる、活動的な抵抗グループの一員となる。その夏、「白バラ」と記されたビラを見つけたのがきっかけだった。それは——仰々しい言葉と宗教的な比喩的表現を用いて——ナチス政権に対する消極的抵抗を市民に呼びかけていた。その文面を書いた一人が、ミュンヘンで大学生活を送っていた自分の兄ハンスであることに気づくと、彼女もグループに加わった。

　主として宗教や哲学上の理由から、ミュンヘン大学の学生たち——と一人の教授——によって設立された「白バラ」は小さなグループで、1942年夏、政権に反対の立場を表明するビラを作って配り始めた。彼らは全部で6種類のビラを作ったが、その内容は、ユダヤ人に対するホロコーストを理由にナチス政権を非難するもの、戦争に敗れたと宣言するもの、「卑劣な暴君」ヒトラーに対する抵抗を呼びかけるものまでさまざまであった。

　彼らは誰にも気づかれていないことで次第に大胆になり、さらに、多くの犠牲をはらったスターリングラード戦におけるドイツ軍の敗北に憤ったため、1943年2月、「白バラ」の活動を強化し、ビラをドイツ中に配り、ミュンヘン

市内の壁にスローガンを塗りたくるという行動にまででた。その月に発行された彼らの最後のビラは修辞的表現を増して、ヒトラーを「ディレッタント」と評し、国民社会主義による恐怖政治の打倒を要求、「過去の過ちへの精算の日がやって来た」と宣言した。

　1943年2月18日の朝、ゾフィーとハンス・ショルはビラの一杯入ったスーツケースを持って大学へ行くと、学生たちに発見されるよう、ビラを階段の吹き抜けや人気のない廊下に置いた。立ち去る前にゾフィーは最後に残った一束のビラを抜き取り、急いで3階へ上がると、手すりから吹き抜けにばらまいた。

ゾフィー・ショル

ゾフィー・ショルの大学入学許可証

その行為が大学の管理人に見つかり、ゲシュタポへ通告された。その日の午後、彼女は逮捕された。

4日後、ゾフィーと2人の白バラメンバー——彼女の兄ハンスとクリストファー・プロープスト——はミュンヘンの悪名高い「人民法廷」で——3件の関連した裁判の1件目として——国家に対する大逆罪と戦争遂行努力の侵害の告発に関して罪状認否を問われた。第三帝国の悪名高き「絞首刑好きの裁判官」ローラント・フライスラーが熱弁を振るったので、彼らの有罪はまぬがれなかった。そして、異例なことであったが、同日の午後のうちにギロチンで処刑との判決が下された。

ゾフィーは達観した気持ちで死に赴いた。「とてもすばらしく晴れ渡った日、それなのに私は死なねばならない」と彼女は書いている。「でももし私たちを通して、何千もの人々が目覚め、行動を起こすのであれば、私の死などどうでもいいではないか?」 処刑人は後年、ゾフィー・ショルほど勇敢に死んでいった者を見たことがなかったと述懐している。[1] 処刑された時、彼女は21歳であった。

結局その最期の望み——人々が「行動を起こす」こと——は見当違いであることが判明した。ナチズムの終焉をもたらすことになったのは、民衆の蜂起ではなく、軍事的敗北であった。しかしゾフィー・ショルの、信念にもとづいた暴政に対する抵抗は、ミュンヘンからはるか遠く離れた地まで影響を及ぼした。彼女が大学の吹き抜けにまき散らしたものと同じビラが国外へこっそりと持ち出されて大量に刷られ、その夏、イギリス空軍によりドイツの上空からばらまかれた。[2]

■原注

1　'Hinrichtungen im Dreiminutentakt' (死刑執行人ヨハン・ライヒハルトに関する記事), *Augsburger Allgemeine*, 14 November 1996.

2　W. Benz & W. Pehle (eds), *Encyclopedia of German Resistance to the Nazi Movement* (New York, 1997), p. 253.

78
ティーガーI戦車

　次頁の写真に写っているティーガーI戦車——現在では「タイガー131」と呼ばれる——は、1943年4月、チュニジアでチャーチル歩兵戦車から発射された砲弾が砲身の下にはまったために砲塔を旋回させられなくなり、この巨大な車輌が無防備になった時に、ほぼ無傷のままイギリス陸軍に鹵獲された。イギリス本国に送られたこの車輌は戦後修理され、現在ではドーセット州にあるボーヴィントン戦車博物館で、来館者の人気を集める一番の目玉として保管されている。これは第二次世界大戦のドイツ軍を象徴する重戦車で、唯一現存する走行可能な車輌である。

　戦車はドイツの軍事作戦——一般に電撃戦と呼ばれる——の中心をなしていた。1939年から40年にかけてのポーランド侵攻や、低地諸国とフランスへの侵攻は、連合国軍の前線を突入してすばやく反撃を抑えた装甲車輌の縦隊が主導していた。しかしこの時期のドイツ軍の戦車は、もっと後の時期になって導入された巨大装甲車輌ではなかった。たとえば、フランスでの軍事作戦で用いられた戦車部隊の要は軽戦車のII号戦車で、その重量はわずか9tであった。[1]

　それにもかかわらず、ヒトラーの軍隊は電撃戦の成功を繰り返そうと、1941年に東へ向かいソヴィエト連邦を侵攻したが、そこで激しい衝撃を受けることになった。ドイツ軍が直面したのはソヴィエト軍の戦車——重戦車KV-1と中戦車T-34——で、ドイツの対戦車用射撃にまったく動じないかに見えるほどに重装甲であったにもかかわらず、機動性に富み、その強力な76.2mmの大砲でドイツ軍に相当の被害を負わせることができた。1941年は全般的に作戦が成功したにもかかわらず、突如としてドイツの機甲部隊は、以前ほど無敵ではなくなったようだ。ドイツ軍の戦車の設計者による解決策はより大型の戦車を製造することであった。

　V号戦車（Panzer Mk V）——重い傾斜装甲板や強力なマイバッハV12型

> 敵の戦車の方が常にティーガー戦車を数で上回っていて、結局、その数の力が効果的であることがわかった。

エンジン、力強い75mm砲が組み込まれている——は、ソヴィエト軍戦車との初期の遭遇戦の直接の成果ということになっているが、ドイツ軍のもう一つの重戦車ティーガーI（PZ. Kpfw. VI）もそれに応じて改善された。カッセルのヘンシェル＆ゾーン社が製造したティーガーは、1800m離れたところからT-34の旋回砲塔を打ち抜くことができる、改良された88mm口径の大砲に加え、近距離砲以外のすべてに耐えうる100mmの正面装甲を誇った。しかしそうした改善は余分な重量という犠牲を払っておこなわれたため、巨大な57tのティーガーI型が1942年に東部戦線で戦闘デビューを果たした時、使用されている戦車の中でもっとも重い戦車となった。

これらの新しい「突破戦車」によって、ヒトラーが、自分の軍隊の歩みはもはや止められまいと確信するのももっともだった。しかし1942年8月29日、レニングラード近郊で砲火の洗礼を浴びた時、交戦中のティーガー4輌のうち

正常に作動する、現存する最後のティーガーI戦車の姿は、イギリスのドーセット州にあるボーヴィントン戦車博物館で見ることができる。

274

2輌が沼地で動きが取れなくなったため、ティーガーの欠点がすぐさま露呈した。[2] ティーガーは急いで仕上げられたため、他にもかなりの困難をドイツ軍はこうむることになった。何よりもそのとてつもない重量が、サスペンションとギヤトレインに過大な負荷をかけたうえ、戦場での回収業務をも困難にしたからであった。さらにあらゆる戦域と前線に少しずつしか配備されなかったため、予備の部品と技術的な支援がひどく不足することになった。88mmの砲弾が特に効果を発揮したことで、戦闘においてその真価を証明したとはいえ、あまりに過剰に設計されたティーガーは戦地では維持しにくかった。実際、デビューから約2年後の1944年半ばになってようやく、IV号戦車（Panzer Mk IV）など、同じ製造会社の他の戦車と同じ水準の整備と修繕が可能となった。[3]

ティーガーの最初の試練は1943年7月、約7000輌の戦車が広大な突出部の両側に配置された、クルスクでの重要な戦いにおいて到来することになった。ドイツ軍が、利用可能なティーガーその他の新しい戦車の数を最大限にしようと攻撃を遅らせている間、ソヴィエト軍はその機会をとらえて、予想されるドイツ軍の進軍の速度を減じるために、塹壕や地雷敷設域を用いて防御手段を十分に準備した。数の上でひどく劣勢だったドイツ軍の攻撃は遅れをとり、赤軍がT-34で反撃に出た時、危機的状況が起こり、何百輌もの戦車が破壊された。

敗北したとはいえ、クルスクの戦いでティーガーはかなり立派に任務を果たした。故障が多く、戦いが終わった時点でまだ使用可能だったのはほんの数えるほどであったとはいえ、この時投入された120輌のうち、破壊されたのは数輌であった。T-34の指揮官が回想しているように、確かにティーガーは恐ろしい敵であることを証明した。

> 1発目の砲弾が私の乗っていた戦車の側面に穴をあけ、2発目は車軸に命中した。半kmの射程で特殊な口径の砲弾を発射したが、跳ね返された……装甲を貫通しなかった。正確に300mの距離で2発目を発射した——同じ結果だった。その後こちらを探し始め、旋回砲塔を回して私のいるところを見た。私は操縦士に急いでバックするよう言い、木の間に隠れた。[4]

ティーガー I 戦車　　275

1943年初頭、チュニジアにて、轍にはまって乗り捨てられたティーガーⅠ型の脇を通り過ぎる連合国軍の車列。

　このようにすぐれた戦闘能力を発揮したにもかかわらず、ティーガー戦車の基本的な問題は絶対数が不足していたことであった。ティーガーは資材と人件費の両方が高くついたため、値段が大変高額であった。1車輌30万ライヒスマルクのティーガーは、アメリカ軍のＭ４シャーマンやソヴィエト軍のＴ-34に比べると約5倍の製造コストがかかった。[5] 結果として、製造数においてソヴィエト軍やアメリカ軍のライバル戦車にとうていかなわなかった。Ｍ４シャーマンの約5万輌とＴ-34の約6万輌に比べ、ティーガーⅠの製造数は総計1350輌であった。ソヴィエトは、ドイツが3年かけてティーガーを生産したのと同じ数のＴ-34を1ヶ月で製造していた。[6]

　ある戦闘がその問題を端的に示している。1944年夏、連合国軍の北フランス上陸後、ミハエル・ヴィットマンなど、東部戦線ですばらしい成果を挙げたドイツ軍の戦車部隊のエースたちが連合国軍の機甲部隊に重大な被害をもたらした。たとえばノルマンディ地方のヴィレール＝ボカージュでは、ヴィットマンが6輌の戦車を指揮して、イギリス軍第7機甲師団のシャーマンとクロムウェル巡航戦車14輌を難なく破壊し、それと同時に、仕留めた敵の総数を138まで増やした。しかし2ヶ月後、ヴィットマンはイギリス軍のシャーマン8輌に待ち伏せされた。彼は3輌を破壊したが、残る5輌が力を合わせて砲弾を浴びせたため、彼のティーガーは吹き飛ばされた。

ヴィットマンの運命が示したように、第二次世界大戦における戦車戦の教訓とは、量は質を圧倒できるということであった。その火力と技術的卓越性にもかかわらず、敵の戦車の方が常にティーガー戦車を数で上回っていた。そして結局は数の力がものを言った。

■原注

1　Heinz Guderian, *Panzer Leader* (London, 1952)［ハインツ・グデーリアン『電撃戦：グデーリアン回想録』本郷健訳、中央公論新社、1999年］, p. 472.

2　T. Jentz & H. Doyle, *Tiger I Heavy Tank: 1942–45* (Oxford, 1993), p. 21.

3　T. Jentz, *Panzertruppen 2: The Complete Guide to the Creation & Combat Employment of Germany's Tank Force 1943–1945* (Atglen, PA, 1998), p. 202.

4　L. Clark, *Kursk* (London, 2011), pp. 239–40に引用されている.

5　W. Spielberger, *Der Panzerkampfwagen Tiger und seine Abarten* (Stuttgart, 1997)［ヴァルター・J・シュピールベルガー『ティーガー戦車』津久部茂明訳、富岡吉勝監修、大日本絵画、1998年］, p. 106.

6　Ellis, *World War II Databook*, pp. 303–4.

79
ヴァンゼー邸

　もし1942年1月20日の出来事がなかったなら、アム・グローセン・ヴァンゼー56番地にある瀟洒な湖畔の邸宅は、世に知られることもなく、今頃金持ちの経営者か銀行家の住居になっていたかもしれない。しかし歴史がそうなることを望まなかったので、その邸宅は――その美しさにもかかわらず――世界でもっとも悪名高い建物の一つとなっている。

　1914年にベルリンの実業家エルンスト・マーリエのために建てられた邸は、高名な建築家パウル・バウムガルテンによってイタリア風の建築様式で設計された。湖に面してテラスがある3階建ての建物は、ベルリン中心部から南西に20kmの一等地を占有し、森林地帯とハーフルの水路に囲まれていた。しかしマーリエがその家を享受した期間は長くなかった。詐欺師という正体があばかれて、第一次世界大戦後に経済的に困窮した彼は、1921年、邸を同じく実業家のフリードリヒ・ミノーに2300万マルクで――当時のドルで3万ドル、あるいは7500ポンド――の額で売却せざるをえなかった。

> ヴァンゼー邸は世界でもっとも悪名高い建物のひとつとなっている。

　邸の新しい所有者が以前の所有者よりも高潔であったわけではなかった。ミノーは1923年のハイパーインフレーションの時期、倒産した会社を買い上げることで多額の財産を築き、大戦間のドイツ政治において著名な人物となり、政治的右派とその反共和主義同盟の間の仕切り役として政界に首を突っ込んでいた。彼は1923年にヒトラーに会ったことさえあったが、ヒトラーの反ユダヤ主義と過激な思想に警戒した。結局、ミノーは悪業の報いを受け、1940年に詐欺行為の告発で逮捕された。翌年、5年の禁固刑に処せられた彼は、差し迫った罰金の埋め合わせをしようと、ヴァンゼー邸を――SSに――195万ライヒスマルクで売却した。

ヴァンゼー邸——忌まわしい決議がなされるために用いられた美しい建物。

　邸の今度の所有者は、正式にはSS付属のノルトハフ財団であったが、本当の主人は、ヒムラーの補佐官で国家保安本部長官のラインハルト・ハイドリヒであった。ハイドリヒはすばやくこの邸を、首都ベルリンを訪れる要人や高官によって使用される、SSの来客用宿泊施設へと変えた。しばしば、彼自身のベルリンの居宅としても使う計画であったと言われる——しかも、ノルトハフ財団が最初に購入したフェーマルンというバルト海の島をハイドリヒが別荘として使っていたことを考慮に入れれば、ハイドリヒがヴァンゼー邸に対しても同様の目論見を抱いていた可能性は十分ある。

　しかし悪評が手招きしていた。1941年の末、ハイドリヒは13人の——SS将校だけでなく、ナチ党やゲシュタポ、外務省、内務省を代表する——高官を同邸でおこなわれる最高機密会議へと招いた。そこでは「ユダヤ人問題の最終的解決策」が議題に挙げられることになっていた。[1] 何回か延期になった後で、一行は最終的に1942年1月20日の正午に——居間に——召集された。ハイドリヒが1時間ほど話をしてから、30分質疑がおこなわれ、その後ビュッフェ式のランチで会議は終わりになった。

　ホロコーストの「計画立案会議」といい加減に説明されることが多いが、実のところ「ヴァンゼー会議」はもう少し複雑なものであった。ホロコーストがすでにかなり進行していたことを考えれば、この時の会議は、むしろより正確

には、行政内の内部抗争における示威行動の一つと表現されるべきかもしれない。[2] ライバルとなる可能性のある者を前に、ハイドリヒはユダヤ人に対するナチスの政策の主導者として自分が誠実であることを説明し、出席者に黙って従うよう要求した。言外の意味は、全員が力を合わせることであったが、彼が責任者であり、また誰も後で自分が理解した内容と異なると言い張ることができないようになっていた。

　皮肉なことに、参加者の一人に露骨な野心さえなければ、ヴァンゼー会議という邪悪な出来事が記憶にとどめられることはなかったかもしれない。ハイド

Land	Zahl
A. Altreich	131.800
Ostmark	43.700
Ostgebiete	420.000
Generalgouvernement	2.284.000
Bialystok	400.000
Protektorat Böhmen und Mähren	74.200
Estland - judenfrei -	
Lettland	3.500
Litauen	34.000
Belgien	43.000
Dänemark	5.600
Frankreich / Besetztes Gebiet	165.000
Unbesetztes Gebiet	700.000
Griechenland	69.600
Niederlande	160.800
Norwegen	1.300
B. Bulgarien	48.000
England	330.000
Finnland	2.300
Irland	4.000
Italien einschl. Sardinien	58.000
Albanien	200
Kroatien	40.000
Portugal	3.000
Rumänien einschl. Bessarabien	342.000
Schweden	8.000
Schweiz	18.000
Serbien	10.000
Slowakei	88.000
Spanien	6.000
Türkei (europ. Teil)	55.500
Ungarn	742.800
UdSSR	5.000.000
Ukraine 2.994.684	
Weißrußland aus-schl. Bialystok 446.484	
Zusammen: über	11.000.000

ヴァンゼー会議議事録の１頁──全ヨーロッパのユダヤ人人口の一覧表。

リヒは15頁からなる会議の議事録の写しを——彼の雑用係であったアドルフ・アイヒマンを介して——出席者たちに送付した。しかし、その大半が後に破棄された一方で、1部——外務省次官補マルティン・ルター宛の写し——だけ存在し続け、1947年に文書館で発見された。その書類が破棄されることなく残っていたのは、ルターが、上司である外務大臣ヨアヒム・フォン・リッベントロップに対する陰謀を見破られ、1944年に強制収容所へ送られていたために、戦争の終結時に国家機密にかかわる資料の入った書類棚から、自分に都合の悪いものを処分できなかったからであった。

　戦後ヴァンゼー邸はソヴィエト軍により、当初は社会主義者訓練学校として、その後学校として使われた。1966年、アウシュヴィッツの生存者と歴史家ヨゼフ・ヴルフが、この場所をホロコーストの展示と教育に使うべきだとする提案を初めて公の場で語った。しかしその考えは当初ほとんど受け入れてもらえなかった。1992年にようやくヴァンゼー邸は記念博物館として開館し、邸宅内でおこなわれた会議と、より幅広い見地からのホロコーストの歴史に関する証拠資料を展示している。

■原注

1　マルティン・ルターに宛てた1941年11月29日付のハイドリヒの手紙はChrista Schikora et al., *Die Wannsee-Konferenz und der Völkermord an den europäischen Juden* (Berlin, 2006), p. 114.

2　Mark Roseman, *The Lake, The Villa, The Meeting: Wannsee and the Final Solution* (London, 2002)を参照のこと。

80
ツィクロンBの缶

　シアン化水素は、もともと殺虫剤として使用されるために19世紀に開発された。1920年代初頭までに――警告用の眼の刺激物の添加によって――白い粒の形で、ツィクロンB（Zyklon-B）の商標で生産されるようになり、1926年にドイツでの特許が認められた。

　1942年になるまで、ツィクロンBはまだ殺虫剤や燻蒸消毒剤として使用されていた。ドイツでは二つの製造工場が、サトウダイコンの加工の際の副産物として、認可を受けて生産していた。化学薬品の警告標示が添付されたうえで、

使用済みのツィクロンBの缶、アウシュヴィッツ収容所記念館より。

ツィクロンBは衣服のシラミの駆除や、農業や工場用施設の消毒のために、占領地を含む「大ドイツ」全土に販売された。商品の販売網は分割され、国土の西半分はフランクフルトのヘールト・リングラー社、東半分はハンブルクのテシュ&シュタベノフ社が受け持った。

　ナチスが自分たちの人種的敵を寄生虫も同然とみなしていたことを考えれば、ツィクロンBがやがて人間の殺戮にも使用されることになったのはおそろしく理にかなっている。ツィクロンBを用いて人間を殺害した最初の実験は、1941年9月始め、アウシュヴィッツ基幹収容所［第一強制収容所］で、ソヴィエト軍の戦争捕虜がポーランド人収容者数名とともに、第11地区——懲罰房——の地下室でガス殺された時だったようだ。その最初の実験はあまり成功とはいえなかった。ポーランド人収容者、アウグスト・コヴァルチクが回想したように、ガスは必ずしも期待通りの効果をあげなかった——ツィクロンBの量が十分でなかったか、発生したガスが漏れ出た——ので、翌朝になっても何人かの捕虜はまだ生きていた。[1] それにもかかわらず、その後すぐに2回目の殺害実験が、収容所所長ルドルフ・ヘスの立ち会いのもとでおこなわれた。[2]

　同様の不手際が続いたにもかかわらず、ツィクロンBを使った殺害方法はすぐに改良され、ついには簡単に、しかも比較的すばやくおこなわれるようになった。ガス室はシャワー棟に見せかけている場合が多く、ガス室に入る前に犠牲者たちは服を脱ぐよう命じられ、彼らが中に入るとガスを通さない扉で密閉された。その後天井か壁の開口部を通して缶からツィクロンBの粒が落とされた。熱と湿度にさらされると、粒はたちまちのうちに分解し、シアン化水素ガスを放出する。粒に一番近いところにいた人々には、数分以内に死が訪れたが、離れたところにいた人々は倒れるまで時間がかかった。[3] 中にいた全員が、大量の細胞死によって意識を失い、その後心停止した。目撃者の証言によれば、犠牲者全員が約15分以内に亡くなり、遺体はすぐにそれとわかるピンク色を示していることが多く、皮膚にチアノーゼによる青紫色の斑点が現れていることもあった。

　最初の実験から数ヶ月も経たずに、ツィクロン

粒に一番近いところにいた人々には、数分以内に死が訪れたが、離れたところにいた人々は倒れるまで時間がかかった。

Bを使ったガス殺は、第一収容所の近くにある、もっと規模の大きなアウシュヴィッツ第二ビルケナウ収容所の施設で好まれる大量殺戮手段となった。その後マイダネクの絶滅収容所でも導入された。その他、マウトハウゼン、ラーヴェンスブリュック、ダッハウ、ブーヒェンヴァルトの強制収容所でも、ツィクロンBを使った小規模な殺戮がおこなわれた。ドイツ人によってツィクロンBを用いて殺された犠牲者は全部で約100万人にのぼるが、そのほとんどがアウシュヴィッツ第二ビルケナウ収容所で殺された。ビルケナウだけで1942年から1945年の間に24tのツィクロンBを消費したと推測される。[4]

皮肉なことに、ツィクロンBの発明者ヴァルター・ヘールトはナチスに反対したため、1942年に影響力のある地位を解任されている。彼のライバルで化学薬品の卸売業者ブルーノ・テシュはそれほど用心深くなかった。1946年、戦争犯罪人として裁判にかけられた時、テシュは自分の納入した品物が殺害目的に使われることを知らなかったと主張した――しかしツィクロンBの利用に関し、SSの看守に前もって指示を与えるためにアウシュヴィッツを訪れていたことが証明された時、彼の抗弁は決定的に突き崩された。[5] テシュは1946年5月、ハメリン刑務所で絞首刑に処された。

■原注

1 Laurence Rees, *The Holocaust* (London, 2017), p. 227.

2 Christopher Browning, *The Origins of the Final Solution: The Evolution of Nazi Jewish Policy, 1939-1942* (London, 2004), pp. 356-7.

3 Peter Hayes, *From Cooperation to Complicity: Degussa in the Third Reich* (Cambridge, 2004), p. 273.

4 同、pp. 295-6.

5 Angelika Ebbinghaus, 'Der Prozes gegen Tesch & Stabenow', in *Zeitschrift für Sozialgeschichte*, Vol. 13 (1998), p. 22.

81
追悼カード

　死はつねに戦争につきまとうが、第二次世界大戦の無差別殺戮よりもひどかったことはいまだかつてない。戦争が原因で亡くなったドイツ人の総数は知られていないが、700万人から800万人と推測されており、その大多数が軍人であった。[1]

　そうした状況にあったため、第三帝国の時代、「追悼カード」はありふれたものとなった。「追悼カード(トーテンツェッテル)」とは、ドイツのカトリックにおいて長い伝統のある葬祭文化の一つで、「死者を記念する品」として、戦死者を弔う教会の礼

かけがえのない存在を偲ぶよすが。

285

拝で会葬者に渡され、出席できなかった人々に送られることになっていた。

　追悼カードに一般的な形式はなかったが、通常は故人の写真（一般に制服姿）が生年月日と生誕地とともに載せられていた。さらに簡単な経歴が添えられ、おそらくは平和な時代の職業と、軍務に就いていた時の所属部隊が示された。きわめて簡素で控えめなものもあれば、両面にわたって、キリストの磔刑図や短い祈祷文、遺族の名前が入ったものもあった。前頁に挙げたのは、1942年の1月1日にモスクワ西部で命を落とした21歳の国防軍兵士の死を追悼したカードである。

　追悼カードは個人的に重要な意味を持っていたが、政治的にも重要であった。死亡率が人口の10％に近づきつつあったため、戦死者が身内に1人もいない家族は少数となり、深い悲しみと悲嘆の高まりにどう「対処」すべきかが、ナチス政権にとって深刻な政治問題となっていた。このためにすべての兵士の死が、ヒトラーのドイツを守るために戦った英雄の死としてたたえられるよう、英雄的行為を語る物語が宣伝された。したがって、多くの追悼カードがこの英雄的死（ヘルデントート）という幻想にもとづいた文句を掲げた。このことはまだ理解できるかもしれない。だがそれは、ゲッベルスの指図のもと、兵士自身の死によってのみ望みが「実現」[2] するため、途方もなく広まることになった観念であった。ナチズムは死を賛美するカルト教団に似かよいつつあった。

> 大半の遺族にとっては簡素な追悼カードが、自分たちの手元に残る唯一の形見であった。

　そうしたプロパガンダがはびこっていたとはいえ、1941年以降増え続ける一方の戦死者の数が、次第にナチス政権の面目にかかわることが明らかになってきた。それに対して政権が取った対応策というのが、各日刊紙に載せることのできる死亡告示の数を制限することであり、さらに後には死亡通知に用いてよい文章の書式を規定して、メッセージを「総統と国民と国家のために」という単一の言いまわしに限ることで、政権への批判をほのめかすことがないようにした。[3] しかし結局のところ、追悼カードに載せる文章を規制することはできなかった。またあからさまな批判が印刷されるようなことはなくても、「（なすべきことをしない）不作為による批判」はなおも可能であった。たとえば、1940年の時点では、追悼カードでヒトラーの名前に言及するのは珍しくなか

ったが、1944年になると、それがきわめてまれになったことは注目に値する。

　もちろん圧倒的大多数の人は、愛する者の死を、ナチス政権を批判する機会として見ることなどほとんどなかった。政権批判の手段と見なすどころか、追悼カードは失われた命の大切な形見であった。実際、第二次世界大戦のドイツ人戦死者のうち、ごく一握りの兵士の遺体だけが、命を落とした戦場で埋葬されたことを考えれば、大半の遺族にとっては簡単な追悼カードが、自分たちの手元に残る唯一の形見であった。

■原注

1　アメリカ合衆国国立第二次世界大戦博物館のデータより。www.nationalww2museum.org/learn/education/for-students/ww2-history/ww2-by-the-numbers/world-wide-deaths.html.

2　ゲッベルスの発言は、Moorhouse, *Berlin at War*［ムーアハウス『戦時下のベルリン』］, p. 260 に引用されている。

3　同、p.257.

追悼カード　　287

82
ビルケナウの監視塔

「死の門」として知られる、ビルケナウ絶滅収容所の監視塔——とその下を通る鉄道線路——は、第三帝国を象徴するイメージの中でもっとも気味悪いもの

ビルケナウ絶滅収容所の監視塔へ至る引き込み線。

の一つで、工業的規模で実施された、ナチス政権によるユダヤ人の大量殺戮を象徴するものとなった。

ビルケナウ収容所——正式名称は「アウシュヴィッツ第二ビルケナウ収容所」——は当初、少し離れた所にあるアウシュヴィッツ第一収容所に入りきらなかった人々を収容する臨時収容所として、1941年10月に開設された。最初の予定では、バルバロッサ作戦の成功を受けてドイツ人の手に落ちた無数のソヴィエト軍捕虜を労働力として搾取するための労働収容所となるはずであった。1941年から42年の冬の終わりまでかかって建設されたビルケナウ収容所の敷地は広大であった。当初は5万人の捕虜を収容する計画であったが、すぐに20万人まで増やされ、[(1)] 広さは175ヘクタールに達し、300棟以上の建物があった。建物のほとんどは——本来は52頭の馬を収容するために設計された——木製の馬小屋であったが、1棟あたり400人以上の人間を収容するために作られることもあった。[(2)]

しかし、ソヴィエト軍捕虜は強制労働者として直接第三帝国へ送った方が役立つと判断されると、ビルケナウ収容所は別の目的で利用された。アウシュヴィッツ第一収容所から比較的離れていて、詮索の目を免れていたことから、ユダヤ人と、働くことができないと見なされた人々を殺害する施設に適していると考えられたのだ。1942年3月末、最初にスロヴァキアから移送された1000人のユダヤ人を迎えると、最初の原始的なガス室——「小さな赤い家」と「小さな白い家」と呼ばれた煉瓦作りの小屋——がすぐに効力を発揮し、一度におよそ800人の囚人を「処理」するために使われた。さらに4基の専用ガス室と焼却炉が建設されたことで、同年夏までに同収容所の殺害処理能力は圧倒的に増大した。

> ビルケナウは死の工場であって、そこではおよそ100万人の人々が殺害されたと推定されている。

その頃までにはすでに収容所の基本的な運営方法が確立していたが、1944年春、悪名高い門（監視塔）の下に、収容所内部の「荷役ホーム」と呼ばれた場所をその先の支線につなげる、鉄道の引き込み線を敷設することで、その方法は完全なものとなった。ナチ・ドイツ占領下のヨーロッパ各地から到着した

列車は、今やビルケナウ収容所の内部まで直接引き入れられ、中に詰め込まれていた人々は列車から降りると、ただちに荷役ホームでSSの医師たちによって「選別」された。イタリア人収容者プリーモ・レーヴィがその場面を記している。

　解放は不意にやって来た。大きな音を立てて扉が開き、夜の闇に外国語の命令が響いた。ドイツ人が命令する時のあの野蛮な叫び声で、何世紀にも及ぶ昔からの恨みを吐き出しているように聞こえた。……十分足らずのうちに、私たち頑丈な男はみな一つのグループに集められた。残りの女や子供や老人に何が起こったのか、その時もその後も確かめることはできなかった。夜が彼らを、そっけなく、あっさりと呑みこんでしまったのだ。(3)

　レーヴィが当時知らなかったこととは、彼のグループが汚いバラック小屋へ送られていた間に、労働に適さないとされた人々——列車に乗っていた人々の82%——がすぐさま死に追いやられたことであった。(4) おそらく到着から1時間も経たないうちに、不適と宣告された人々は服を脱がされてガス室へ集められ、ツィクロンBで殺された。その後、遺体は処理されることになっていた。焼却される前に、金歯は抜き取られ、女性の髪は剃られ、義肢も取り除かれた。その後遺灰が近くの川に流されたり、あるいは肥料として用いられたり、穴の中に投げ捨てられたりすることもあった。そうした処理をされた遺体は、ビルケナウで殺害されたと推計される100万人ほどの犠牲者のうちわずかにすぎない。

　残った者たち——どの列車も20%を超えることは滅多になかった——には、シラミだらけですし詰めのバラックと、水道水をほとんど利用できない、劣悪な環境での厳しい労働、飢え、病気、虐待という非人間的な生活が待っていた。収容者たちは近くの工場での労働に連れ出されることが多かったが、体の丈夫な者たちはいわゆる「特務班（ゾンダーコマンド）」として使われ、ガス室から遺体を引きずり出し、焼却炉（クレマトリウム）に入れるという、心が打ち砕かれるような任務に携わった。彼らはジェノサイドの重要な証人であったため、数ヶ月毎に殺され、入れ替えられた。わずかな生き残りの一人が回想したように、ビルケナウは悪名高かった。「経験を積んだアウシュヴィッツの収容者でさえその場所を恐れた」。(5)

　当然のことながら、ビルケナウはホロコーストと同義になった。さらに、死

亡率が一番高く、稼働期間が一番長かったことで、残虐なホロコーストの遂行においてもっとも重要な、中枢をなす収容所であった。しかしそこはまた、忌まわしきものの混成物でもあったことを忘れてはならない。殺害施設であったばかりでなく、いわゆる「家族収容所」、「女性収容所」、「ロマ収容所」、さらには多数の痩せ衰えた強制労働者が収容されている無数のバラックもそこにはあった。どれもガス室や焼却場のすぐ近くにあった。ユダヤ人の労働の搾取とユダヤ人の絶滅という、ナチ・ドイツの関連した政策が恐ろしい現実となったのが——悪名高い門の向こう側の——ビルケナウであった。

ビルケナウ収容所の荷役ホームでおこなわれた「選別」。遠くに門が見える。

■原注
1 Steinbacher, *Auschwitz*, p. 89.
2 K. Smoleń, *Auschwitz-Birkenau State Museum in Oświęcim* (Oświęcim, 2014), p. 23.
3 P. Levi, *Survival in Auschwitz* (New York, 1958), pp. 19–20［プリーモ・レーヴィ『これが人間か：完全改訂版アウシュヴィッツは終わらない』竹山博英訳、朝日新聞出版、2017年、15-17頁］.
4 Friedländer, *The Years of Extermination*, p. 504 & 768 fn. 115.
5 A. Burger, *The Devil's Workshop* (Barnsley, 2009), p. 49.

83
トレブリンカのブローチ

　時を経て変形した、この直径わずか5cmほどの質素な真鍮製のバラのブローチは、大惨事の証拠である。2013年、ポーランドの首都ワルシャワから北東のトレブリンカにあるドイツの絶滅収容所跡で発見された。ブローチのかつての所有者は、収容所で殺された何十万もの人々——主にポーランドのユダヤ人——の中の一人である。

　トレブリンカはアウシュヴィッツ・ビルケナウの絶滅収容所ほど知られていない。その理由の一つは、発見された時の状況にある。アウシュヴィッツの施設群は1945年1月にほぼ無傷のままソヴィエト軍によって占領された——それによって世界にその恐ろしさを存分に示した——が、トレブリンカはすでに1943年から44年の冬にナチスによって完全に取り壊されていたため、ソヴィエトの解放軍が目にしたのは、現場に残されていたわずかな痕跡だけだった。こうして、アウシュヴィッツ・ビルケナウが世界でもっとも重要なホロコーストを記念する場所となった一方で、トレブリンカは人々の記憶から抜け落ちた。大量殺戮現場——かつては、骨や歯や、さまざまな断片、犠牲者の人生の一部を示す遺品が散らばっていた[1]——は、当初、法的な保護のもとに置かれることさえなかった。

　しかし、比較的世に知られていないとはいえ、トレブリンカはきわめて重要である。そこでの犠牲者数——90万人と推計されている[2]——は規模の点でアウシュヴィッツ・ビルケナウに次いで2番目に多い。さらにアウシュヴィッツ・ビルケナウと異なり、トレブリンカは、皆殺しという本来の目的を複雑にする「労働」という機能のない、ナチスの工業化された大量殺戮処置専用の収容所であった。その場所にあったすべてのものが——ポーランドのベウジェッツとソビブルにあった同じ絶滅収容所と同じように——到着したユダヤ人を即座に殺害し、彼らの所有物を速やかに有効活用できるように整えられていた。

人々はトレブリンカに列車で到着した。彼らは列車を降りると、偽の時刻表や切符売り場で駅舎に見せかけた受付に入っていった。そこで、もっと東にある、彼らの目的地の労働収容所へ送られる前に、シラミの駆除をすると告げられた。

> トレブリンカでは、平均で2000人以上の人々が毎日殺された。

　服を脱ぎ、持ち物をおろすよう命じられた人々は男女別々にされ、SSの警備にどなられ、うなる番犬に駆り立てられながら、高い壁に囲まれた通路を通って収容所の内部へ導かれる。息をつく間もなく、気がつくと彼らは大きなガス室の中にいる。大きな重い鉄の扉が背後でバタンと締まる。そしてパニックが生じた時、外でエンジンがかかる音を聞く——彼らを殺す排気ガスのエンジンである。20分から30分後、扉が開けられ、少人数のユダヤ人虜囚で構成された労役班が遺体を外に出し始める。遺体は共同墓地に捨てられ、後で大量の薪で燃やされることになっていた。

　その間に、犠牲者の持ち物——まだ構内の広場に散乱していた——は別の労役班によって選り分けられた。服や寝具類など、まだ使える持ち物は梱包さ

犠牲者の人生の断片。2013年にトレブリンカ収容所跡で発見されたバラのブローチ。

トレブリンカのブローチ　293

れてドイツへ送られたが、身元のわかる品、写真、パスポートは——服についていた名前のタグでさえ——焼却されることになっていた。ある生存者が回想したように、指示は要約すれば一語に尽きた。「区分けしろ！」

　つまり、山と積み上がった品物——メガネ、スプーン、かみそり、時計、シガレットケース、その他の個人的な持ち物を、それぞれの品種別に、スーツケースの中に入れてしまえということだ。ついでに衣類、靴、寝具も選り分けて、地面に敷いてある色とりどりのシーツの上に分けて、置くことでもあった。丹念に一つ一つの品物を拾い上げ、それをくまなく調べなければならない——ポケットの縫い目を押し上げたり、ほどいたりして、すみずみが空になるまで探し、ダイヤモンド、金貨、紙幣が縫い込まれていれば無理をしてでも押し出すのだ。製造業者や持ち主を示す印はすべて取る。(3)

　すべてを処理するのに1時間もかからず、不運な人々を乗せた次の貨物列車、あるいはその次の列車が、「処理」が終わるのを待って、近くの待避線で無為

今日のトレブリンカ収容所跡。

に時を過ごしていることもあった。平均で――トレブリンカが操業していた
15ヶ月以上の間に――2000人以上の人々が毎日殺された。

　トレブリンカのどの犠牲者がブローチを所有していたのか、いつ、彼あるい
は彼女が収容所に到着したのか明らかではない。またどうしてブローチがガス
室の近くで発見されたのかもわからない。所有者がガス室に入る時も手放さな
かったほど愛着のある思い出の品で、遺体が処理された時に取り除かれたのか
もしれない。あるいは、1943年冬に収容所をドイツ人が片づけた時の混乱の
最中か、この場所が略奪者からほとんど保護されなかった戦後の一時期に、敷
地内の別の場所から動かされた可能性もある。

　どういう経緯でそこに現れたにせよ、このブローチは、イギリスのスタフォ
ードシャー大学考古学センターのチームによる発掘の間に、ガス室のがれきの
中で発見された。今日、トレブリンカの小さな博物館で展示されており、非人
間的な所業をくぐり抜けた、痛ましくも、人間性の感じられる遺品である。

■原注

1　*Vassili Grossman, The Years of War : 1941-1945* (Moscow, 1946)［ワシーリー・グロスマ
　ン『ワシーリー・グロスマン前期作品集：トレブリンカの地獄』赤尾光春・中村唯史訳、み
　すず書房、2017年], p. 406-7.

2　Gitta Sereny, *Into that Darkness*(London, 1974)［ギッタ・セレニー『人間の暗闇：ナチ
　絶滅収容所所長との対話』小俣和一郎訳、岩波書店、2005年], p. 21.

3　Samuel Willenberg, *Revolt in Treblinka* (Warsaw, 1992), p. 31［サムエル・ヴィレンベル
　ク『トレブリンカ叛乱：死の収容所で起こったこと1942-43』近藤康子訳、みすず書房、
　2015年、23頁].

84
デミャンスク盾形章

　ナチ・ドイツの軍の褒賞制度は奇妙なほど幅広い。戦闘における勇気に対する褒美としての鉄十字章（とその派生型）がよく知られているが、他の勲章はバッジとメダルとカフバンドが奇妙に混ざり合ったものが多い。

　その上、腕につける盾形章が——次頁に挙げたデミャンスク章のように——特別な戦闘を記念する一般的な方法となった。デミャンスク章は亜鉛製の縦91mmの盾形の章で、左の上腕につけた。1942という年号の上、二つのトーチカの間で安らぐナチの鷲と鉤十字の下には、交差した剣と接近しつつある飛行機があしらわれており、中央には「デミャンスク」の文字が入っている。

　この盾形章が記念した軍事作戦というのは、1942年初めの、モスクワとレニングラードのほぼ中心に位置するデミャンスクというロシアの町を中心にした包囲戦のことであるが、この時は約10万人のドイツ軍がソヴィエト赤軍の逆襲によって孤立させられた。1942年の2月初めから4月半ばまでの11週間、ドイツ陸軍の5個の歩兵師団が、SS装甲師団「トーテンコプフ」やその他の部隊とともに、零下40℃まで下がる気候の中、度重なるソヴィエト軍の攻撃に対し最後まで抵抗した。彼らは約40km の「孤立地帯」で包囲されたまま、空軍の飛行機が1万4000回以上出動して、2万5000t近くの物資を補給することでなんとか持ちこたえた。[1] そして近くにいた軍隊が、それまで補給物資や増援を送る際に使っていた陸の回廊を解放した時に、ようやく彼らは救い出された。その後10ヶ月間、デミャンスクはドイツ軍の手にあった。

デミャンスクはドイツ軍の衰退の前兆となった。	もちろんヒトラーは、ドイツ軍が一時的にせよデミャンスクを持ちこたえたことを見事な戦術的勝利、すなわち、ドイツの軍人魂をただ披露したばかりでなく、ソヴィエト軍の5個の部隊を完全にくぎづけにした軍事的成功と見なした。それゆ

え、1943年4月のスターリングラード戦の敗北の後でドイツ軍の士気が落ち込み、至急何らかの発奮材料を必要とした時、ヒトラーは、60日間孤立地帯で軍務に服した兵士、あるいはその戦域まで最低50回出撃したか、補給の任務で飛行した航空兵全員に、デミャンスク章を授与すると宣言した。したがって、ある意味、デミャンスク——敵に包囲されたものの、ドイツ空軍が適切に補給したおかげで、救済されて増強されたドイツ軍という物語——は、その時にようやく明らかにされつつあった、スターリングラードにおける忌まわしい大失敗を埋め合わせる物語を国民に提供するために利用されたのである。

とはいえ、ドイツ軍最高司令部が公式見解をどれだけ言い聞かせようと、デミャンスクが教訓的なのは確かであ

デミャンスク章、これから起こることの序幕。

った。一つには、軍事的必要性よりは威信のために領土を死守したいというヒトラーの欲望——戦争の残りの2年間で大変な荒廃をもたらすことになった性癖——を示していた。さらにデミャンスクはドイツ軍の衰退の前兆でもあった。包囲戦は、ヒトラーの軍隊がソヴィエト赤軍に対する初期の進軍でまさっていた戦闘方法であった。しかし今や、包囲されたのはドイツ国防軍の方であった。デミャンスクではなんとか脱したが、そうした成功はその後ますます難しくなっていった。

■原注
1　Robert Forczyk, *Demyansk 1942–43* (Oxford, 2012), p. 56. 数字はデミャンスク包囲戦と近郊のホルムにおける小規模な包囲戦を合わせたもの。

85
対戦車砲パンツァーファウスト

　対戦車砲パンツァーファウスト、直訳すると「戦車への鉄拳」は、1943年以降ドイツ陸軍によって配備された、安価で単発式、無反動の擲弾筒である。国防軍だけでなく国民突撃隊──ドイツ版国防市民軍──の徴集兵にも支給された、最初の使い捨て対戦車兵器であった。

　パンツァーファウストの装甲板を破る効果は、爆発力を一点に集中させる成型爆薬［指向性炸薬］の弾頭によるもので、戦車の厚い鋼鉄装甲を貫通するほど高圧高温の溶融金属を噴射した。成型爆薬は「モンロー効果」の原理を利用したものであるが、この原理は1880年代に初めて認められ、1935年に軍事用に応用された。実戦では、1942年11月、北アフリカ軍事作戦の間に初めて登場したアメリカ軍のMIバズーカで用いられた。ヒトラーはその技術に関して、同じ年のもっと早い時期に、「成型爆薬は戦車の死を意味する」と述べていた。[1]

　ドイツの兵器製造業者は、鹵獲したアメリカ軍のバズーカを自分たち自身の研究と組み合わせて、すぐさま88mmロケット砲を発射する兵器パンツァーシュレック──「戦車への脅威」を意味する──と、それよりも小型で使い捨てのパンツァーファウストを独自に開発した。一人で操作する単発用のパンツァーファウストはきわめて単純な造りで、黒色火薬を発射火薬として用いる単純な撃発装置が入った、80cmの鋼鉄製の筒でできていた。腕の下に抱え、原始

対戦車砲パンツァーファウスト。

的な鋼鉄の照準器で狙いを定めてからレバーを押すと、筒の後ろから発射薬の爆風が噴き出て反動を相殺しながら、弾が発射された。射程はさまざまであった——初期のモデルは30mに制限されていたが、後のモデルでは150mまで伸びた——が、実際のところパンツァーファウストは、操作する者ができるだけ思いきって標的に近づいたところから発射されることが一番多かった。

> ヒトラーは「成型爆薬は戦車の死を意味する」と述べた。

　実に単純な造りであるにもかかわらず、パンツァーファウストはきわめて効果的で、この時期のどんな戦車や装甲車の装甲も貫通し、内部に溶解金属の破壊的な破片をまき散らした。通常、パンツァーファウストから発した1発の砲弾で30tの敵軍戦車をただちに停止させることができた。しかも、おそらくはもっとも重要なことに、ほとんど訓練をしなくても操作可能であった。新兵、

制服も装具もなく、パンツァーファウストだけを抱えて運命の時を待ち受ける3人の国民突撃隊員。

対戦車砲パンツァーファウスト

ヒトラー・ユーゲントの少年、主婦でさえ操作できた。ソヴィエト軍の元帥イワン・コーニェフが1945年4月にベルリンで書き留めたように、パンツァーファウストを持ったドイツ人は「危険な敵」であった。パンツァーファウストは「訓練を受けていない歩兵に自信を与える兵器の一つ」で、「兵士とは到底言えないような者でも武勲を挙げることを可能」にしたからだ。[2]

　戦争の最後の2年間で、ドイツ軍によって約650万本のパンツァーファウストが製造されたこと、そして第三帝国の末期にもっとも普及していた武器の一つとなっていたことは何ら驚くにあたらないだろう。

■原注

1　Trevor-Roper, *Hitler's Table Talk*［トレヴァー＝ローパー『ヒトラーのテーブル・トーク』］, p. 177.

2　イワン・コーニェフの日記は次の書に引用されている。P. Gosztony, *Der Kampf um Berlin 1945 in Augenzeugenberichten* (Düsseldorf, 1970), pp. 264-5.

86
ラインハルト・ハイドリヒの切手

　ラインハルト・ハイドリヒが1942年6月初めに傷を負って倒れた時、彼は暗殺の犠牲となった第三帝国の将校の中で一番位が高い人物となった。
　ハイドリヒは1904年にプロイセン王国ザクセン州のハレに生まれ、1920年代に将校としてドイツ海軍に服務した後すぐにSSの階級を昇進して、ヒムラ

ラインハルト・ハイドリヒを記念するドイツの切手。

一の副司令官となり、1936年にはSSの保安部（SD）長官となった。ユーモアを解さない冷酷な態度と野心で有名であった彼は、1941年9月、ドイツ占領下のチェコ地方の「ゲリラ活動の排除」に対して責任があるボヘミア・モラヴィア保護領副総督に任命された。チェコ人を「寄生虫」と呼んでいた彼は、着任から数日間で100人近くの囚人を処刑した。[1]「プラハの殺戮者」と呼ばれるようになったのも不思議ではない。

翌年初夏までにハイドリヒがチェコの反対勢力の抑圧に成功したことで、ロンドンのチェコスロヴァキア亡命政府は厄介な立場に追い込まれた。チェコ人が進んでドイツ人のために働いているとの批判に直面した亡命チェコ人のリーダー、エドヴァルド・ベネシュは、チェコの抵抗を派手に見せつけることを熱望し、ハイドリヒ本人を襲うことを提案した。

> 死んでもなお、ハイドリヒはチェコ人を搾取した。

やがて、イギリスの特殊作戦執行部による訓練を受けたチェコの諜報員──ヨゼフ・ガブチークとヤン・クビシュ──が、ラインハルト・ハイドリヒ暗殺という「エンスラポイド作戦」を実行するため、パラシュートでボヘミアの地に降り立った。1942年5月27日、彼らは標的がメルセデスのオープンカーでプラハへ向かっているところを攻撃した。カーブで車がスピードを落とした時、ガブチークが小型機関銃でハイドリヒを狙ったが、銃は詰まって作動しなかった。次にクビシュが手榴弾を投げたが、車の後方部の下で爆発した。その後襲撃者たちは逃亡した。破片で負傷したハイドリヒは病院に運ばれたが、7日後に敗血症で亡くなった。

1942年に暗殺された、ボヘミア・モラヴィア保護領副総督ラインハルト・ハイドリヒ。

その後ハイドリヒ——ヒトラーは「鉄の心臓の持ち主」とたたえた——は国葬で追悼された。そしてチェコ人は恐ろしい報復に見舞われた。リディツェの村は殲滅させられ、15歳以上の男性は一人残らず——全部で約200人——撃ち殺され、女性と子どもは強制収容所へ送られて、生き残ったのはわずか数人であった。数週間後にはレジャーキの村も破壊された。一方クビシュとガブチークは追跡されて、他のチェコ人レジスタンスとともに殺された。全部で約1300人のチェコ人がハイドリヒの死の報復で殺害された。

襲撃から1年後の1943年5月、前掲の郵便切手がドイツ当局により、ボヘミア・モラヴィア保護領での使用のために発売された。切手はハイドリヒのデスマスクを、彼の生没年と目につくSSルーン文字とともにあしらっているが、金を巻き上げる手段でもあった。切手の額面価値は60ハレシュだが、販売価格は5コルナなので、実際のところ差額が4コルナ40ハレシュ［100ハレシュ＝1コルナ］という700％もの割増金がかかっていたからだ。ベルリンのドイツ政府にとっては、金額をつり上げ、できる限り占領地の金を搾り取る便利な方法であった。チェコ人にとっては、自分たちが服従させられていることをさらに思い出させる苦痛の種であった。死んでもなお、ハイドリヒはチェコの国民を搾取していた。

■原注

1   C. Bryant, *Prague in Black: Nazi Rule and Czech Nationalism* (Cambridge, 2007), p. 143.

87
国防軍のミトン

　1941年6月にソヴィエト連邦電撃侵攻作戦を始めた時、ヒトラーは確信していた。数ヶ月以内に赤軍は崩壊し、冬が到来するまでにスターリンを制して勝利を得られると。したがって、自分の兵士のために特別な冬の装備は必要ないと考えていた。とんだ心得違いをしたものである。

　確かにその夏、ドイツ軍は緒戦で圧倒的な勝利をおさめ、無数のソヴィエト軍部隊が捕虜となった。しかし10月になると泥にてこずり、11月に入ってからは雪とソヴィエト軍の一斉反撃が続いた。ヒトラーの侵攻作戦は徐々に機能しなくなり、彼の兵士たちは不十分な装備のままで恐ろしいロシアの冬──その年は100年に一度の苛酷な寒さだったとされる──を耐え忍ばざるをえなかった。

　当初、ドイツ軍兵士は、捕らえたロシア人の衣服を着たり、新聞や藁を服の

国防軍のリバーシブルのミトンとニットのグローブ。

内側に詰めたりすることで寒さをしのいだ。一方ドイツ国内では、冬期救済事業が、前線の兵士のために市民から寄付してもらった毛皮やその他の冬服を急いで集めていた。しかし気温が急激に落ち込むと、さらに多くの兵士が、戦いで受けた傷よりも、凍傷などの冬期特有の疾患に苦しめられた。1942年1月にモスクワ西部にいたある戦車師団は、凍傷で1日の損耗人員は800人にのぼると報告した。歩哨たちは持ち場（哨所）で文字通り凍ったまま死んでいた。[1]

1941～42年の冬のロシアで、暖をとろうとしている貧弱な装備のドイツ兵。

スターリンに対する迅速な勝利という考えが雲散霧消した時、国防軍の砲兵大将エドゥアルト・ヴァグナーは冬の戦闘服を導入するよう指示された。フィンランドで試された衣類には、綿入れジャケットに綿入れズボン、防寒帽、オーバーミトンとオーバーグローブ、頭に巻くことができて非常に評判がよかったスカーフなどがあった。

前頁に挙げたリバーシブルのミトンとニットのグローブも冬期用制服であった。ニットのグローブは灰緑色のウール製で陸軍の標準的な支給品だが、グローブの上に着用されるミトンはドイツ陸軍に特徴的な「スプリッター迷彩柄」で、裏側の純白色を表にすることもできた。片方だけ紛失しないよう、白いリボンで結ばれていた。

制服は1942～43年の冬には配備される予定であったが、生産と供給の問題に加えて、装備を必要とするドイツ陸軍の規模が途方もなく大きかったため、防寒装具一式は翌年の冬になるまで全員に行きわたらなかった。最初の要請か

> 1942年1月にモスクワ西部にいたある戦車師団は、凍傷で1日の損耗人員は800人にのぼると報告した。

らすでに2年が経過していた。東部戦線の従軍記章が受章者たちの間で「冷凍肉勲章」と呼ばれたのも不思議ではないだろう。[2]

1941年の電撃戦攻撃でソヴィエト連邦に損害を与えるのに失敗した後、ドイツ軍は実際二度と、敵にまわった軍隊──と国家──を負かすことはなかった。結局、ドイツ軍に敗北をもたらしたのは客観的な工業生産高の数字であるかもしれないが、その一方で、ロシアの冬による損害がドイツ軍の弱点を際立たせ、その終焉に至る道を指し示した。

■原注
1 Clark, *Barbarossa*, p. 173.
2 D. T. Zabecki (ed.), *World War II in Europe* (Connecticut, 1999), p. 1053.

88
ヒンデンブルク灯

　簡素なヒンデンブルク灯は、第二次世界大戦中のドイツ国内戦線ではどこにでもある必需品であった。第一次世界大戦では塹壕の中で広く用いられ、当時もっとも傑出した陸軍元帥の名にちなんでつけられた、この質素なろうそく——現代のアロマキャンドルの原型だが、もう少し大きい——は、獣脂の入

箱に入ったヒンデンブルク灯——簡素だが不可欠。

った蠟引きの紙コップと、織物でできた補強灯心からできていた。

　通常は1ダースを、円筒形に積み上げた形か、前頁の写真のように箱入りで売られていたヒンデンブルク灯は、第一次世界大戦同様に第二次世界大戦の間も必要不可欠なものであることが証明された。ヒトラーの帝国内の地下室や掩蔽壕では、停電の時に光をもたらすためにこのろうそくが用意されていた。このおかげで市民たちは、連合国軍の空襲が続く長い夜の間、なんとか士気を保つことができた。

ヒンデンブルクろうそくは銃後の「装具一式」に不可欠なものとなった。光をもたらしたばかりでなく、命も救った。

　1939年9月、ヒンデンブルク灯は、すべての地下室とシェルターに住民が備えておくよう義務づけられた備品——木製ベンチ、つるはし、シャベル、焼夷弾を消すための砂の入ったバケツ——のリストに入れられた。だが大部分の地下室には電気が通ってたことと、初期の空襲がまだそれほど激しくなかったことを考えれば、緊急な必要物資というよりは、立て前上必要とされるものだっ

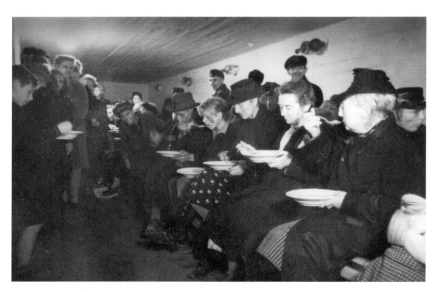

混雑しているが十分快適なエムデンの防空壕。

たのかもしれない。

　しかしやがてその価値が認められることになった。1942年にドイツの都市への連合国軍による空襲が激しくなり、市民が地下室に閉じ込められたまま過ごす時間が増した後、ヒンデンブルク灯は国内戦線の「装具一式」に不可欠なものとなり、光をもたらしたばかりでなく、命も救った。

　1942年以降、多くのシェルターや地下室、掩蔽壕にとっての問題は混雑で、次第に地下に滞在する時間が増えていることとあいまって、酸素不足のリスクを高めていた。そうした状況で、ヒンデンブルク灯が――ことわざにある「炭鉱のカナリア」のように――酸素が不足しつつあることを示すために用いられ、床に一つとテーブルの上に一つ、そして頭の高さにも一つ置かれた。下に置いたろうそくが消えると（酸素不足の空気は酸素に満ちた空気よりも重いので）子どもたちは膝の上にのせられることになっていた。真ん中の高さにあるろうそくが消えると、人々は立ち上がった。そして一番高い位置に置いたヒンデンブルク灯が明滅し始めたら、人々は――地上の危険がどんなにひどくても――そのシェルターを去る時が来たことを知ることになった。こうして、つつましいヒンデンブルクの灯が、航空戦の隠れた殺し屋の一つを早い段階で警告してくれた。すなわち、窒息の危険を知らせる警報として役立ったのである。

ヒンデンブルク灯　309

89
シュトロープ報告書

「ワルシャワのユダヤ人居住区はもはや存在しない！」

　黄ばんでいる紙に、凝ったゴシック体で、表紙が誇らしげに宣言している。作成したSS将校の名前にちなんで、「シュトロープ報告書」と一般に言われる文書は、1943年、ワルシャワのユダヤ人ゲットーをドイツ軍が破壊したことを記念する品として編集された。そしてSSの隊長であるハインリヒ・ヒムラーへ個人的な贈り物として贈られることになっていた。

　1940年11月に設置されたワルシャワ・ゲットーは、ドイツ占領下のヨーロッパで一番大きなユダヤ人ゲットーで、面積は約3.5km²におよび、ワルシャワ市民の優に30%を占める、40万人以上のユダヤ人を収容していた。ゲットーはドイツ人によって中欧と東欧の各地に開設され、クラクフ、ウーチ、ビヤウィストックを含め、200ヶ所以上がポーランドの地に設置された。その目的は単純だった。要するに、ベルリンの政府がユダヤ人をどうするか決定するまで、地元のユダヤ人住民が集められる——そして働かされる——仮の囲いとされたのだ。実際には、ゲットーの状況はひどく劣悪なことが多かったので、ゲットーへの収容は、住民にとっては実質的に計画的かつ緩慢な死に等しかった。たとえばウーチのゲットーでは、トイレは住民600人あたりたった一つしかなく、食糧の供給は予想されたとおりわずかで、配給の水準は、生存に必要とされる量のごく一部に設定されていた。[1] 病気と栄養失調がゲットー内で蔓延したのも不思議ではない。

　やがて、ゲットーはドイツ人によって「一掃」され、生き残っていた住民たちは死の収容所へ移送された。ユダヤ人ゲットーの中で最大であったワルシャワ・ゲットーは、ドイツ軍によるゲット

殺害行為の誇らしげな記録のつもりでまとめられた文書は、犯罪者たちを断罪するために活用された。

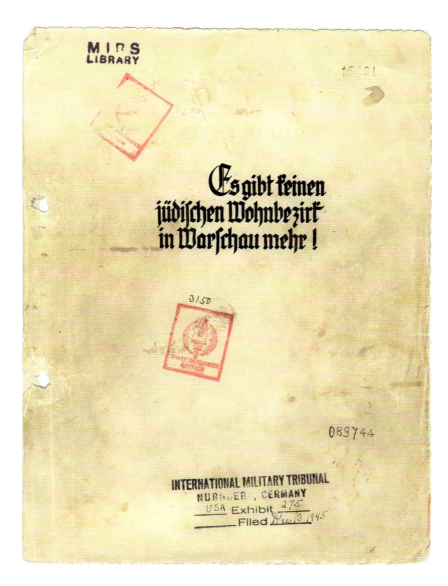

シュトロープ報告書の表紙——「ワルシャワのユダヤ人地区はもはや存在しない！」と書かれてある。

シュトロープ報告書　311

ーへの突入が、すでに1942年後半までには次第に勢力を増した武装した住民たちの抵抗にあったため、特に問題となることがわかった。翌年4月、SSの部隊に、このゲットーを片づけ、残った生存者をトレブリンカにある死の収容所へ移送する命令が下された時、住民とドイツ軍の衝突は重要な局面を迎えた。SS中将ユルゲン・シュトロープの指揮のもと、SS部隊はゲットーをブロックごとに燃やして完全に破壊し、生存者を追い出し、抵抗しようとする者たちを殺害することに成功した。約1ヶ月でワルシャワ・ゲットーは計画的に破壊され、同ゲットーに収容されていたユダヤ人の5万人以上が殺害された。

　つまりこれは、「ヨーロッパと世界からユダヤ人を除去する試みにおいて……耐え忍んだ苦しみと犠牲の証」として、同じように革で綴じた3冊の書物で記念することになっていた、紛れもなく殺害を目的とした「作戦」であった。[2] 1冊はヒムラーへの贈り物となるはずで、他の2冊はシュトロープ自身と、彼の上司で占領下のポーランドにおけるSSの指揮官フリードリヒ＝ヴィルヘル

「強制的に隠れ場所(ブンカー)から引っ張り出された」——第二次世界大戦のイメージの中でもっとも心を揺さぶる一枚。

ム・クリューガーのために用意された。さらに4冊目の、未製本の1部が用意されていて、ワルシャワのSS本部に保管された。わずかな違いがあるだけで、4部とも基本的に同じ内容で、厚いボンド紙で125頁からなる。シュトロープによってまとめられた本文は、ワルシャワ作戦に関する年代順の記録で、ドイツ軍の損害と作戦にかかわった戦闘部隊を列挙し、彼自身の毎日の状況報告と電報をそのまま記録している。さらに、43枚あまりの写真を添えた付録がついていた。

　報告書の中では、写真がもっとも興味深いだろう。燃えている建物と、降服する市民や死者を写した多くの写真によって、ワルシャワ・ゲットーの凄惨な戦いについての驚くばかりの記録となっている。うち何枚かの写真、たとえば副官たちとともに撮られたシュトロープ自身の写真、あるいは煙が充満した通りを兵士に駆り立てられ縦列で歩く人々の写真などはよく知られている。しかし一番有名なのは――キャプションによれば――「強制的に隠れ場所から引っ張り出され」た、おびえた女性と子どもたちを写した前頁の写真である。グループの前には、おそらく8歳くらいの、半ズボンをはいた少年が両腕を挙げて、状況が呑み込めていない恐怖の表情を顔に浮かべて立っている。これは第二次世界大戦を記録した写真の中でもっとも象徴的な1枚である。

　作製された4部のシュトロープ報告書のうち、2部だけが今も残る。革で綴じられた1部はワルシャワの国家記銘院に、未製本の文書（前掲の写真）はワシントンDCの合衆国国立公文書館に保管されている。その表紙には「国際軍事法廷」のスタンプが、イギリスの「MIRS」（軍事情報研究部 Military Intelligence Research Section）と「SHAEF」（連合国遠征軍最高司令部 Supreme Headquarters Allied Expeditionary Force）のスタンプとともに押されている。現存する文書は両方ともニュルンベルク裁判で証拠として徹底的に活用されたが、その際に、合衆国代表の首席検事で、連邦最高裁判事のロバート・H・ジャクソンはそれらを「吐き気を催させる」ものと述べ、「ユダヤ人迫害が計画的かつ組織的な性格のものであったこと」の証拠とした。[3]

　もちろん、この報告書を作成したナチたちによって、民族浄化という殺人行為の誇らしげな記録となるはずであった文書が、犯罪者を断罪するための証拠として用いられたのは最高の皮肉であった。ニュルンベルク法廷が召集された

シュトロープ報告書　313

時までに、この文書の受け取り人として予定されていた2人——ハインリヒ・ヒムラーとフリードリヒ＝ヴィルヘルム・クリューガー——は、戦争末期に自殺を図って、すでに故人となっていた。ユルゲン・シュトロープだけが生き延びていたが、1945年5月にアメリカ軍に捕らえられると1947年にポーランドへ移送され、そこで自分が犯した罪の裁判を受けた。結局シュトロープは死刑を宣告され、1952年3月6日にワルシャワで絞首刑に処された。

戦争の末期、アメリカ軍に捕らえられた際に撮影された
ユルゲン・シュトロープの写真。

■原注
1　Isaac Trunk & Robert Shapiro, *Łódź Ghetto: A History* (Indiana, 2006), p. 117.
2　Richard Raskin, *A Child at Gunpoint* (Aarhus, 2004), p. 26に引用されている。
3　同、p. 32に引用されている。

90
7月20日暗殺未遂事件戦傷章

　このバッジ──第三帝国の勲章の中でも特に珍しいものの一つ──は、1944年7月20日のヒトラー暗殺未遂事件を記念している。その日、東プロイセンのラステンブルク（現在はポーランドのケントシン）にある総統大本営「狼の砦〔ヴォルフスシャンツェ〕」で時限爆弾が爆発した。爆発した時に部屋にいた24人のうち、一人が即死、3人がその時に受けた傷が原因で後に死亡した。ヒトラーは軽傷

ルドルフ・シュムントに授与された7月20日戦傷章。

を負っただけであったが、彼の人生でもっとも重大な暗殺未遂事件であった。

1944年7月20日は蒸し暑い日であった。ヒトラーはその日の午後に予定していた、同盟国イタリアの指導者ベニート・ムッソリーニの来訪に備え、いつもよりも早く起床していて、その準備のために日課の会議を繰り上げて、12時30分から始めることにしていた。[1] その時間の少し前にヒトラーは自分の掩蔽壕から出て、灰色の会議用兵舎までの短い距離を歩いてきた。会議室の窓は暑さのために開け放たれ、ヒトラーの高官たち ──大将や中将や副官たち ──はオーク材の長い地図机のまわりに集まっていた。

会議に遅れて来たのはクラウス・シェンク・フォン・シュタウフェンベルク大佐──背が高く堂々とした兵士──で、そこに集まった高官たちに「国内予備軍」に関する最新情報を述べることになっていた。彼の体には重い障害があった──北アフリカ戦線で片目と右の手首から先と左手の指を2本失っていた──が、その場にいた一人は「昔ながらの伝統的な戦士のイメージ」と彼のことを評した。[2] しかしシュタウフェンベルクがそこにやって来たのは、戦士としてではなく、暗殺者としてであった。

シュタウフェンベルクは、アドルフ・ホイジンガー少将が東部前線の戦況報告をしている間に部屋に入った。中断させたことを詫びてから、ヒトラーの右に着席し、ブリーフケースを、標的からおよそ1mのところにセットした。その後電話について何事かつぶやきながら部屋を再び出ていった。その場にいた者たちは知らなかったが、ブリーフケースには10分間の信管がついた1kgの炸薬が入っていた。午後12時42分、シュタウフェンベルクは近くの建物から爆弾が爆発したのを見た。[3]

煙が晴れると、大混乱の現場が明らかになった。床や壁は崩れ、オーク材の机は木端微塵になっていた。会議室から負傷者がよろよろと出てきた時、ほとんど全員が脳震盪に襲われ、鼓膜は破れていた。それほど幸運でなかった者もいた。速記者のハインリヒ・ベルガーは爆発に一番近い所にいた。彼は両脚を失い、血だまりの中に横たわっていた。その日の夜までもたなかった。3人の高官が致命傷を負っていた。ヒトラーは呆然としていたが、外傷を負っただけであった。両耳は聞こえず、腕と臀部はひどい傷で、両脚には無数の破片が突き刺さっていた。主治医が手当をした時、ヒトラーは「私は不死身だ、死なな

いんだ」と言った。[4]

　実のところ、ヒトラーが助かったのはまったくの偶然のおかげであった。会議室の部屋の窓が開いていたおかげで爆風が消散したうえ、偶然、ブリーフケースが頑丈な机の脚の陰に動かされていたために、爆発はヒトラーからそれていた。何よりも一番決定的だったのは、片手のシュタウフェンベルクには、持参した爆発物の半分しか導火線をつける時間がなかったことであった。もし彼が、ブリーフケースの中に第二のプラスチック爆弾の炸薬を入れることを思いついていたなら、その兵舎にいた全員の命を奪うことができただろう。

> シュタウフェンベルクは戦士としてではなく、暗殺者としてやって来た。

　もちろん、シュタウフェンベルクと共謀者たちにとって、ヒトラーを暗殺することは計画の一部にすぎなかった。したがって、総統大本営を大混乱が支配している間、彼と彼の副官のヴィーナー・フォン・ヘフテンは逃げおおせ、2ヶ所の検問所をうまく通り抜け、飛行機に乗ってベルリンへ戻った。彼らは、ヒトラーが死んだと思いこんでいたので、到着すると、首都の重要拠点の掌握を狙うことにより、ナチの支配に反対する広範な国防軍兵士によるクーデターを開始した。その企てが失敗——主としてヒトラー生存の知らせがその計画を揺るがしたため——すると、シュタウフェンベルクをはじめ計画の首謀者たちは逮捕された。その日の真夜中ごろ、彼らは国防省の中庭に連れ出され、銃殺部隊によって処刑された。

　その後ナチの保安部は、わずかでも陰謀に加担した者たち全員の一斉検挙と尋問に取り掛かった。全部でおよそ5000人が逮捕され、数百人が処刑、さらに数えきれないほど多くの人々が強制収容所へ送られた。処刑

シュタウフェンベルクの爆弾が爆発した直後にハインリヒ・ホフマンによって撮影された、ヒトラーの会議室の残骸。

された者の中には、国防軍情報部部長であった海軍大将ヴィルヘルム・カナリスが、また収容所送りになった者の中には、かつてのドイツ帝国銀行総裁ヒャルマル・シャハトがいた。ヒトラーの報復を逃れて自決を選んだ者には、陸軍元帥ギュンター・フォン・クルーゲと、以前のヒトラー殺害計画の中心人物ヘニング・フォン・トレスコウ少将がいた。

　流血が続き、政権がその終焉に向かって突き進んでいた時、ヒトラーは暗殺計画の生存者たちに与えられる記念バッジを制定し、亡くなった者たちにも授与するよう命じた。1918年に皇帝ヴィルヘルムⅡ世が制定した既存の戦傷バッジにならって作られ、オリジナルの戦傷章同様に、交差した剣を背景に鉄兜をあしらったデザインであった。しかし新しいバッジは純銀に手仕上げで作られ、ヘルメットの下に「1944年7月20日」の日付とヒトラーのサインが浮き彫りになっている。負った傷の程度に応じ3等級で授与された——黒章は表面的な傷を負った者、銀章は複数の傷を負ったか、傷が残っている者、金章は重傷者や身体障害者、失明者、死者に与えられた。24人の受賞者の全員にまったく同じバッジが二つ——一つは着用し、もう一つは保管するためのもの——と、金の葉の鉤十字はもちろん、ヒトラーのサインと印章入りの凝ったベラム装丁の授与証が与えられた。前掲の写真は、5個だけ作られた金章バッジで、襲撃で片脚と片目を失ったヒトラーの筆頭副官、ルドルフ・シュムント大将に9月19日に授与されたものである。シュムントは爆発で負った傷が原因で敗血症にかかり、10日後の1944年10月1日に亡くなった。

■原注

1　Peter Hoffmann, *Stauffenberg : A Family History, 1905–1944* (Cambridge, 1995)［ペーター・ホフマン『ヒトラーとシュタウフェンベルク家：「ワルキューレ」に賭けた一族の肖像』大山晶訳、原書房、2010年］, p.264.

2　Walter Warlimont, *Inside Hitler's Headquarters* (London, 1964), p. 441.

3　Moorhouse, *Killing Hitler*［ムーアハウス『ヒトラー暗殺』］, p. 203.

4　M. C. Thomsett, *The German Opposition to Hitler* (Jefferson, 1997), p. 204.

91
影男

　第二次世界大戦の交戦国はどこも例外なく、国民が、敵を利するかもしれない情報をうっかり漏らしたりしないよう戒めるために、あらゆる手を尽くした。イギリスには「言葉を慎まないと命にかかわる」や「口をつぐんでいよう」といった標語があり、合衆国でも「軽口は船を沈める」といった文言が使われた。ナチ・ドイツでは、謎めいた「影男（シャッテンマン）」がいた。
　「軽はずみなおしゃべり」を阻止するドイツのキャンペーンは、1939年9月

「ハンスが彼の師団は……へ行くって言っていたわ」。影男は不用心な会話に忍び寄る。

に戦争が勃発した直後に始まり、第一次世界大戦時の非常に効果的な標語「敵が盗み聞きしているぞ（Feind hört mit）」が復活した。標語はポスターばかりでなく、エナメル引きの看板にも書かれ、公衆電話の側に置かれた。また宣伝映画に用いられさえした。1940年公開の映画『気をつけろ！ 敵が盗み聞きしているぞ！』は、敵のスパイ行為の危険性と、固く口を閉じて用心を怠らないことの功徳をはっきりと示した教訓的な話である。

やがて、その警告はより一層簡単になり、「シッ！（Pst!）」が、警告を思い起こさせる合図として用いられ、標語がそこに添えられることが多くなった。その他に加わったのが、特徴的なホンブルク帽をかぶった男の影——当然「影男」と呼ばれた——で、その迫りくる人影が、軽率な会話を盗み聞きする不吉な存在を示唆していた。1944年以降、影男はポスターやプラカードに次々と登場し、自分の夫の連隊の動きについておしゃべりする女性たちや、近隣の建築計画について検討する男性たちなど、日常の場面に影を投げかけた。

「シッ」や「影男」の姿のすぐれた点は、より広範囲なキャンペーンの簡略な伝達法として用いられることであった——そのためおおざっぱに描かれた影と「シッ」の文句だけを用いた小さな新聞広告で、長い文章や高価なイラストがなくても読者に秘密を守る必要性をうまく思い起こさせることができた。「影男」はマッチ箱に印刷されたり、熱狂的なヒトラー・ユーゲントの隊員や党の忠実な支持者によって壁に描かれたりすることさえあった。

もちろん、皮肉なことに、ドイツ国民をひそかに見張っていたのは、国民の間に潜んでいると考えられていた外国の諜報員ではなく、ナチスとその組織であった。少なくともその状況にブラックユーモアを見たドイツ人も中にはいた。ある日記作者は、ベルリンでは「シッ！ 敵が盗み聞きしているぞ！」のポスターはすでに効果を失っており、耳をすましているのはもはや敵ではなく、SSであったと回想した。[1]「影男」とはまさに、ドイツ国民の間にまぎれこんでいそうな存在であったようだ。

軽率な会話を盗み聞きする不吉な存在。

■原注

1　Howard Smith, *Last Train from Berlin* (London, 1942), p. 199.

92
強制労働者の「労働許可証」

　第三帝国に迫害され搾取された集団の中で、強制労働者についてはほとんど知られていない。人目につかず、知られていなかったが、強制労働者は戦争の間ドイツの至るところに存在し、軍事産業や工業、農業の分野で何百万人もの人々が職務をこなしていた。彼らはほとんどあらゆる職業と会社——地元の肉屋からドイツ最大の製造会社まで——にいて、ベルリンだけで3000ヶ所あった彼らの宿舎や収容所が、市内の空き地を占めていたものだった。ドイツの労働力の3分の1以上を占めていた強制労働者は、ナチの総動員体制に不可欠な存在であった。

　強制労働者——全部でおよそ200万人——の5人に1人はポーランド人で、その大多数は、自分たちがどこへ行こうとしているのかさえほとんど知らずに母国で徴集され、ドイツに移送されてきた。[1] この労働許可証の持ち主もその一人であった。アレクサンドラ・Mは1944年10月にこのカードが発行された時28歳であった。上シロンスクのソスノヴィエツ近郊生まれの彼女は、カードの記録では結婚しており、当時ドイツ人が「ポーランド総督府」と呼んでいたワルシャワに住んでいた。彼女の写真と指紋の入ったこのカードは、労働許可証であると同時に身分証明書でもあった。これを失くすと深刻な事態をまねいた。

　カードからは、いつアレクサンドラがドイツに連れて来られたか明らかでない——1944年秋のワルシャワ蜂起が鎮圧された後に移送された女性の一団の中にいたのかもしれない。しかしカードは彼女がベルリンで、市の天然ガス供給業者の「Gasag」、おそらくはガス製造所で労働者として働いていたことを明確に示している。しかもカードに「Kennzeichenpflichtig（登録標識義務）」というスタンプが押されていることから、アレクサンドラは、ポーランド人強制労働者であることを示す、黄色地に紫のPをあしらった布製バッジの着用が

アレクサンドラ・Mの「労働許可証」。

> 東ヨーロッパ出身者は被雇用者というよりは囚人として扱われた。

法律によって義務づけられていた。その規則をあえて無視した者は150ライヒスマルクの罰金か、最大6ヶ月間の苛酷な拘留を課せられた。

そうした屈辱的な扱いに加え、アレクサンドラはたくさんの規則や制約に支配されていた。強制労働者の状況はそれぞれ非常に異なっていたが、違いは主としてどこの出身かによった。西ヨーロッパ——フランス、オランダ、デンマークなど——出身者は定期的な給与の支払いと食糧の配給の他に、余暇さえ与えられ、おおむね優遇されていた。一方東ヨーロッパ出身者は、被雇用者というよりは囚人として扱われ、彼らの行動や給与、食糧の質と量には制約が課せられていた。1940年3月の「ポーランド人条例(ポーレンエアラッセ)」によれば、ポーランド人労働者は教会やレストランだけでなく、ドイツの文化生活に近づいてはならないとされた。彼らは公共交通機関を使うこともできず、厳しい門限に支配され、週に7日働く義務があった。[(2)] 大勢いたポーランド人強制労働者の一人

が後に回想している。「われわれの場合、何もかも禁止されていた」。[3]

　したがって、ベルリンでのアレクサンドラの生活は——彼女の仲間と同様——殺伐としたものであっただろう。鉄条網に囲まれた、冷え冷えとする、シラミがはびこった宿舎に閉じ込められ、劣悪な衛生環境に不十分な食事、ほとんど医療ケアがないに等しい状況を耐え忍んでいたかもしれない。病気で倒れることは死の宣告に等しかった。親切な雇用者だけが、社員食堂で温かい食事を提供したりわずかな心づかいを示したりすることで、生活をどうにか我慢できるようにしてくれた。とはいえ、親切にしてくれた者は多くなかった。

　アレクサンドラの運命についてはわかっていない。戦争が終結した時に廃墟と化したワルシャワへ戻り、共産主義体制の下で生活を再建し、ドイツ人のために働いていたことが明らかになるのを恐れ、戦時中の経験については終生口を閉ざしていたかもしれない。あるいはナチの支配下で亡くなって集団墓地に埋葬され、忘れ去られた無数の強制労働者の一人、ドイツの人種戦争の犠牲者となったのかもしれない。

■原注

1　Moorhouse, *Berlin at War* [ムーアハウス『戦時下のベルリン』], pp. 117-35を参照のこと。

2　Ulrich Herbert, *Hitler's Foreign Workers: Enforced Foreign Labour in Germany under the Third Reich* (Cambridge, 1997), p. 72.

3　Moorhouse前掲書、p. 124に引用されている。

93
野戦憲兵三日月章

　第二次世界大戦中、戦闘で鍛えられた国防軍の歩兵が、目にしただけでその場に立ちすくむことになるものはわずかしかなかったが、これがその一つであったのは確かだ。これは──終戦まで──ドイツ軍の全兵士の生殺与奪の権を握っていた組織、ドイツ野戦憲兵隊の憲兵徽 章 である。

　野戦服の上から首にかける三日月型の記章（ゴルゲット）は、歴史的に権威の象徴としての役目があり、身につけている者を周囲の普通の兵士たちとは区別した。第三帝国の時代、腕の警察バッジと襟のオレンジ色の紐飾りも野戦憲兵隊の制服を独特のものにしたが、最初に目を引くのがこのゴルゲットだった。薄暗い所でさえそうだった。文字とナチの鷲が、黄色の蛍光塗料──現在は鈍いベージュ色に変色──のために浮き立ち、ひときわ目についたからだ。また野戦憲兵隊員は、鎖のついたゴルゲットを首にかけていたために、「番犬（Kettenhunde、鎖につながれている犬）」のあだ名がつけられた。

　野戦憲兵隊は1933年に再編成され、その新兵たち──多くは元警察官──は十分な歩兵訓練の経験と広範囲にわたる警察権力を兼ね備えていた。1939年の戦争の勃発とともに、彼らは主として前線の後ろで秩序を維持する役割を担い、その任務は簡単な交通整理から捕虜の取り押さえ、さらには地元住民の「鎮圧」にまでおよんだ。

　野戦憲兵隊が最初に悪い評判を得るようになったのは、この最後の役割にあったかもしれない。「鎮圧」とはナチ特有の言い回しで、その中には占領地での残虐な行為、虐殺、戦争犯罪が含まれる場合が多く、東部戦線におけるそうした作戦行動の準備に憲兵隊が関わっていたことは、詳細な文書の記録から裏づけられている。逮捕されたある将校は、彼の部隊の決まった業務に、ドイツでの強制労働に適した市民の選別に加え、処刑されるユダヤ人と共産党員の疑いのある者の選別も含まれていたことを認めた。

やがて、戦況がドイツに不利になると、野戦憲兵隊は次第に、味方の取り締まり——と弾圧——にかかわるようになり、脱走兵を調査し、逃亡者の列を、詐病者と許可なしに前線から離れた軍人に選り分けた。彼らがこれらの任務を遂行する際には、脱走兵の疑いがある者ならだれでも拘留できる権限があったので、たとえわずかな違反でも、被疑者はたいてい懲罰部隊へ送られ、地雷を手で除去する作業に従事する羽目に陥ったかもしれない。

戦争末期の数ヶ月間、弱まる士気を駆り立てるため、野戦憲兵隊は次第に被疑者を処刑する手段に出た。こうして約8000人の国防軍兵士が処刑された。[1] 野戦憲兵隊が残虐非道の評判をものにし、このゴルゲットを見ると多くの兵士が恐怖におののいたのも不思議ではないだろう。

鎖のついたゴルゲットを首にかけていたために、野戦憲兵隊員は「番犬」のあだ名がつけられた。

恐ろしい眺め——野戦憲兵の三日月章。

■原注
1　Stephen Fritz, *Frontsoldaten : The German Soldier in World War II* (Kentucky, 1997), p.93.

94
V1飛行爆弾

　V1飛行爆弾──イギリスでは「アリ地獄」の名で知られた──はヒトラーの悪名高い「報復」兵器の一つで、ナチ・ドイツに対する英米の攻撃用爆撃機への報復手段として設計された。巡航ミサイルの初期の形態であったこの爆弾は、第二次世界大戦末期、ヒトラーに奇跡的な勝利をもたらす目的で開発された兵器で──その目的は果たせなかったものの──ヒトラーの軍事技術者の卓越した才能を示す一例であった。

　事前設定された誘導ミサイルという構想は、1936年からフリッツ・ゴスラウがベルリンのエンジン製造会社アルグスで開発した。1940年にドイツ空軍省に却下されたにもかかわらず、ゴスラウはその計画に固執し、その後、航空機メーカーのハインケル社の技術者ロベルト・ルセルを引き入れた。ルセルは設計の簡素化を手伝い、それまで2基搭載されていたエンジンを1基に減らした。1942年6月、修正された兵器が正式に許可されると、カッセルにある航空機メーカーのフィーゼラーが製作を請け負った。当時この兵器はFi103と呼ばれた。

> 1944年6月18日　の朝、1機のV1がセントジェームズのガーズ・チャペルを破壊し、民間人と軍人合わせて121人が亡くなった。

「サクランボの種」、あるいは「コガネムシ」の暗号名がつけられた試作品は、1942年12月におこなわれた最初の動力飛行の成功により、ナチのロケット研究の拠点であったペーネミュンデで試験飛行がおこなわれた。機体は8mの鋼鉄の胴体と、5mの合板の翼と850kgのアマトール爆薬で構成され、最後部に搭載されたアルグス社のパルスジェットエンジン──これがトレードマークとなった「ブンブンうなる」音をもたらした──によって動力が供給された。発射の際は通常、蒸気式の射出装置が備わった固定式の滑走台の補助を必要と

するが、その後はパルスジェットがFi103を最高時速500km以上の速度と運航高度3000mまで推進して、約275kmの軌道にのせた。

　一般に信じられているのと異なり、Fi103はその燃料が尽きるまで飛行しただけではなかった。それどころか、原始的なジャイロスコープの誘導システムが高度と対気速度を調節し、機首にある風力駆動の飛翔距離計が弾道を調整した。事前に設定された距離を飛ぶと、Fi103は傾いて急降下し、エンジンは切れ、地表面に向かって落下した。驚いたことに、戦争の終結時までに、その精度は目標から10km以内まで改良されていた。[1]

　徹底的な試験が繰り返され、1944年の夏にはFi103の配備の準備が整った。ヒトラーの「報復兵器（Vergeltungswaffen）」計画の一環として、V1と改名されたこの爆弾は、6月13日に初めてカレー海峡からロンドンに向かって発

発射台から猛スピードで進むV1飛行爆弾。

ノルマンディ地方のアルドゥーヴァルの発射台に保存されているＶ１飛行爆弾。

射された。その日発射された10発のうち、4発――ケント州、イーストサセックス州、イーストロンドンに着弾――が爆発に成功した。その後、約１万発――ピーク時は１日に100発以上――が、主にロンドンと、第二の攻撃目標とされたアントワープとブリュッセルに向かって発射された。

　一定の速度と弾道、高度を考慮に入れれば、Ｖ１は比較的迎撃しやすかったので、すぐにさまざまな迎撃方法が開発された。たいていは高射砲によって撃ち落とすか、戦闘機のテンペストかスピットファイアで迎撃する方法であった。中でも一番興味深い対抗手段が、二重スパイを利用して、Ｖ１の着弾場所に関してドイツ軍を欺くことであった。Ｖ１による爆撃のほとんどが首都ロンドンの南東部のダリッジ周辺に集中していることに気づいたイギリスの諜報部は、Ｖ１が主に北西部に着弾しているとドイツ人に告げるようイギリス人スパイへ指示した。そうすれば着弾地点が調整されるので、Ｖ１をケント州の郊外に落下させ、被害を抑えることができるからだ。その計画を編み出した者が得意に

なって言うことには、ドイツをあざむく策略は「大成功」で、「何万という人命」を救った。[2] 結局、連合国軍の対抗手段が功を奏したので、実際に目標まで達したV1は発射本数のおよそ4分の1にすぎなかった。

　とはいえ、防衛網をうまくくぐりぬけたV1は地上に大混乱をもたらした。6月30日、オールドウィッチにあった空軍省近くに着弾したV1によって46人が亡くなった。1ヶ月後、混雑したルイシャムの市場にV1が着弾した時はさらに59人が亡くなった。1発で最大の犠牲者が出たのは1944年6月18日の朝、セントジェームズのガーズ・チャペルを破壊した時のことで、教会の内部は軍人とその家族が大勢いた。この時は121人の民間人と軍人が亡くなった。ロンドンだけで全部でおよそ6000人の命がV1によって奪われた。[3]

　結局、Dデイ［1944年6月6日、連合国軍によるノルマンディ上陸作戦開始日］の後、連合国軍が徐々に発射場所を占拠したので、V1によるイギリス本土電撃的空襲は終わりに近づき、1945年3月28日、ケント州スウォンズクーム——ロンドン中心部から約30㎞東——に「ドゥードゥルバグ」がやってきたのが最後となった。

　同系統のV2と同様に、V1は華々しい失敗作であった。その構想と開発にきわめてすぐれた技能を示したとはいえ、建設作業に従事していたのは、おそろしい状態で生きていた、半ば飢えた強制収容所の収容者たちで、製造の過程で、作戦での利用よりも多くの命を犠牲にした不名誉を負っている。戦時中のドイツ人技術者の独創性だけでなく、道徳観念の欠如をも示す見本である。

■原注

1　K. M. Kloeppel, *The Military Utility of German Rocketry During World War II* (Air Command and Staff College, 1997).

2　イギリスの諜報員John Mastermanの言葉はBen Macintyre, *Agent Zigzag* (London, 2007) ［ベン・マッキンタイアー『ナチが愛した二重スパイ：英国諜報員「ジグザグ」の戦争』高儀進訳、白水社、2009年］, p. 282に引用されている。

3　下記のすばらしいウェブサイトを参照のこと。www.flyingbombsandrockets.com/index. html.

V1 飛行爆弾　　329

95
メッサーシュミットMe262戦闘機

　ヒトラーの第三帝国は、崩壊に向かっている時でさえ、なおも敵に不意打ちを食わせることがあった。その一つが起きたのは1944年7月26日、バイエルン地方で、写真偵察をおこなっていたイギリス空軍544飛行中隊のモスキート［木製高速軽爆撃機］が、きわめて高速で飛ぶドイツの戦闘機に接近され、短時間空中で交戦した時だった。この時初めて、メッサーシュミットMe262が姿を現したのだ。

　ジェット推進技術は、1937年にハインケル社の技術者ハンス・ヨアヒム・パブスト・フォン・オハインが初めてジェットエンジンの始動に成功してから開発が進められていた。その2年後、ターボジェットエンジンが初期のハイン

Me262——敵の有人飛行機を撃墜するための世界初のジェット戦闘機。

ケルHe178に搭載され、開戦の1週間前にあたる1939年8月27日に最初のジェット飛行に成功した。しかし信じがたいことに、成功したにもかかわらず、試作機はほとんどドイツ空軍省の関心をひくことなく、ベルリンの航空博物館に預けられた。博物館は1943年の空襲の時に破壊された。

しかし一方でMe262計画はすでに始まっていた。メッサーシュミット社の監督のもとで、ハンス・マウヒとヘルムート・シュレプはユンカース社とBMV社とともにターボジェットを開発し、ハンス・アンツは強力なエンジンを支える機体の開発に取り組んでいた。単発のHe178が直面した技術的な問題を忘れていなかったので、彼らは双発ジェットエンジンを選択し、修理を容易にするために各翼の下に一つずつ固定した。その結果生まれたのが流線型の単座飛行機で、緩やかに湾曲した後退翼と水滴型円蓋がついていた。

1940年、メッサーシュミット社はMe262の試作機を3機製作する契約を承認された。3機のうち1機が、ユンカース社のJumo004ジェットエンジンに動力を供給され、1942年7月18日に処女飛行をおこなった。60機の注文が続き、1943年4月22日、有名なエースパイロットで空軍の戦闘機隊総監であったアドルフ・ガラントが飛行機を試験飛行し、「まるで天使が押しているかのように」感じたと報告した。[1] ガラントの承認でドイツ空軍省は納得し、メッサーシュミット社に、成果を挙げてはいたが旧来のBf109戦闘機からMe262へ生産を変換するよう要求した。しかし、さらなる進捗は、レーゲンスブルクのメッサーシュミット社の工場が1943年8月に合衆国軍の空襲に遭ったことで妨げられた。この時、重要な工作機械一式が破壊されたので——皮肉なことに——ドイツが高速ジェット迎撃機を緊急に必要とすることが明確になった。

あるナチの閣僚は「子どもだってこれが戦闘機だとわかるのに」とぼやいた。

しかし1943年にこの戦闘機を視察したヒトラーは、まったく異なる役割を期待した。この時点でなおも、連合国軍に対する爆撃を強化することで戦争に勝つことができると確信していたヒトラーは、Me262が自分の選り抜きの爆撃機となることを望んだのだ。ガラントたちは猛然と反対した——ある閣僚は「子どもだってこれが戦闘機だとわかるのに」とぼやいた[2]——が、ヒトラー

連合国軍の戦闘機パイロットは、戦闘機に搭載されたガンカメラで撮影されたこの写真のように、離陸直後か着陸寸前の低速時を狙ってMe262を捕らえようとした。

の命令に抑え込まれた。Me262は高速爆撃機へと変更させられ、最高速度を相当落とし、機体の外側に500kgの弾頭を搭載した。ヒトラーのこの決定とエンジンの開発の遅れのために、1944年11月になってヒトラーが態度を軟化させ、戦闘機の製造が再開された時までには、貴重な時間が大分失われていた。その時までに、Dデイに引き続いて連合国軍の部隊がすでにドイツに入りこんでいて、連合国側の航空優勢はすでにほぼ確実となっていた。Me262がもっと早い時期に導入されていれば、ナチ・ドイツをいくらか優勢にしたかもしれないが、いずれにせよもはやその機会は失われた。

　その後1945年春までに、技術的な問題から一度に100機以上が出動態勢をとることはまれだったとはいえ、およそ1430機のMe262が製造された。機首部分にまとめて4台の30mm機関砲が配備され、800kmを超える速度の出るMe262は空中戦で優位に立つことができた。特に、連合国軍の回転式砲塔の砲手がとらえることができないほど速いことを示したので、アメリカ軍の爆撃機の編隊と交戦した時には効果的だった。この新型機を用いたもっとも集中

的な攻撃は1945年3月18日、37機のMe262が、ベルリンへ向かう1800機の
USAAF（アメリカ陸軍航空機）隊と交戦した際におこなわれたが、この時は
3機のメッサーシュミットを犠牲にして敵の爆撃機を12機撃ち落とした。作
戦は成功したと言えなくもないが、両軍の戦闘機の数を比較すれば明らかなよ
うに戦争末期の数ヶ月間でドイツ軍のパイロットたちが直面した、恐ろしい兵
力の差を証明していた。

　第二次世界大戦において最後となった空中戦での勝利を含め、全部で735機
の連合国側の航空機がMe262によって撃墜されたと考えられている。最後の
勝利は、1945年5月8日の午後、ベルリン南部のエルツゲビルゲ上空でソヴ
ィエト空軍のP 39エアラコブラを撃墜した時であった。戦闘に参加した最初
のジェット戦闘機、また当時もっとも先進的な航空機として、Me262は確か
に革命的であったが、あまりに数が少なく、登場が遅く、そしてナチス政権の
奇妙な「奇跡の兵器」信仰を示していた。たとえ数がそろわなくても、せめて
あと1年早く空中戦に取り入れられていれば、全般的な結果は異なっていたか
もしれない。だが、開発の問題と燃料不足と政治的な干渉が重なって、結局そ
の効果を打ち消した。

■原注

1　R. Ford, *Germany's Secret Weapons in World War II* (Staplehurst, 2000)［ロジャー・フォー
　ド『図説第二次世界大戦ドイツ軍の秘密兵器1939-45』石津朋之監訳、村上和彦・小椿整治・
　由良富士雄訳、創元社、2018年］, p. 14.

2　H. E. Ziegler, *Turbinenjäger Me 262* (Stuttgart, 1977), p. 86に引用されている。

メッサーシュミットMe262戦闘機　　333

96
国民突撃隊の腕章

　国民総動員体制——（侵略などの）緊急時における一般国民の大量徴用——には長い歴史がある。ナチ・ドイツでは、1935年から徴兵制が敷かれ、1941年以降は召集対象年齢がどんどん引き下げられていったが、本当の意味で国民総動員体制が実施されたのは1944年10月になってからであった——そしてそれは国民突撃隊という形をとった。

> 彼らは、レインコートや軍服の上着を身につけた、ひ弱な少年や年寄りの寄せ集めで、死に物狂いの烏合の衆にすぎなかった。

　国民突撃隊（フォルクスシュトゥルム）とは、軍隊組織にまだ服務していない16歳から60歳までのすべてのドイツ人男性を招集した国民軍で、以前であれば年を取り過ぎか若過ぎる、あるいは他の点で軍務に適さないと見なされた人々だけでなく、傷病兵も含まれた。ドイツ東部の国境にはソヴィエト軍が侵入し、西からは西側連合国軍が帝国内へ侵入しようと態勢を整えていた中、国民突撃隊は、不名誉な結末に近づきつつあったナチ政権による最後のいちかばちかの賭けであった。

　国民突撃隊のための訓練は初歩的な内容だった。登録した人々の大半はヒトラー個人への忠誠——と降伏するよりは死ぬこと——を誓い、その後4日間の訓練に参加した。そこで基本的な地図の解読を試みたり、戦術や防備について教えられたりしたかもしれない。また武器、特に至るところに存在したパンツァーファウスト単発バズーカか、年代物のライフルを受け取ることもあっただろう。特に幸運な者は原始的な国民突撃隊銃（フォルクスシュトゥルムゲヴェーア）を受け取ることができた。だが多くの隊員は何の武器も与えられなかった。[1] ある退役軍人が当時を回想してこう述べている。

334

国民突撃隊腕章、虐殺への招待。

　仲間と登録した時、それが烏合の衆であることがわかりました。旧式のイタリア製ライフルと10発の弾を受け取りましたが、それでどうすればいいのかわかりませんでした。なにもかもがずさんでした。……そんな有り様では、ロシア人は私たち全員を簡単に蹴散らすことができたでしょう。[2]

　制服も存在しなかった。新兵は明るい色の服を避けるよう命じられただけで、「野戦用の褐色」に染めるのが望ましいと忠告された。さらに、一般の国民から適した衣服を集めるための全国規模のキャンペーンがくり広げられた。したがって、国民突撃隊の隊員であることを示す唯一の公式の印は上に掲げたような腕章で、左の上腕に巻くことになっていた。隊員たちを――多くの隊員にとっては不運なことに――戦闘員と証明したのがこの腕章であった。
　1944年11月、宣伝相ヨゼフ・ゲッベルスが、ベルリンの中心にあるヴィルヘルム広場で国民突撃隊の新しい隊員を対象とした集団宣誓式を開催した。ゲッベルスの短い演説の後、何千人もの新兵たちが小ぬか雨の中、ニュース映画のカメラの横を密集隊形で行進した。彼らは「すばらしい印象」[3]を与えたとゲッベルスは考えたが、彼ほど視野の狭くない目の持ち主であれば、そこまで自信はもてなかっただろう。彼らはレインコートや軍服の上衣、年代物の鉄兜や縁なし帽を身につけ、形も大きさもとりどりの武器を携えた、ひ弱な少年や年寄りの集まりで、死に物狂いの無秩序な群衆にすぎなかった。とても軍隊のようには見えなかった。

「烏合の衆」、国民突撃隊、1944年ベルリンにて。

　国民突撃隊には二重——国民向けと軍事用——の目的があるとされていた。ナチのプロパガンダでは、戦争に疲れていても、ほとんどの場合まだ戦争の恐怖を目撃していなかったドイツ国民の間に、新たな自信と抵抗する意志を吹き込むことが目的であった。この点に関しては一時的に成功したかもしれないが、多くのドイツ人にとって国民突撃隊は、戦争がどれだけまずい状況に陥っているかを暗に示すばかげた象徴にすぎなかった。あるベルリンの歌が当時の国民の気分を要約している。

　　愛しの祖国、安心するがいい、
　　総統がおじいちゃんたちを召集した[(4)]

　もう一つは軍事上の目的であった。自分たちの町や村を守る国民突撃隊員の熱意——あるいは絶望——がドイツ陸軍の戦意を鼓舞し、必要に迫られた人間の目的意識によって軍が奮起することが期待されていた。しかしこの点においても、その有用性はおぼつかなかった。戦争の終結時、国民突撃隊のおかげで数の上ではドイツ軍の兵力は増えたとはいえ、戦闘での有用性はきわめて限定的であった。
　国民突撃隊員は戦争の最後の冬にドイツ全土で戦い、命を落とした。確かに、

336

ブレスラウなどの、包囲された都市の防衛は彼らの存在なしにはほとんど不可能であっただろう。だが彼らには、敵の進軍を押しとどめることは不可能であった。狂信的態度と勇敢さにもかかわらず、年老いた男性と少年たちは、訓練を受け戦闘にたけた連合国軍兵士の相手ではなかった。たとえば占領地ポーランドのオストロヴォでは、1945年1月にソヴィエト軍から町を守るために派遣された200人の突撃隊員のうち2人しか生き残らなかった。[5] そこで亡くなったのは戦死した国民突撃隊員のごく一部にすぎず、戦争の最後の6ヶ月間で17万5000人の隊員が亡くなったと推定されている。したがって、プロパガンダや誇張した記述はあるにしても、国民突撃隊は悲惨な結果に終わった無謀な企てと見なされるべきである。

■原注

1　Moorhouse, *Berlin at War*［ムーアハウス『戦時下のベルリン』］, pp. 352–3.
2　Gleiss, *Breslauer Apokalypse*, Vol. V, p. 279.
3　Elke Fröhlich (ed.), *Die Tagebücher von Josef Goebbels*, Vol.XIV (Munich, 2006), p. 208.
4　Moorhouse前掲書、p. 351 に引用されている。
5　Richard Hargreaves, *Hitler's Final Fortress–Breslau 1945* (Barnsley, 2011), p. 69.

97
V2ミサイル

　V2弾道ミサイルは、第三帝国の道徳観念のない狂気を、科学者たちの科学的独創性とともに実証した。それは、初めて人間の手によって作られた宇宙へ達する物体であっただけでなく、資源と人命の壮大なる浪費であった。

ドイツのペーネミュンデ歴史技術博物館に展示されているV2ミサイル。

ドイツの科学者たちは、誘導ミサイルの開発競争においてどの国よりも抜きんでていた。早くも1923年にはヘルマン・オーベルトが『ロケットを宇宙空間へ』という題名の本を出版しており、1927年になると彼とその仲間で先見の明のある科学者たちが宇宙旅行協会を結成した。1930年、その協会に、傑出した科学者ではあったが無節操なヴェルナー・フォン・ブラウンが加わると、翌年彼らは液体水素とガソリンを燃料とする小型ロケットの発射に成功した。ロケットの時代の幕開けであった。

　ヒトラーが権力を掌握すると同時に、ドイツ陸軍はロケットに関心を寄せるようになり、長距離砲の代わりになりうるものと見なした。1936年、陸軍はブラウンら研究者たちと協力して、ドイツのバルト海沿岸地方にあるウセドム島のペーネミュンデに、ロケットを試射するための土地を購入した。そこでは結果が近くの海岸から見えるよう、海に向かって試射がおこなわれた。ブラウンは、1930年から陸軍の弾道ミサイル研究を率いていたヴァルター・ドルンベルガー大尉の指揮下で技術部長に任命された。

　ペーネミュンデでは試射が繰り返され、何回も設計と型が厳密に評価された。もっとも有望だったのがA4試作機であった。高さ14mで、燃料9tとアマトール爆薬の弾頭750kgを含めた総重量が13tのA4は、エタノールと液体酸素という爆発性混合物を組み合わせることで動力を得ており、尾部の翼に組み込まれた小型の方向舵と、エンジンの排気管内の平板を操作する3軸ジャイロスコープを用いて制御されていた。1942年10月3日、初めて発射に成功した時、試作機は200km以上飛び、目標から4km以内に着弾する前に、マッハ5の速度と、それまでに試射されたどのロケットよりも高い、高度85kmに達した。A4は名称をV2、ヒトラーのいわゆる「報復兵器2号機（Vergeltungswaffe 2）」に改められた。

　もっとも、この最初の成功の後、V2

試験飛行で離昇するV2ミサイル。

V2ミサイル　339

の信頼性の向上には苦心した。というのも、特に、2万の部品のいずれかにごくわずかな不具合があるだけでもたいていは失敗に終わり、その原因を明らかにする物的証拠がほとんど残らないからだ。それにもかかわらず、ヒトラーは月に250発のV2の生産を注文するほど感嘆し、1943年7月には戦争の成り行きを決定づける兵器と評した。[1]

　しかしその時までに、V2計画はすでにイギリス空軍の注目するところとなっていた。1943年8月17日、ペーネミュンデの研究拠点は500機以上のイギリス空軍機に急襲され、ロケットの試験台と工具たちの宿舎が標的となった。攻撃の後、地上には700人以上の死体が横たわっていた。これによりV2の開発は7週間滞ったので、ドイツの関係当局は製作を秘密裏に進めることにし、テューリンゲン州ノルトハウゼン近郊のミッテルバウ＝ドラ強制収容所へ拠点を移した。そこでは何万人もの強制労働者がきわめて劣悪な環境で働いていた。その計画に動員されたおよそ6万人の労働者の3分の1は、戦争終結まで生き延びることができなかった。[2]

　大量生産がミッテルバウ＝ドラで進められたことで、V2はじきに戦闘配備の準備が整い、1944年9月8日、最初の1発がロンドンへ向けて発射され、チズィックで3人の民間人を殺害した。その後の数ヶ月間で、オランダとフランスの移動式の発射装置から約3200発のV2が、主にロンドンと、連合国軍がドイツへ陸路で進軍する際に戦略的に重要であったベルギーのアントワープ港を目標に発射された。V2は効果的なことが証明された。高度80kmと時速2900kmに達すると、4分も経たずに最大330kmもの射程距離に及んだので、地上へ戻ってくる時にそれを阻止することができるものは何もなかった。

> V2は確かに「驚異の武器」だったが、かつて生産されていたこと自体が驚異である。

　V2の威力は驚くほどすさまじかったので、イギリスの当局は当初、不可思議な爆発の原因をガス漏れと見なしたほどで、その攻撃の本質を認めたのは、8週間も経ってからであった。それは第二次イギリス本土電撃的空襲の始まりで、ロンドンでは約2700人が亡くなり、アントワープでも2200人の死者が出た——1発で最悪の被害が出たのは12月16日のアントワープのレックスシ

ネマへの着弾で、567人の命が失われたとされる。幸い、西ヨーロッパ中に進軍した連合国軍がドイツ軍のミサイル発射基地を占領し、ロケットの攻撃を阻止したため、V2による攻撃は長く続かなかった。その結果、ミサイル戦争の時代は延期されることになった。

　V2が科学技術の目覚ましい成果で、冷戦時代のもっとも顕著な偉業の一つに至る道を示したのは疑いもない。1969年に史上初めて人類を月へ送ったNASAのアポロ宇宙計画を立案し指揮したのは、もちろん、ヴェルナー・フォン・ブラウンであった。それでもなお、V2がおそろしく不経済であったことを忘れてはならない。V2の開発と製造で無数の人命が失われただけでなく、V2を1発生産するのに10万ライヒスマルクかかり、計画につぎ込まれた費用の総計は20億ドルと推計されていることは記憶にとどめておくべきだ。[3] 当時それだけの費用があれば、ドイツは2万台のティーガー戦車か800隻のVII型Uボートを製造できただろう。さらにV2の発射には30t近くのジャガイモから蒸留されたエタノールが必要とされたが、目標へ噴出された爆薬の量は1t以下であった。

　したがって、技術面でV2は確かに「驚異の武器」であったが、何よりも、かつて生産されていたこと自体が驚異である。

■原注

1　Volkhard Bode & Gerhard Kaiser, *Building Hitler's Missiles* (Berlin, 2008), p. 40.

2　同、p. 79.

3　Frederick I. Ordway III & Mitchell R. Sharpe, *The Rocket Team* (New York, 1979), p. 32 に引用されている。

98
ゲーリングの電報

　1922年にミュンヘンで初めて二人が出会った時から、ヘルマン・ゲーリングはアドルフ・ヒトラーにとって重要な味方、ナチの運動が政権を握る際に不可欠な協力者であり続けた。ゲーリングは1923年のミュンヘン一揆の間ヒトラーの傍らにいて、その10年後のヒトラー最初の内閣では閣僚となった。権力の座につくと、ドイツ空軍最高司令官、帝国議会議長、ドイツ国副首相、プロイセン州首相、航空相、4ヶ年計画全権責任者など、さまざまな職務を務めた。

　それにもかかわらず、ゲーリングもナチの仲間たちの大半と同様に神の恩寵を失い、空軍の失敗や第三帝国内で蔓延していた激しい内部抗争、さらには彼自身の享楽的で放縦なライフスタイル——パステルカラーの制服に巨大な鉄道模型セット、ペットのライオンといった世界——によって力を失った。

> 第三帝国でもっとも有力で、もっとも著名な人物の一人が無力にされた。

　それでもなお、1945年4月、第三帝国が末期段階に入った時、ゲーリングは——政治的な地位はかなり低下していたにもかかわらず——高位にとどまっていた。しかもとりわけ重要なことに、なおもヒトラーの副官かつ後継者として公式に指名されていた。

　戦争の終結が近づいていた時、ベルヒテスガーデンにいたゲーリングは、1945年4月23日に——ソヴィエト軍のベルリン進軍によってヒトラーが何もできなくなっていると推測して——ヒトラーに宛ててこの電報を送り、第三帝国に残されているものを自分が掌握する許可を求めた。「わが総統」と彼は書いた。

　空軍参謀総長コラーが今日私に、ヨードル上級大将とクリスティアン将官から伝えられた伝言にもとづいて概況を説明してくれました。それによる

ゲーリングがヒトラーに宛てた電報、彼の破滅の原因。

　と、あなたは私に対するある決定を述べ、交渉が必要になった場合はベルリンにいるあなたよりも私の方が比較的安易な立場にあると力説したということです。これらの見解は私には意外で重大なことなので、22時までになんらかのお返事がいただけない場合は、あなたが行動の自由を失ったと想定せざるを得ないと覚悟しております。その時は私があなたの命令の条件にかなったものと見なし、国民と祖国の安寧のために行動をとります。私の生涯でもっとも困難な時期に私がいかにあなたのことを考えているか、言葉で表すことはできません。神のご加護がありますように。そして何が起ころうともあなたができるだけ早く当地へ来られますように。

あなたの忠実なヘルマン・ゲーリング

　これは決して常軌を逸した依頼というわけではなかった。電報の背景にはその前日の出来事があった。その日ゲーリングは首相官邸地下壕でヒトラーの悪名高いわめき声を耳にしたが、その時ヒトラーは軍司令官たちを叱り飛ばし、戦争に負けた、それゆえ自分はベルリンにとどまって自殺をすると宣言した。

そうした状況下でゲーリングは――ヒトラーによって任命された後継者として――祖国のために行動する義務を感じたと述べ、行動の自由が奪われていないことを正式に認めるために、ヒトラーがその晩の22時までに返事をするよう求めたのだ。

　明らかに電報は、権力の奪還を計っていると誤解されないように慎重な言葉遣いで書かれているが、電報がゲーリングの仇敵マルティン・ボルマンの手に落ちるやいなや、まさにその恐れていたことが起こった。この電報と、これよりも後にゲーリングがリッベントロップに送った電報を携え、ボルマンは、ゲーリングの行動は実質上クーデターの企てに等しいとヒトラーを説きつけた。アルベルト・シュペーアが回想しているように、ボルマンはやっきになってヒトラーに主張した。「ゲーリングは反逆罪に加担したのです！……彼は今夜12時にあなたの職務を強奪するつもりです、わが総統！」[1]

　自制することのできない怒りと自殺の恐れのあるうつ状態の間で揺れ動いていたヒトラーには、説得する必要などほとんどなかった。何ヶ月間もナチの高官たちはゲーリングをドイツの沈滞の原因の一つとささやき、彼のことをモルヒネ中毒者、快楽主義者、無能とあざけっていた。この明白な背信行為がとどめの一撃であった。ヒトラーは癇癪を起こし、ゲーリングがしくじった、あいつは怠け者だ、堕落している、「何年も」薬物中毒だった、とののしった。怒りが静まると、ヒトラーはボルマンによって起草された電報の内容に同意した。そこには、今回のゲーリングの行動は――死罪に値する――背信行為に等しいとはいえ、党に対する彼の以前の勲功を考え、すべての役職が解かれ、逮捕されるだけとすると書かれていた。ゲーリングが30分以内に返答することが要請されていた。[2]　数日後に送られたゲーリングの返事にはただ、今回の事態を詳しく調べるよう嘆願する言葉と、ヒトラーに忠誠心を疑われたため「人生で最悪の時」を迎えた旨が記されていた。[3]

　こうしてヘルマン・ゲーリングは失脚した。第三帝国でもっとも有力で、もっとも著名な人物の一人が無力にされ、自宅で軟禁状態に置かれた。確かに肥大し増長した国家元帥にも批判すべき点は多々あったが、結局彼の失墜は、権力の座にあったナチ党を特徴づけた、くだらない反目や陰口の最終ラウンドでライバルたちに仕組まれたものであった。間もなく彼に続いてハインリヒ・ヒ

344

ムラーが失脚することになった。ヒトラーに隠れて西側諸国と交渉を試みていたために解任されたのだ。悪臭を放つ首相官邸地下壕の、非現実的な雰囲気の中で命令を下されていたのは見せかけの軍隊だけではなかった。ナチズムそのものの最終段階が指示されていた。

幸せだった時代、パステル色の制服に身を包んだゲーリング。

■原注
1　Speer, *Inside the Third Reich*［アルベルト・シュペーア『第三帝国の神殿の中で』］, p. 644.
2　Ian Kershaw, *Hitler : Nemesis, 1936–1945* (London, 2000)［イアン・カーショー『ヒトラー：天罰1936-1945』福永美和子訳、石田勇治監修、白水社、2016年］, p. 808.
3　Göring telegram, 27 April 1945, courtesy of Hermann Historica Auctions, Munich.

ゲーリングの電報　345

99
元帥デーニッツのバトン

　カール・デーニッツが1943年1月30日にアドルフ・ヒトラーによって海軍元帥(グロースアトミラール)の地位に任命された時、彼が幾分得意に思ったのも無理はなかった。彼は51歳にしてドイツ海軍の最高司令官であった。二人の息子はUボート部隊に勤務しており——スターリングラードという、不快な結末に終わった、ささいな問題はあるにしても——彼が仕えている政権はヨーロッパを支配し、ボルドーからヴォルガ川まで、またノール岬からリビアまでの陸地を占領していた。

　デーニッツはナチズムの熱狂的な信奉者で、彼はナチズムをドイツと同義と見なす傾向にあった。第一次世界大戦でドイツ帝国海軍Uボート部隊の古参兵であった彼は、海中戦、特に敵の経済を機能不全にするために商船を標的にする考えの主たる唱道者として頭角を現した。[1]さらに、おそらくは不当にも、ナチスの熱烈な支持者にして、強烈な反マルクス主義者で反ユダヤ主義者という評判を獲得した。とどのつまり彼は自身の最高司令官に一貫して忠実で、かつてこう宣言したほどだった。「総統(フューラー)よりもうまくやれると考える者はだれであれ愚かだ」。[2]

　したがって、デーニッツが元帥への昇進を歓

戦利品は勝者に……。

迎したのは確かだ。慣例通り、任命からしばらく経った頃に、彼が手にした権力を表す儀式用の装身具である、この元帥のバトンが贈られた。バトンはナチ政権によって26本が支給されており、24本は陸軍と空軍の元帥に、2本が海軍の元帥——もう1本はエーリヒ・レーダー——に贈られた。

　デーニッツの場合、デザインに自身もかかわることを主張し、銀でできた試作品を重すぎると拒否して、バトンの両端に鉤十字と潜水艦の両方の装飾を入れるよう要求した。完成品——ベルリンの宝石デザイナーH・J・ヴィルムの製作——は重さが900gで、中が空洞のアルミの柄は海をイメージした青いベルベットに包まれ、純金のからみ錨とドイツの鷲の紋章と、プラチナの鉄十字の紋章がちりばめられていた。両端の装飾部分は金でできたダイヤモンド状の網模様とデーニッツの昇進の日付があしらわれている。どの細工も実に壮麗であった。

> デーニッツは、彼のバトンが戦利品となったように、捕虜となった。

　しかしバトンが象徴していた権勢は実にはかなかった。1945年5月までの30ヶ月はめまぐるしく速く過ぎ、デーニッツが1943年に勝ち誇った世界は灰燼に帰した。ヒトラーは制圧されたベルリンの地下で自殺していた。ドイツの軍隊は復讐心に燃えた敵を前にひれ伏し、Uボート部隊が誇りとしていた潜水艦は大部分が穴を開けて沈められるか、撃沈された。その間にデーニッツの息子でさえ二人とも命を落とした。

　しかしデーニッツにとって戦争はまだ終わりを迎えていなかった。総統に対する盲目的な忠誠心のおかげで、彼はヒトラーの後継者に任命されていて、いまや、デンマーク国境近くの比較的安全なフレンスブルクの地から——大ドイツ帝国の大統領にしてドイツ軍の最高司令官として——見せかけの政府を率いていた。その重要性を十分承知していたイギリス軍に寛容に扱われとはいえ、ミュルヴィックの海軍士官学校の建物に開設された「フレンスブルク政府」はどこか茶番めいた政権であったが、ほとんど存在しないようなわずかな権力と、

元帥デーニッツのバトン　347

アメリカ軍に拘留中のデーニッツ、彼は完全に失脚した。

ナチ特有の党派的な口論、存在していない省庁のために取っておかれた貯蔵室を享受した。[3]

　1945年5月21日、イギリスの当局は――ソヴィエトに強いられて――この異常な状況に終止符を打つことにした。デーニッツと古参の副官たちは地元の連合国軍支部で開かれた会議に呼び出され、5月23日の朝、フレンスブルク港でパトリア号に乗船した。そこで彼らは「ドイツ政府が解散された」ことをそっけなく告げられると、武装した警備兵の監視の下でミュルヴィックへ戻った。そこでは約6000人の仲間たちがすでに戦後処理のために逮捕されていた。[4]「ブラックアウト作戦」は完全な成功と見なされた。数少ない犠牲者は、「見世物」からこっそり抜け出そうとして浴室で自殺したハンス・ゲオルク・フォン・フリーデブルク元帥と、恋人を撃った後で自分自身にピストルを向けたエーベルハルト・キンツェル大将であった。[5]

　デーニッツが元帥のバトンから「解放」されたのはこの処理の間であった。毒を入れたガラス瓶を隠していないか捜索されている間、中庭に立っているよう命じられ、元帥とその他の囚人たちは荷物をバッグ一つにまとめて持っていくように言われた。デーニッツの持ち物は徹底的に調べられ、バトンはイギリス陸軍第159歩兵旅団の指揮官ジョン・チャーチャー准将に渡された。口を固

く閉ざし、しかめっ面をしたデーニッツは、彼のバトンが戦利品となったように、捕虜となった。それはナチズムの崩壊を如実に象徴していた。

　結局デーニッツはニュルンベルクへ連行され、1945年11月から平和に反する犯罪、侵略戦争と戦争犯罪を計画した罪で裁判を受けた。そのうち後の二つに関して有罪となり、10年の禁固刑を言い渡された。1956年に釈放され、1980年、89歳で亡くなった。

　一方バトンは1964年までチャーチャー准将（後に大将）が所有していたが、その後シュロップシャーの軽歩兵連隊博物館（連隊の第4歩兵大隊は第159歩兵旅団の一部であった）に寄贈された。今日までそこに保管されている。

■原注

1　Karl Dönitz, *Memoirs: Ten Years and Twenty Days* (Cleveland, 1959) ［カール・デーニッツ『10年と20日間：デーニッツ回想録』山中静三訳、光和堂、1986年].

2　Alan Steinweis & Daniel Rogers (eds), *The Impact of Nazism : New Perspectives on the Third Reich and its Legacy* (Nebraska, 2003), pp. 186-8.

3　Michael Jones, *After Hitler* (London, 2015), p. 323.

4　Major "Ned" Thornburn, *After Antwerp: The Long Haul to Victory*, Vol. III (Shrewsbury, 1993), p. 135.

5　Peter Padfield, *Dönitz : The Last Führer* (London, 1984), p. 434.

100
ゲーリングの青酸カリ入りカプセル

　1946年10月15日の夜、ヘルマン・ゲーリングが青酸カリの入ったガラス瓶を歯の間で割った時、彼は、大半が自殺によって裁判を免れた仲間のナチ指導部の手本に従っていた。

　午後10時44分、ゲーリングの独房の外にいた守衛はドアの小窓から中を覗き、囚人が体をひきつらせ、うめき声をあげていることに気づいた。救助が到着した時、ゲーリングは痙攣し続け、肌は青く変わり、唇を泡だらけにしてこぶしを固く握っていた。治療をほどこす間もなく、彼は喉をがらがら鳴らしベッドに沈み込んだ。すでに事切れていた。

　ゲーリングの遺体を調べた際、刑務所の担当医が舌の上の破損したガラス瓶と、手の中に握られていた真鍮の容器を発見した。皮膚に現れたチアノーゼの

ゲーリングの遺体から回収された、青酸カリの入ったガラス瓶と真鍮製容器。

症状と部屋に漂っていた苦いアーモンドの匂いから、ゲーリングは青酸カリを服薬したと結論づけられた。[1]

ゲーリングはその2週間前の10月1日、ニュルンベルク裁判で審理された他の15人の被告と同様、死刑の宣告を受けていた。彼は平和に対する罪と、侵略戦争と戦争犯罪と人道に対する罪の立案にそれぞれかかわったとして、合計4件で有罪とされていた。判事によれば、彼の罪は「その極悪さにおいて類を見なかった」。[2]

おそらくゲーリングも死刑を予想していただろうが、絞首刑になると言われた時、彼は憤慨し、「絞首刑という不名誉に耐えられない」と刑務所の心理学者にぼやいた。[3] そして軍人らしく銃殺されたいという裁判所への嘆願が拒否されたにもかかわらず、彼は頑なに主張し続けた。死の1週間前、妻との最後の面会ではこう伝えていた。「安心できることが一つある。私は絞首刑にされない」。[4]

> ゲーリングは妻に言った。「安心できることが一つある。私は絞首刑にされない」。

それよりも前の1年間ほど、ゲーリング——ニュルンベルクで裁判を受けた中でもっとも古参のナチ党員であった——は被告人たちにとって護符のような存在で、彼らの弁護を指揮し、裁判を支配し、検察官たちの欲求不満を高めていた。何年かぶりにモルヒネを断つことができた彼は頭の回転が速く、抜け目なく、対処の仕方が巧みで、法廷に置かれた証拠書類の内容をただちに飲み込んだ。イギリス人判事ノーマン・バーケットはこう記した。「誰一人、彼の計り知れない能力と知識に対処する準備ができていなかったようだ」。[5]

ゲーリングは自分の意志を貫き、最終判断を自分で下す決意をしていた。どうやって彼が青酸カリのカプセルを手に入れたのかは、いまだによくわかっていない。彼が自分で独房に持ち込み1年間隠していたとする説の他、看守のジャック・ウィーリーズ中尉がゲーリングに懐柔、買収されて、知らないうちに毒を彼に渡してしまったとの説もある。もう一つの説は、エーリヒ・フォン・デム・バッハ＝ゼレヴスキ——ニュルンベルク裁判で検察側の証人であった——がゲーリング本人に、石鹸に隠して青酸カリのカプセルを手渡した、というものである。[6]

ライプツィヒで自殺したナチ党員の家族、1945年。

　正確な入手経路がどうであれ、1946年10月にゲーリングが独房で青酸カリを服用したのは、はるかに広範囲に見られた現象、すなわち第三帝国における自殺という現象の遅れた一例にすぎなかった。1945年は、ある世代のドイツ人が、ナチ・ドイツの崩壊という苛酷な現実と、彼らの敵の手で処罰か残忍な報復行為のいずれかが下されるという見通しに直面せざるをえなかったので、自殺の件数が非常に多かった。この年、ベルリンだけで7000件以上の自殺が報告され、ポメラニアのデムニンの街では赤軍の到着以降に1000人あまりの住民が集団自殺をした。[7] 一般のドイツ人のうち1945年に自殺した人々の総数が明らかになることはないだろうが、何万人という数にのぼることは確実である。

　自殺というのはナチ体制が公式に承認した行動方針でもあった。ライフルの空薬莢で作られた真鍮製容器に入った3000個以上の青酸カリ入りカプセルが、

SSにより、ザクセンハウゼン強制収容所内の工場で製造されていた。容器——9mm×35mm——には1㎤の青酸が入っていた。大人1人を数分以内に殺すのに十分な量である。そのうち約1000個がベルリンの首相官邸へ運ばれ、ナチの高官に配られた。1946年にゲーリングが服用したのもそのうちの一つであった。[8]

　もちろん、ゲーリングが自分の命を絶った時までに、仲間の古参のナチ党員はすでに手本を示していた。ヒトラーとゲッベルスはベルリンの地下壕で自殺し、ヒムラーは1945年5月にイギリス軍の手に落ちた後にリューネブルクで青酸カリを服用した。その他にも少なくとも100人のナチ首脳部が自殺した。

■原注

1　刑務所の医師、Dr. Charles J. Roskaの報告書を含め、原資料の調査に関しては、ミュンヘンの Hermann Historica Auctions の好意による。

2　ニュルンベルク国際軍事法廷議事録 (イエール大学の Avalon Projectの好意による)。 ゲーリングの判決文は以下のウェブサイトで閲覧できる。http://avalon.law.yale.edu/imt/judgoeri.asp.

3　Anthony Read, *The Devil's Disciples* (London, 2003), p. 922に引用されている。

4　同。

5　同。

6　要約はAnn Tusa & John Tusa, *The Nuremberg Trial* (London, 1983), pp. 483-4を参照のこと。

7　Christian Goeschel, *Suicide in Nazi Germany* (Oxford, 2009)、および Florian Huber, *Kind versprich mir, dass du dich erschießt : Der Untergang der kleinen Leute 1945* (Berlin, 2015)を参照のこと。

8　Anton Joachimsthaler, *The Last Days of Hitler* (London, 1996), p. 169、および関連文書(注1を参照のこと)。

9　Goeschel前掲書, p. 152.

謝辞

　本書のような体裁の本は、通常の歴史書よりも多くの人に頼みごとをすることになる。仲間の歴史家や大学の研究者に助言や専門知識を仰ぐだけでなく、数多くの写真を、公文書館や博物館、オークション会社から調達しないといけないからだ。当初私は、本の内容を例証する写真を見つけ出すことが、その作業の中でもっとも困難で、しかも負担が大きいと想像していた。だが実際には——以下に挙げる多くの方々の親切な力添えのおかげで——楽しい作業であった。

　専門的な知識に関して、ルーシー・アドリントン、クリス・エヴァンズ、エド・ファン・エングランド、ロバート・フォーチャイク、ヨハネス・ゲルジウス、リヒャルト・ゴルトシュタイン、クリス・ゴス、ジョエル・グリーンバーグ、ピーター・ジェイコブズ、ナイジェル・ジョーンズ、チャールズ・メッセンジャー、ジェイムズ・オーピー、ローレンス・パターソン、ロビン・シェーファー、ジャック・ショーウェル、カロライン・スターディ・コルズ教授、ニコラウス・ヴァクスマン教授、ジョン・ウォルター、マーティン・ウィンストーンに感謝を申し上げる。また、補助的な調査を手伝ってくれたマシュー・ジェイムズ、校訂を担当してくれたドナルド・サマーヴィル、見事な装丁の本に仕上げてくれたジェム・ブッチャーにも感謝したい。ティム・ニューアークには、本文執筆時の尽力と専門知識に対して、特別の感謝を申し上げなくてはならない。

　写真の調達という、永遠に続くかに思われた作業は、ミュンヘンのヘルマン・ヒストリカ・オークションズのシナ・ニコライトのすばらしい尽力のおかげで容易に進めることができた。他にも以下の方々や施設の親切な力添えをいただいた。ピーター・ニューアーク・ヒストリカル・ピクチャーズ、イアン・セイヤー、グンナー・ハンセン、3reich-collector.com のノルベルト・ポドレスニ

一、ヴィルヘルム・グストロフ博物館［インターネット上のヴァーチャル・ミュージアム］のエドワード・ペトルスケヴィッチ、militariaplaza.nlのジム・クロイネン、万国第二次世界大戦博物館のケネス・レンダル、ミヒャエル・ヒョドロヴィッツ、ケルンのアウクツィオーン・ティーム・ブレーカー、シュロップシャー連隊博物館のクリスティーン・バーナス、ベルリンのドイツ抵抗記念館、ロンドンの帝国戦争博物館、ワシントンＤＣの合衆国ホロコースト記念博物館、チェサピーク・シティのアレクサンダー・ヒストリカル・オークションズ。

　また序文を書いてくださった──イギリスを代表する第三帝国の権威──リチャード・オウヴァリー教授にも感謝を申し上げる。そして、出版社の、不屈のマイケル・レーヴェンサールにも。彼の構想力と推進力なくしては、本書のプロジェクトはそもそも軌道に乗らなかったかもしれない。

　最後に、「住み込み作家」をいつも寛大に快く遇してくれる私の家族に感謝したい。特に、義理の両親であるニックとイヴのスメリー夫妻に。どんな時もすばらしく、「舅と姑」の役割を定義し直してくれる彼らにこの本を捧げる。

訳者あとがき

　本書は、*The Third Reich in 100 Objects: A Material History of Nazi Germany.*（Roger Moorhouse, Greenhill Books, 2017）の全訳である。

　著者ロジャー・ムーアハウスは1968年生まれのドイツ現代史と中央ヨーロッパ史を専門とするイギリスの歴史家で、すでに『ヒトラー暗殺』（高儀進訳、白水社、2007年）と、『戦時下のベルリン：空襲と窮乏の生活1939-45』（高儀進訳、白水社、2012年）の2冊が邦訳されている。前者はヒトラーの生前に実行ないし計画された主な暗殺未遂事件を臨場感あふれる筆致で描き、後者は第二次大戦中の首都ベルリンの庶民の暮らしを、当時の日記や回想録、インタビューをもとに生き生きと描き出した作品である。その他の著作には、ヒトラーとスターリンの密約を扱った、*Devils' Alliance: Hitler's Pact with Stalin, 1939–1941.*（Bodley Head, London, 2014）の他、*The Wolf's Liar: Inside Hitler's Germany.*（2012）、*His Struggle: Hitler in Landsberg Prison, 1924.*（2015）、*Ship of Fate: The Story of the MV Wilhelm Gustloff.*（2016）が電子書籍で出版されている。

　今回、著者は第三帝国にまつわる品100点を選び出し、それぞれの品のエピソードにからめて時代背景を語ることで、ナチ（国民社会主義ドイツ労働者党）統治下のドイツの歴史を多角的に描き出した。ナチに関する書籍は多く存在し、当時の写真を多く掲載したり、ポスターや絵葉書、建築、車、戦車、映画など、ナチのプロパガンダや当時のデザインに焦点を当てた本もあるが、本書のような作りの本はこれまでになかった。日本の他、チェコ、スウェーデン、オランダ、ポルトガル、ポーランド、タイなどでも刊行が予定されているとのことである。

　本書におさめられた100点の事物は、鉤十字や「ARBEIT MACHT FREI」の銘入りの門など、一見してすぐわかるナチやホロコースト関連の品の他、ヒトラーや愛人エーファ・ブラウンの身の回り品、戦闘機メッサーシュミットやUボートなどのドイツ軍兵器、銃や手榴弾などの武器、迷彩服や鉄兜などの軍

装品、文書、ポスターや絵葉書など、多岐にわたる。手の中におさまるもの（ゲーリングの毒入りカプセルやヒトラーのフィギュアなど）から、巨大な建造物（アウトバーンやオリンピック競技場など）まで、また庶民のお土産品から秘密文書まで、幅広く収録されている。

　もともと1点しか存在しない品もあるが、国民ラジオ受信機や配給カードのように、当時普及していた生活必需品も多く含まれるので、ナチ支配下の日常生活を詳述した前著『戦時下のベルリン』を補完する側面も本書にはある。また、武器や兵器をはじめとする軍事関連の品も数多く含まれるが、著者はミサイルの製造に携わった多数の労働者（強制収容所の被収容者たち）が苛酷な条件下で犠牲になったことについて触れるなど、読者がナチ・ドイツの科学技術力を無批判に礼賛することがないよういましめる。あるいは、兵士の遺体についていた認識票がネット上で売買される現状にも苦言を呈している。序文を寄せたリチャード・オウヴァリーも記しているように、「それぞれの品は解説と歴史的背景を必要」とし「どれ一つとして、見た目ほど単純ではない」。うわべだけのイメージに惑わされてはならない。
「強制収容所の識別票」の後に「ベルクホーフの絵皿」がくるなど、一見したところ、前後に脈絡がなく、ランダムに並べられたように思われるかもしれないが、最初から順番通りに読み進めば、ヒトラーの若い頃から戦後のゲーリングの服毒自殺まで、ナチの勃興から第三帝国の崩壊までを一通りたどることができる。もちろん興味を引いた頁から読み進めることも可能なので、入門書として活用していただけるのではないかと思う。

　煩雑さを避け、訳注は最低限にとどめた。原文に併記されていたドイツ語で重要と思われる語句はそのまま記すかルビにしたが、読みやすさを考え割愛した箇所もある。ご了承いただきたい。不適当な訳や誤りが多々あるかと思う。識者のご指摘をいただけたら幸甚です。

　最後に、創元社編集部の山口泰生氏をはじめ、本書にかかわった方々に感謝を申し上げます。

2019年4月
千葉喜久枝

図版提供

＊数字は頁数を指す。

3reichcollector.com 322

Alexander Historical Auctions, Chesapeake City 343

Paul Appleyard 274

Arnoldius/Wikimedia Commons 264

Auschwitz-Birkenau State Museum, Oświęcim 13, 115, (colour by Marina Amaral 291)

Auktion Team Breker, Köln 93

Bletchley Park Trust 187, 189

Bundesarchiv 114, 147, 185, 240

Ross Burns 242, 260

Chicago Museum of Science and Technology 204

Chiswick Auctions, London 135

Deutsche Bank/Wikimedia Commons 27

Michael Foedrowitz 245, 308

Gedenkstätte Deutscher Widerstand, Berlin 179, 252

German Foreign Ministry Archive, Berlin 216

Chris Goss 328

Martin Graupner 266

Gunnar Hansen Collection 90, 210

Hermann Historica Auctions, Munich 17, 21, 30, 41, 45, 51, 63, 66, 69, 80, 117, 122, 173, 222, 241, 315, 319, 325, 335, 350

Hihiman/Wikimedia Commons 72

Hoffmann/ADN-ZB 218

H. Blair Howell 165

Imperial War Museum 196, 255

Adam Jones/Wikimedia Commons 37

Simon Lannoy Collection 96

Lcj/Wikimedia Commons 213

Sammy Leventhal 247

Jan Mehlich/Wikimedia Commons 183

militariaplaza.nl 84, 141, 307

Roger Moorhouse Collection 25, 95, 192, 199, 282, 285, 294, 301

Roger Moorhouse/Staffordshire Regiment Museum 346

Peter Newark Historical Pictures 19, 33, 59, 97, 102, 111, 143, 145, 156, 157, 162, 175, 211, 220, 234, 237, 257, 288, 305

Staatsmuseum Oldenbourg/WerWil/Wikimedia Commons 76

Overloon War Museum 131

Politisches Archiv des Auswärtigen Amtes 280

Thilo Porg/Wikimedia Commons 181

Private collections 49, 178, 201, 228, 336

Kenneth Rendell/International Museum of World War Two, Massachusetts 269

Peter Ridley 107

Adam Romanowicz, 3scape.com 55

Alan K. Russell Collection 11, 28, 43, 50, 58, 64, 77, 79, 87, 88, 94, 101, 119上下, 127, 129, 150, 197, 208, 302, 317, 332

A. Savin/Wikimedia Commons 279

Ian Sayer Archive 52, 136, 345

Auto & Technik Museum, Sinsheim 206

Staffordshire University Centre for Archaeology/ Professor Caroline Sturdy Colls 293

Stiftung Topographie des Terrors/Roger Moorhouse 124

Synek 125/Wikimedia Commons 160

Taylor Library 48, 86, 91, 132, 153, 190, 198, 271, 298, 299, 327, 339

Tillman Tegeler/Wikimedia Commons 297

Wikimedia Commons 104, 229

Willi Ude/Wikimedia Commons 99

Daniel Ulrich/Wikimedia Commons 262

US Army 171, 276

US Goverment Museum of World War II 348

US Holocaust Memorial Museum 227, 238

US National Archives 267, 311, 312, 314, 352

US Navy History and Heritage Command 248, 250

Ed van Engeland Collection 138, 139

Dirk Vorderstraße 338

John Walter 233

John Weal 12, 56, 108, 203, 330

Wheatcroft Collection 15, 232

Whyte's Auction House 110, 152, 170, 304

Wilhelm Gustloff Museum 166, 168

参考文献

＊ ［　］内は邦訳。

J. W. Baird, *To Die for Germany* (Bloomington, 1992)

H. Baur, *Hitler at my Side* (Houston, 1986)

Wolfgang Benz, *Die 101 wichtigsten Fragen-Das Dritte Reich* (Munich, 2006)［ヴォルフガング・ベンツ『ナチス第三帝国を知るための101の質問』斉藤寿雄、現代書館、2007年］

W. Benz & W. Pehle (eds), *Encyclopedia of German Resistance to the Nazi Movement* (New York, 1997)

Volker Berghahn, *Modern Germany* (Cambridge, 1982)

R. T. Bickers, *The Battle of Britain* (London, 1990)

Heinz Boberach (ed.), *Meldungen aus dem Reich*, Vol. VI (Herrsching, 1984)

Volkhard Bode & Gerhard Kaiser, *Building Hitler's Missiles* (Berlin, 2008)

G. Boeck & H.–U. Lammel (eds), *Die Universität Rostock in den Jahren 1933–1945* (Rostock, 2012)

Horst Boog, *The Global War: Germany and the Second World War* (Oxford, 2001)

Christopher Browning, *The Origins of the Final Solution: The Evolution of Nazi Jewish Policy, 1939–1942* (London, 2004)

C. Bryant, *Prague in Black: Nazi Rule and Czech Nationalism* (Cambridge, MA, 2007).

Allan Bullock, *Hitler: A Study in Tyranny* (London, 1962)

A. Burger, *The Devil's Workshop* (Barnsley, 2009)

Michael Burleigh, *Death and Deliverance: Euthanasia in Germany, c. 1900–1945* (Cambridge, 1994)

――― , *The Third Reich: A New History* (London, 2000)

Terry Charman, *The German Home Front 1939–1945* (London, 1989)

――― , *Outbreak 1939* (London, 2009)

Winston Churchill, *The Second World War* (London, 1959)［ウィンストン・チャーチル『第二次世界大戦』全4巻、佐藤亮一訳、河出書房新社、2001年］

A. Clark, *Barbarossa: The Russian-German Conflict, 1941-1945* (London, 1995)

L. Clark, *Kursk* (London, 2011)

S. Cook & J. Bender, *Leibstandarte SS Adolf Hitler: Uniforms, Organization & History* (San José, 1994)

Robin Cross, *The Battle of Kursk* (London, 1993)

Deutschland-Berichte der Sozialdemokratischen Partei Deutschlands (SOPADE), 1934-1940 (Salzhausen, 1980)

Herbert Döhring, *Hitlers Hausverwalter* (Bochum, 2013)

M. Domarus (ed.), *Adolf Hitler: Speeches and Proclamations, 1932–1945*, Vol. 2 (London, 1992)

Karl Dönitz, *Memoirs: Ten Years and Twenty Days* (Cleveland, 1959)［カール・デーニッツ『10年と20日間：デーニッツ回想録』山中静三訳、光和堂、1986年］

Angelika Ebbinghaus, 'Der Prozeß gegen Tesch & Stabenow', in *Zeitschrift für Sozialgeschichte*, Vol. 13 (1998)

John Ellis, *The World War Two Data Book* (London, 2003)

U. Feist, *The Fighting Me 109* (London, 1993)

A. Fergusson, *When Money Dies* (London, 2010)［アダム・ファーガソン『ハイパーインフレの悪夢：ドイツ「国家破綻の歴史」は警告する』黒輪篤嗣・桐谷知未訳、新潮社、2011年］

Joachim Fest, *Hitler* (London, 2002)

――― , *Inside Hitler's Bunker* (London, 2004)［ヨアヒム・フェスト『ヒトラー：最期の12日間』鈴木直訳、岩波書店、2005年］

Michael Foedrowitz, *The Flak Towers* (Berlin, 2007).

M. R. D. Foot (ed.), *The Oxford Companion to the Second World War* (Oxford, 1995)

361

Robert Forczyk, *Demyansk 1942-43* (Oxford, 2012)

R. Ford, *Germany's Secret Weapons in World War II* (Staplehurst, 2000)［ロジャー・フォード『図説第二次世界大戦ドイツ軍の秘密兵器1939-45』石津朋之監訳、村上和彦・小椿整治・由良富士雄訳、創元社、2018年］

Saul Friedländer, *The Years of Extermination: Nazi Germany and the Jews, 1939-1945* (London, 2007)

Karl Heinz Frieser, *The Blitzkrieg Legend* (Annapolis, 2013)［カール＝ハインツ・フリーザー『電撃戦という幻』上下、大木毅・安藤公一訳、中央公論新社、2003年］

Stephen Fritz, *Frontsoldaten : The German Soldier in World War Two* (Kentucky, 1997)

Elke Fröhlich (ed.), *Die Tagebücher von Josef Goebbels*, Vol.XIV (Munich, 2006)

T. Gander, *German 88: The Most Famous Gun of the Second World War* (Barnsley, 2009)

R. Gellately, *The Gestapo and German Society: Enforcing Racial Policy, 1933-1945* (Oxford, 1992)

B. Gilmour, 'The KdF Brochure', *VW Trends*, 4/85

Horst Gleiss, *Breslauer Apokalypse 1945* (Wedel, 1986)

Joseph Goebbels, *Signale der neuen Zeit: 25 ausgewählte Reden von Dr. Joseph Goebbels* (Munich, 1938)

Christian Goeschel, *Suicide in Nazi Germany* (Oxford, 2009)

Heike Görtemaker, *Eva Brown : Life with Hitler* (London, 2011)［ハイケ・B・ゲルテマーカー『ヒトラーに愛された女：真実のエヴァ・ブラウン』酒寄進一訳、東京創元社、2012年］

P. Gosztony, *Der Kampf um Berlin 1945 in Augenzeugenberichten* (Düsseldorf, 1970)

Vassili Grossman, *The Years of War : 1941-1945* (Moscow, 1946)［ワシーリー・グロスマン『ワシーリー・グロスマン前期作品集：トレブリンカの地獄』赤尾光春・中村唯史訳、みすず書房、2017年］

Lothar Gruchmann, *Justiz im Dritten Reich 1933-1940* (Munich, 1988)

Richard Grunberger, *A Social History of the Third Reich* (London, 1970)［リヒアルト・グルンベルガー『第三帝国の社会史』池内光久訳、彩流社、2000年］

Michael Grüttner, *Das Dritte Reich. 1933-1939* (Stuttgart, 2014)

Heinz Guderian, *Panzer Leader* (London, 1952)［ハインツ・グデーリアン『電撃戦：グデーリアン回想録』本郷健訳、中央公論新社、1999年］

Ernst Hanfstaengl, *15 Jahre mit Hitler* (Munich, 1980)

Richard Hargreaves, *Hitler's Final Fortress − Breslau 1945* (Barnsley, 2011)

Christian Hartmann et al. (eds), *Hitler, Mein Kampf: Eine kritische Edition*, Vol. 1 (Munich, 2016)

Peter Hayes, *From Cooperation to Complicity: Degussa in the Third Reich* (Cambridge, 2004)

Ulrich Herbert, *Hitler's Foreign Workers: Enforced Foreign Labour in Germany under the Third Reich* (Cambridge, 1997)

S. Heller, *The Swastika: Symbol Beyond Redemption?* (New York, 2000)

A. Hitler, *Mein Kampf* (London, 1939)［アドルフ・ヒトラー『わが闘争』上下、平野一郎・将積茂訳、角川文庫、1995年］

Peter Hoffmann, *Stauffenberg : A Family History, 1905-1944* (Cambridge, 1995)［ペーター・ホフマン『ヒトラーとシュタウフェンベルク家：「ワルキューレ」に賭けた一族の肖像』大山晶訳、原書房、2010年］

―――, *Hitler's Personal Security* (Boston, 2000)

Florian Huber, *Kind versprich mir, dass du dich erschießt : Der Untergang der kleinen Leute 1945* (Berlin, 2015)

Keith Jeffery, *MI6: The History of the Secret Intelligence Service, 1909-1949* (London, 2011)［キース・ジェフリー『MI6秘話：イギリス秘密情報部1909-1949』上下、高山祥子訳、筑摩書房、2013年］

T. Jentz, *Panzertruppen 2: The Complete Guide to the Creation & Combat Employment of Germany's Tank Force 1943-1945* (Atglen,

PA, 1998)

T. Jentz & H. Doyle, *Tiger I Heavy Tank: 1942–45* (Oxford, 1993)

Anton Joachimsthaler, *The Last Days of Hitler* (London, 1996)

E. Johnson & K. -H. Reuband, *What We Knew: Terror, Mass Murder and Everyday Life in Nazi Germany* (London, 2005)

Michael Jones, *After Hitler* (London, 2015)

Nigel Jones, 'A Song for Hitler', *History Today*, October 2007

Traudl Junge, *Until the Final Hour* (London, 2003)［トラウデル・ユンゲ『私はヒトラーの秘書だった』足立ラーベ加代・高島市子訳、草思社、2004年］

Sven Felix Kellerhoff, *Berlin im Krieg: Eine Generation erinnert sich* (Berlin, 2011)
——— , *The Reichstag Fire* (Stroud, 2016)

Erich Kempka, *I was Hitler's Chauffeur* (London, 2010)［エリヒ・ケムカ『ヒットラーを焼いたのは俺だ』長岡修一訳、同光社磯部書房、1953年］

Ian Kershaw, *Hitler: Hubris 1889–1936* (London, 1998)［イアン・カーショー『ヒトラー上1889-1936：傲慢』川喜田敦子訳、石田勇治監修、白水社、2016年］
——— , *Hitler : Nemesis, 1936–1945* (London, 2000)［イアン・カーショー『ヒトラー：天罰1936–1945』福永美和子訳、石田勇治監修、白水社、2016年］

Victor Klemperer, *I Shall Bear Witness* (London, 1998)

K. M. Kloeppel, *The Military Utility of German Rocketry During World War II* (Air Command and Staff College, 1997)

Maik Kopleck, *München, 1933-1945* (Berlin, 2005)

Hanns von Krannhals, *Der Warschauer Aufstand 1944* (Frankfurt am Main, 1964)

R. Kriebel, *Inside the Afrika Korps* (London, 1999)

A. Kubizek, *The Young Hitler I Know* (London, 2006)［アウグスト・クビツェク『アドルフ・ヒトラーの青春：親友クビツェクの回想と証言』橘正樹訳、三交社、2005年］

P. Levi, *Survival in Auschwitz* (New York, 1958)［プリーモ・レーヴィ『これが人間か：完全改訂版アウシュヴィッツは終わらない』竹山博英訳、朝日新聞出版、2017年］

Peter Longerich, *Goebbels* (London, 2015)

S. P. Lovell, *Of Spies & Stratagems* (New Jersey, 1963)

Robin Lumsden, *SS: Himmler's Black Order, 1923-45* (Stroud, 1997)

Frank McDonough, *The Gestapo: The Myth and Reality of Hitler's Secret Police* (London, 2015)
——— , *Hitler and the Rise of the Nazi Party* (London, 2003)

Ben Macintyre, *Agent Zigzag* (London, 2007)［ベン・マッキンタイアー『ナチが愛した二重スパイ：英国諜報員「ジグザグ」の戦争』高儀進訳、白水社、2009年］

Mark Mazower, *Dark Continent* (London, 1998)［マーク・マゾワー『暗黒の大陸：ヨーロッパの20世紀』中田瑞穂・網谷龍介訳、未来社、2015年］

H. Metelmann, *A Hitler Youth* (Staplehurst, 2004)

Roger Moorhouse, *Killing Hitler* (London, 2006)［ロジャー・ムーアハウス『ヒトラー暗殺』高儀進、白水社、2007年］
——— , *Berlin at War: Life and Death in Hitler's Capital, 1939-1945* (London, 2010).［同『戦時下のベルリン：空襲と窮乏の生活1939–45』高儀進訳、白水社、2012年］
——— , *The Devils' Alliance: Hitler's Pact with Stalin, 1939–1941* (London, 2014)
——— , *Ship of Fate: The Story of the MV Willhelm Gustloff* (London, 2016)

Rolf-Dieter Müller, *The Unknown Eastern Front: The Wehrmacht and Hitler's Foreign Soldiers* (London, 2012)

C. Mulley, *The Women Who Flew for Hitler* (London, 2017)

T. Newark, *Brassey's Book of Camouflage* (London, 1996)
——— , *Camouflage* (London, 2007)

Jeremy Noakes (ed.), *Nazism 1919–1945*, Vol. 4: *The German Home Front in World War II*

参考文献　363

(Exeter, 1998)

J. Norris, *88mm Flak 18/36/37/41 & PaK 43, 1936–45* (Oxford, 2002) ［ジョン・ノリス『8.8cm対空砲と対戦車砲：1936–1945』山野治夫訳、大日本絵画、2004年］

Norman Ohler, *Blitzed: Drugs in Nazi Germany* (London, 2016) ［ノーマン・オーラー『ヒトラーとドラッグ：第三帝国における薬物依存』須藤正美訳、白水社、2018］

Frederick I. Ordway III & Mitchell R. Sharpe, *The Rocket Team* (New York, 1979)

G. Orwell, *The Orwell Reader* (London, 1956) ［ジョージ・オーウェル「ライオンと一角獣」小野脇一訳、『オーウェル評論集4 ライオンと一角獣』川端康雄編所収、平凡社、2009年］

Peter Padfield, *Dönitz : The Last Führer* (London, 1984)

――― , *Hess: The Führer's Disciple* (London, 1991)

S. Parkinson, *Volkswagen Beetle* (Dorchester, 1996)

Henry Picker, *Tischgespräche im Führerhauptquartier: 1941-1942* (Bonn, 1951)

Anna Plaim, *Bei Hitlers* (Munich, 2005)

Othmar Plöckinger, *Geschichte eines Buches: Adolf Hitlers 'Mein Kampf': 1922–1945* (Munich, 2006)

Richard Raskin, *A Child at Gunpoint* (Aarhus, 2004)

Nicolas Rasmussen, *On Speed: The Many Lives of Amphetamine* (New York, 2009)

Anthony Read, *The Devil's Disciples* (London, 2003)

Lawrence Rees, *World War II Behind Closed Doors* (London, 2009)

――― , *The Holocaust* (London, 2017)

David Rolf, *The Bloody Road to Tunis: The Destruction of Axis Forces in North Africa* (London, 2001)

Mark Roseman, *The Lake, The Villa, The Meeting: Wannsee and the Final Solution* (London, 2002)

Ron Rosenbaum, *Explaining Hitler* (New York, 1998)

G. Rottman, *World War II Axis Body Traps and Sabotage Tactics* (Oxford, 2011)

Timothy Ryback, *Hitler's Private Library* (London, 2009) ［ティモシー・ライバック『ヒトラーの秘密図書館』赤根洋子訳、文藝春秋、2010年］

B. Sax & D. Kuntz (eds), *Inside Hitler's Germany: A Documentary History of Life in the Third Reich* (Lexington, 1992)

Wolfgang Schäche, Norbert Szymanski, *Das Reichssportfeld. Architektur im Spanningsfest von Sport und Macht* (Berlin, 2001)

Christa Schikora et al., *Die Wannsee-Konferenz und der Völkermord an den europäischen Juden* (Berlin, 2006)

A. Schmidt & M. Urban, *Das Reichsparteitagsgelände* (Nuremberg, 2009)

Detlef Schmiechen-Ackermann: '"Der Blockwart", Die unteren Parteifunktionäre im nationalsozialistischen Terror- und Überwachungsapparat', *Vierteljahrshefte für Zeitgeschichte*, No.48 (2000)

Christa Schroeder, *He Was My Chief* (London, 2009)

G. Schultze-Wegener, *Das Eiserne Kreuz in der deutschen Geschichte* (Graz, 2012)

Gitta Sereny, *Into that Darkness* (London, 1974) ［ギッタ・セレニー『人間の暗闇：ナチ絶滅収容所所長との対話』小俣和一郎訳、岩波書店、2005年］

William Shirer, *The Rise and Fall of the Third Reich* (London, 1959) ［ウィリアム・シャイラー『第三帝国の興亡』全4巻、井上勇訳、東京創元社、1961年］

Daniel Siemens, *The Making of a Nazi Hero: The Murder and Myth of Horst Wessel* (London, 2013)

Anna Maria Sigmund, *Die Frauen der Nazis* (Vienna, 1998) ［アンナ・マリア・ジークムント『ナチスの女たち』西上潔訳、東洋書林、2009年］

Denis Mack Smith, *Mussolini* (London, 1981)

Howard Smith, *Last Train from Berlin* (London, 1942)

K. Smoleń, *Auschwitz-Birkenau State Museum in Oświęcim* (Oświęcim, 2014)

Albert Speer, *Inside the Third Reich* (London, 1970) ［アルベルト・シュペーア『第三帝

国の神殿にて：ナチス軍需相の証言』上下、品田豊治訳、中公文庫、2001年]

W. Spielberger, *Der Panzerkampfwagen Tiger und seine Abarten* (Stuttgart, 1997) [ヴァルター・J・シュピールベルガー『ティーガー戦車』津久部茂明訳、富岡吉勝監修、大日本絵画、1998年]

Alfred Spieß, Heiner Lichtenstein, *Das Unternehmen Tannenberg* (Wiesbaden, 1979) [アルフレート・シュピース、ハイナー・リヒテンシュタイン『総統は開戦理由を必要としている：タンネンベルク作戦の謀略』守屋純訳、白水社、2017年]

F. Spotts, *Hitler and the Power of Aesthetics* (London, 2003)

G. H. Stein, *The Waffen SS: Hitler's Elite Guard at War* (London, 1966) [ジョージ・H・スティン『詳細武装SS興亡史：ヒトラーのエリート護衛部隊の実像1939−45』吉本貴美子訳、吉本隆昭監修、学習研究社、2005年]

S. Steinbacher, *Auschwitz: A History* (London, 2005)

Alan Steinweis & Daniel Rogers (eds), *The Impact of Nazism : New Perspectives on the Third Reich and its Legacy* (Nebraska, 2003)

Stiftung Topographie des Terrors (ed.), *Topography of Terror – Documentation* (Berlin, 2014)

Despina Stratigakos, *Hitler at Home* (New Haven & London, 2015) [デスピナ・ストラティガコス『ヒトラーの家：独裁者の私生活はいかに演出されたか』北村京子訳、作品社、2018年]

Teddy Suhren, *Ace of Aces: Memoirs of a U-boat Rebel* (London, 2011)

C. G. Sweeting, *Hitler's Squadron* (Dulles, 2001)

B. Taylor, *Volkswagen Military Vehicles of the Third Reich* (Cambridge, 2004)

F. Taylor, *The Downfall of Money* (London, 2013)

T. Thacker, *Joseph Goebbels: Life and Death* (London, 2009)

M. C. Thomsett, *The German Opposition to Hitler* (Jefferson, 1997)

Major 'Ned' Thornburn, *After Antwerp: The Long Haul to Victory*, Vol. III (Shrewsbury, 1993)

A. Tooze, *The Wages of Destruction* (London. 2006)

Hugh Trevor-Roper (ed.), *Hitler's Table Talk: 1941-1944* (New York, 2000) [ヒュー・トレヴァー＝ローパー解説『ヒトラーのテーブル・トーク』上下、吉田八岑監訳、三交社、1994年]

Isaac Trunk & Robert Shapiro, *Łódź Ghetto: A History* (Indiana, 2006)

F. Tubbs & R. Clawson, *Stahlhelm: Evolution of the German Steel Helmet* (Kent, Ohio, 2000)

Ann Tusa & John Tusa, *The Nuremberg Trial* (London, 1983)

Volker Ullrich, *Adolf Hitler* (Frankfurt am Main, 2013)

———, *Hitler: Ascent 1889-1939* (London, 2016)

Herwart Vorländer, 'NS-Volkswohlfahrt und Winterhilfswerk des Deutschen Volkes', *Vierteljahrshefte für Zeitgeschichte*, No.34 (1986)

Nikolaus Wachsmann, *KL: A History of the Nazi Concentration Camps* (London, 2015)

Robert G. L. Waite, *The Psychopathic God: Adolf Hitler* (New York, 1993)

Walter Warlimont, *Inside Hitler's Headquarters* (London, 1964)

J. Weingartner, *Hitler's Guard* (Nashville, 1974)

David Welch, *The Third Reich: Politics and Propaganda* (London, 1993)

Samuel Willenberg, *Revolt in Treblinka* (Warsaw, 1992) [サムエル・ヴィレンベルク『トレブリンカ叛乱：死の収容所で起こったこと1942–43』近藤康子訳、みすず書房、2015年]

Gordon Williamson, *Aces of the Reich* (London, 1989)

D. T. Zabecki (ed.), *World War II in Europe* (Connecticut, 1999)

Stanislav Zámečník, *That was Dachau: 1933–1945* (Brussels, 2003)

H. E. Ziegler, *Turbinenjäger Me 262* (Stuttgart, 1977)

著 者 ....

ロジャー・ムーアハウス Roger Moorehouse

1968年、英国生まれ。ロンドン大学ほかで学ぶ。中欧史と現代ドイツ史、とりわけナチ党と第三帝国を専門とする歴史家。著書も多く、邦訳に『ヒトラー暗殺』『戦時下のベルリン──空襲と窮乏の生活1939-45』（共に白水社）がある。

序 文 ....

リチャード・オウヴァリー Richard Overy

1947年英国生まれ。英国の著名な歴史家。第二次大戦及びナチ・ドイツ研究の権威で、著書多数。邦訳に『ヒトラーと第三帝国──地図で読む世界の歴史』（河出書房新社）、『ビジュアル歴史図鑑・20世紀』（共著、日本ナショナルジオグラフィク社）などがある。

訳 者 ....

千葉喜久枝 CHIBA Kikue

1969年東京生まれ。東京都立大卒、京都大学大学院人間・環境学研究科博士課程中退。訳書に、クドゥナリス『死の帝国』、レイヴァリ『航海の歴史』、パーカー『医療の歴史』、リース『向こう半分の人々の暮らし』（いずれも創元社）などがある。

装丁・組版　寺村隆史

図説 モノから学ぶナチ・ドイツ事典
2019年5月20日　第1版第1刷　発行

著　者 ……………… ロジャー・ムーアハウス
翻訳者 ……………… 千葉喜久枝
発行者 ……………… 矢部敬一
発行所 ………………
株式会社 創元社
https://www.sogensha.co.jp/
本社 〒541-0047 大阪市中央区淡路町4-3-6
Tel.06-6231-9010 Fax.06-6233-3111
東京支店 〒101-0051 東京都千代田区神田神保町1-2田辺ビル
Tel.03-6811-0662
印刷所 ……………… 図書印刷株式会社

ⓒ 2019 CHIBA Kikue, Printed in Japan
ISBN978-4-422-21531-0 C0022

〔検印廃止〕
落丁・乱丁のときはお取り替えいたします。

JCOPY 〈出版者著作権管理機構 委託出版物〉
本書の無断複製は著作権法上での例外を除き禁じられています。複製される場合は、そのつど事前に、出版者著作権管理機構（電話 03-5244-5088、FAX03-5244-5089、e-mail: info@jcopy.or.jp）の許諾を得てください。

本書の感想をお寄せください
投稿フォームはこちらから ▶▶▶

創元社の本

図説 第二次世界大戦 ドイツ軍の秘密兵器 1939-45

ロジャー・フォード［著］
石津朋之［監訳］ 村上和彦ほか［訳］

欧米を驚嘆させ、第二次世界大戦後の兵器開発にも影響を与えた、独軍秘密兵器の研究から運用までが分かる。

A4判変型・224頁・本体3200円（税別）

19世紀ドイツの軍隊・国家・社会

ラルフ・プレーヴェ［著］
阪口修平［監訳］ 丸畠宏太・鈴木直志［訳］

狭義の軍事史から、社会史的な軍事史へ。ドイツの「軍隊と社会」学派の旗手プレーヴェによる最新の入門書。

四六判・256頁・本体3000円（税別）

ホロコースト全史

マイケル・ベーレンバウム［著］
芝健介［日本語版監修］ 石川順子・高橋宏［訳］

近代の合理的官僚システムが生んだ史上空前の規模の悲劇を、その萌芽から収容者の社会復帰まで1冊に凝縮。

四六判・500頁・本体3800円（税別）